아라리의 기원을 찾아서

아라리의 기원을 찾아서

불교 구음 '라라리(囉囉哩)'와 '라리련(囉哩嗹)'의
한국적 전승 양상

전경욱

KOREA
UNIVERSITY
PRESS
고려대학교
출판문화원

※ 이 저서는 2015년 정부(교육부)의 재원으로 한국연구재단의 지원을 받아 수행된 연구임
(NRF-2015S1A6A4A01009370)
This work was supported by the National Research Foundation of Korea Grant funded by the Korean Government(NRF-2015S1A6A4A01009370)

책머리에

이 책을 내면서 거의 25년 묵은 숙제를 해결하는 기분이다. 필자는 1992년 가을 무렵 인천에 거주하던 남사당패의 예능 보유자 박계순 선생을 방문한 적이 있다. 당시 필자는 한국의 민속극 대본들에 대한 역주 작업을 시도하고 있었는데, 남사당패의 인형극인 꼭두각시놀음, 즉 박첨지놀이에는 은어와 와전된 어휘들이 많아서 박 선생을 만나 제보를 받았다. 그때 옆에 있던 박 선생의 아들인 남기문 씨가 "박첨지놀이의 시작 부분에서 '떼이루 떼이루', '나아 네이 나이나 리리 라라 얼수 좋다. 리리 라라 라라 라라 라리 라리라 라라 라리라 ……' 그리고 피조리거리에서 '니나니 난실 나니네 난실'이라는 구음을 부르는데, 내가 직접 연희를 하고 있지만 그 뜻을 모르겠습니다. 혹시 그 뜻을 아십니까?"라는 내용으로 내게 질문을 했다. 나는 그 뜻을 모르겠다고 솔직히 이야기했다. 그때까지 한 번도 "떼이루 떼이루"와 "나이니 나이나"에 대해 생각해 본 적이 없는 것이 사실이었다.

오랫동안 남사당놀이 연구를 진행해 온 심우성 선생도 《남사당패 연구》에서 "(박첨지놀이의) 가창으로는 서곡에 해당하는 뜻을 알 수 없는 '떼이루 떼이루 띠어라 따 ……'로 시작하여, 박첨지의 구음(口吟) 무곡(舞曲)인 역시 뜻을 알 수 없는 '나이니 나이니 나이니나 ……'가 있고 …… 피조리 상좌춤의 구음 무곡 〈나니네 나이네 ……〉"라고 하며, 이 구음들의 뜻을 알 수 없다고 밝힌 바 있다.

남기문 씨의 질문을 받은 이후 내 머릿속에는 계속 꼭두각시놀음의 구음에 대한 의문이 남아 있었다. 그런데 몇 년 전 중문학자 안상복 교수의 〈라리련(囉哩嗹)과 아리랑—그 현상과 의미〉라는 논문을 읽으면서 계속 '라리련'과 '떼이루', '라라 라리라'가 동시에 떠올랐고, 이 구음들이 서로 상당한 유사성을 갖고 있는 것으로 보였다. 그래서 이 문제를 언젠가 논문으로 써야겠다는 생각을 하고 있었다.

그러다가 2010년 9월 중국 복건성 천주에 답사를 갔는데, 이때 동악묘(東岳廟)에서 채쌍동(蔡雙童, 1921년생)이라는 당시 90세의 연희자가 제선괴뢰희(提線傀儡戲), 즉 줄인형을 놀리면서 "라리련(囉哩嗹) 라리련(囉哩嗹)" 하고 노래하는 것을 보고 깜짝 놀랐다. 그래서 귀국 후에 중국 학자들이 연구한 '라리련'에 대한 기존 논문들을 찾아서 번역하다 보니, 박첨지놀이의 구음 '떼이루 떼이루'와 '라라 라리라'는 그 성격과 기능, 연희자 등에서 동아시아적 보편성과 함께 한국적 독자성을 갖고 있음을 알게 되었다.

주목되는 점은 일본의 사도[佐渡] 섬에 〈노로마 인형〉이라는 오래된 전통 인형극이 있는데, 여기서도 첫 장면에서 "누라리 누라리 누우토 토오자이[東西] 토오자이"라는 구음을 노래한다는 사실이다. 그래서 일문학자 박전열 교수, 중문학자 안상복 교수와 함께 사도 섬을 현지 조사하기도 했다.

이 책에서는 '라라리'와 '라리련'에 대한 고찰을 통해 구음 연구라는 새로운 연구 분야를 개척했을 뿐만 아니라, 다음과 같이 한국문학예술사에서 매우 중요한 문제들을 규명했다.

첫째, 고려속요의 구음들 중에는 불교 구음 '라라리'와 '라리련'으로부터 유래한 것이 상당수 있음을 밝혔다.

둘째, 〈정선아라리〉와 〈아리랑〉 구음의 유래를 불교 구음 '라라리'와 관련시켜 명쾌하게 논증했다.

셋째, 인형극 꼭두각시놀음에서 노래하는 구음의 유래와 기능을 불교 구음 '라라리'와 관련시켜 치밀하게 고찰했다. 그리고 이런 현상이 한중일의 인형극에서 공통적으로 나타나고 있음을 밝혔다.

넷째, 고려·조선시대 불교 승려들의 선시와 어록에서 자주 사용되던 '라라리' 구음의 실상을 살펴보았다. 그리고 이런 현상이 중국과 일본 승려들의 선시와 어록에서도 공통적으로 나타나고 있음을 밝혔다.

다섯째, 이 구음들이 중국·일본뿐만 아니라, 한국에서도《금강경오가해(金剛經五家解)》,《선문염송(禪門拈頌)》 등 고려·조선시대의 불교 서적, 고려·조선시대 불교 승려들의 시와 어록, 고려·조선시대 문인들의 시와 저서, 고려속요, 조선시대의 언해본과 소설, 민요, 꼭두각시놀음 등 다양한 장르에서 매우 광범위하게 사용되었음을 밝혔다.

필자는 만 45세가 되던 해인 2004년에 중국 운남성 곤명으로 가서 연구년을 보냈다. 이때 본격적으로 중국어 공부를 시작했는데, 지금 돌이켜보니 너무나 잘 했다는 생각이 든다. 중국어를 배운 것을 계기로 거의 매년 중국의 가면극학회인 '중국나희학회'에 참가해 중국 각지의 가면극들을 현지 조사했고, 중국 연극학자들과 활발한 교류를 진행했다. 그래서 2017년 11월《동아시아 가면극의 역사와 연행 양상》이라는 저서도 출간할 수 있었다. 그리고 이번에 이 책을 저술하게 된 계기도 바로 중국 인형극의 보고인 천주(泉州)를 현지 조사했던 기회를 통해 생겼다.

이 책은 한국연구재단의 2015년도 저술출판지원사업에 선정되어 중국과 일본의 인형극 전승지를 답사하는 등 충실한 연구를 진행할 수 있었다. 한국연구재단에 감사드린다.

2019년 6월

전경욱

차 례

서론

1. 연구 목적

'라라리(囉囉哩)'와 '라리련(囉哩嗹)'이라는 불교적 구음은 동아시아 문화의 보편성과 한국적 독자성을 잘 보여 주는 대표적 사례이다. 여러 자료들을 통해 볼 때, 고려시대와 조선시대의 사람들은 대부분 이 구음을 알고 있었는데, 개화기를 지나면서 이 구음들이 잊혀진 것 같다. 중국에서는 이 구음에 대해 10여 편의 논문이 발표되었지만, 한국에서는 중문학자 안상복 교수가 1편, 필자가 3편 모두 4편의 논문이 발표되었다. 그래서 아직 이 구음에 대한 본격적인 연구가 이루어지지 않고 있다고 볼 수 있다.

중국에서는 주로 연극학자들이 이 구음들을 연구했기 때문에 '라라리'보다는 '라리련'이 이 구음들의 대명사처럼 사용되었다. 처음에 불교 구음으로 생겨난 '라라리'는 주로 불교 승려들의 시와 어록에서 많이 사용되었지만, 송원대 이후 연극 분야에서는 '라라리'와 함께 '라리련'이 많이 나오기 때문이다.

《열반경(涅槃經)》, 〈실담장(悉曇章)〉 중의 로류로루(魯流盧樓)는 범어

'불(佛), 법(法,) 승(僧), 대법(對法)'을 음역한 것이다. 불교에서는 이 로류로루(魯流盧樓)가 리리루루(釐釐樓樓), 리리율율(唎唎栗栗), 리리루루(離離樓樓), 리리려로(哩哩呂嚧), 리려로로(哩黎魯盧), 리리리리(唎唎利利)의 변이과정을 거쳐, 만당(晩唐)부터 '라라리', '리라라' 또는 여기에서 파생된 '리리라', '라리라' 등의 구음으로 전승되어 왔다. 남송대 남희(南戲) 등의 희곡 작품에서는 처음에는 '라라리', '리라라'와 여기에서 파생된 '리리라', '라리라' 등의 구음을 중심으로 전승되다가, 점차 '라리련'과 여기에서 파생된 '리라련', '라련리', '련리련' 등이 섞여 사용되었다.

《열반경》, 〈실담장〉 중의 로류로루는 후대에 불교 승려들의 시와 불교 서적에서는 '라라리', '리라라'를 중심으로 전승되었고, 연극 분야에서는 '라라리', '리라라'와 '라리련'을 결합시켜 사용하거나 '라리련'만을 전승했다. 그러므로 본 연구에서는 '라라리', '리라라'와 '라리련' 구음의 전승 계통을 분명하게 밝힐 것이다.

더구나 이 구음들은 한국에서도 《금강경오가해(金剛經五家解)》, 《선문염송(禪門拈頌)》 등 고려 · 조선시대의 불교 서적, 고려 · 조선시대 불교 승려들의 시와 어록, 고려 · 조선시대 문인들의 시와 저서, 고려속요, 조선시대의 언해본과 소설, 민요, 꼭두각시놀음 등 다양한 장르에서 매우 광범위하게 발견되고 있어서 주목된다.

그런데 이에 대한 연구가 거의 이루어지지 않고 있으므로, 본 연구에서는 가능한 한 이 구음들이 사용된 자료들을 성실하게 발굴했다. 그래서 이 불교 구음들의 한국적 전승 양상을 살펴보고, 중국과 일본의 경우와 비교함으로써, 이 구음들의 동아시아적 보편성과 함께 한국적 독자성을 밝힐 것이다. 이를 통해 구음 연구라는 새로운 연구 분야를 개척할 뿐만 아니라, 무가 계통 고려속요 구음의 유래, 꼭두각시 놀이 구음의 유래 및 기능, 〈아리랑〉과 〈정선아라리〉 구음의 유래 등 그동안 이 구음을 사용하는 여러 장르에서 해결하지 못했던 문제들을 해결함으로써 각 분야의 연구를 심화하는 데 기여하고자 한다.

2. 연구 방법

그동안 이 구음과 관련하여 한국에서 4편의 논문이 발표되었지만, 주로 중국과 한국의 사례를 다루었고 일본의 사례는 다룬 바 없다. 그러므로 본 저술에서는 한국과 중국의 사례는 물론이고, 일본의 사례도 적극적으로 발굴하여 "2장. 일본의 '라라리(囉囉哩)'·'라리련(囉哩嗹)' 구음의 존재 양상"이라는 독립된 장으로 자세하게 살펴볼 것이다. 그리고 각 장에서 주제에 따라 한국과 중국의 사례를 논의할 때 일본의 사례도 함께 고찰하고자 한다.

이 책의 집필을 위해 한중일의 '라라리(囉囉哩)'와 '라리련(囉哩嗹)' 관련 불교 서적, 불교 승려들의 시와 어록, 문인들의 시와 저술, 언해본과 소설, 민요, 전통 인형극 등 자료 수집 및 번역을 진행했다.

그동안 중국 학자 또는 중문학자들이 진행한 '라리련' 연구는 요종이(饒宗頤),[1] 호기(胡忌),[2] 심계생(沈繼生),[3] 미국의 중문학자 버치(白之,

1 饒宗頤, 〈南戲戲神咒 '囉哩嗹'之謎〉, 《梵學集》(上海: 上海古籍出版社, 1993).

2 胡忌, 〈宋劇遺響〉, 《宋金雜劇考》(上海古典文學出版社, 1957). 胡忌, 〈論囉哩嗹〉(南戲國際學術研討會暨新編南戲系列劇目展演論文, 2003).

3 沈繼生, 〈泉州傀儡戲中的"嘮哩嗹"〉, 《泉州地方戲曲》(1987年 第2期).

Cyril Birch),[4] 영국 옥스포드대학의 밴더룬(龍彼得, Piet van der Loon),[5] 강보성(康保成),[6] 안상복[7] 등의 연구가 있다. 중국 자료들은 이 논문들을 번역하여 확보하고, 일본 자료들은 불교 관련 자료와 가면극 · 인형극 등의 관련 자료들을 수집하여 정리했다. 한국 자료들은 이미 필자가 세 편의 논문을 쓰면서 많이 확보했으나 계속 새로운 자료를 추가로 발굴했다.

그리고 중국 복건성과 일본 사도 섬의 전통 인형극을 답사하고 관련 자료들을 정리했다. 현재 중국 복건성에서는 도교의 일종인 이원교의 도사들이 전승하는 전통 인형극인 괴뢰희(傀儡戲)의 개장곡(開場曲, 연희를 시작하는 노래)에서 인형극 무대를 정화하거나 희신(戲神) 전원수(田元帥)가 무대에 등장할 때 구음 '라리련'을 노래한다.

그리고 일본 사도 섬에서 전승되는 〈노로마인형〉도 답사하여 이 인형극의 첫 장면에서 노래하는 구음의 유래와 기능 등에 대해 조사하고 자료를 확보했다.

---

4 白之(C. Birch), 〈一个戲劇題材的演化 —〈白兎記〉諸異本比較〉, 《文藝硏究》(1987年 第4期).

5 龍彼得, 〈中國戲劇源于宗教儀式考〉, 王秋桂 · 蘇友貞 譯, 《中國文學論著譯叢》(臺灣學生書局, 1985).

6 康保成, 〈囉哩嗹與中國戲曲的傳播〉, 《儺戲藝術源流》(廣東高等教育出版社, 2005), 77~102면.

7 안상복, 〈라리련(囉哩嗹)과 아리랑 — 그 현상과 의미〉, 《중국학보》 제59집(한국중국학회, 2009), 135~140면.

1장

중국의 '라라리(囉囉哩)'·'라리련(囉哩嗹)' 구음의 존재 양상

그동안 중국에서는 '라리련(囉哩嗹)'의 유래와 관련하여 (1) 범문(梵文) 로류로루(魯流盧樓) 유래설, (2) 범곡(梵曲) 〈라리라(羅犁羅)〉 유래설이 제시되었다.

'라리련'의 범문 로류로루 유래설은 요종이(饒宗頤)가 제시한 것인데, 후자보다 더 설득력이 있다. 그래서 본장에서는 전자만 고찰하고, 후자는 6장 '4. '아라리' 관련 구음의 유래'에서 살펴보기로 한다.

정혜(定惠)는 〈실담장(悉曇章)〉 서문에서 "구마라집(鳩摩羅什: 344~413)의 통운(通韻)은 로류로루(魯流盧樓)로 시작한다."라고 말했다. 구마라집의 〈통운〉과 그 후 현장의 저작 및 육조 이래 중국 불교법전 중에서 다음과 같이 로류로루(魯流盧樓)의 다양한 음역의 사례를 살펴볼 수 있다.

1. 로류로루(魯流盧樓)~《大般涅槃經》, 구마라집의 제자 혜엄(慧嚴)

번역의《대정장(大正藏)》12, 655면.

2. 리리루루(釐釐樓樓)~同上經, 法顯 譯.

3. 리리율율(唎唎栗栗)~同上, 日本宮內本.

4. 리리루루(離離樓樓)~同上, 日本宮內別本.

5. 리리려로(哩哩呂嚧)~不空, 空海 譯〈悉曇章〉

6. 리려로로(哩黎魯盧)~惟淨

7. 리리리리(唎唎利利)~清〈同文韻統〉(天竺字母譜)

《열반경》에 의하면, 로류로루(魯流盧樓)는 네 가지 뜻이 있다. 즉 불(佛, 부처님), 법(法, 교법) 승(僧, 승가)과 대법(對法)이다. 바로 이런 이유로 당나라 사람들이 불교 찬가를 지을 때, 이 네 글자를 사용하여 화음으로 삼았을 것이다. 당나라 때에는《열반경》,〈실담장〉에 나오는 "로류로루" 네 글자를 화음으로 삼았지만, 후세에 이르러 점차 아주 복잡한 변화가 일어났다. 위의 사례로부터 알 수 있듯이, 불공과 공해의 번역에서는 이미 '리리려로(哩哩呂嚧)'로 변했다. 로류로루는 처음에

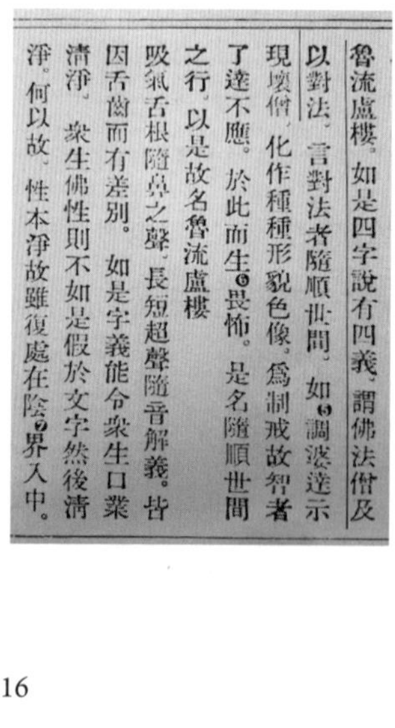

魯流盧樓。如是四字說有四義。謂佛法僧及
以對法。言對法者隨順世間。如調婆達示
現壞僧。化作種種形貌色像。爲制戒故智者
了達不應。於此而生畏怖。是名隨順世間
之行。以是故名魯流盧樓
吸氣舌根隨鼻之聲。長短超聲隨音解義。皆
因舌齒而有差別。如是字義能令衆生口業
清淨。衆生佛性則不如是假於文字然後清
淨。何以故。性本淨故雖復處在陰界入中。

그림 1.《대정신수대장경(大正新脩 大藏經)》에 수록된《대반열반경 (大般涅槃經)》권 제8. 줄친 부분이 바로 로류로루(魯流 盧樓)에 대한 내용

는 화성(和聲)이었지만, 후대에는 주문(咒文)으로 바뀌었다.[8] (그림 1)

그러나 중국 학자들은《열반경》,〈실담장〉 중의 로류로루(魯流盧樓)가 후대에 '라라리(囉囉哩) 리라라(哩囉囉)'와 '라리련'의 두 구음으로 나뉘어 전승되는 측면을 주목하지 못한 듯하다. 이는 '라라리 리라라'와 '라리련'의 두 구음을 주로 남희의 희신 주문인 '라리련'과 관련시켜 고찰했기 때문이다. 그동안 중국 학자 또는 중문학자들이 진행한 '라리련' 연구는 요종이, 호기, 심계생(沈繼生), 미국의 중문학자 버치(白之, Cyril Birch), 영국 옥스포드대학의 밴더룬(龍彼得, Piet van der Loon), 강보성, 안상복 등의 연구가 있다.[9] 이들은 주로 중문학자이거나 연극학자들이기 때문에, 남희와 복건성의 괴뢰희에서 사용되는 '라리련(囉哩嗹)'의 유래, '라리련(囉哩嗹)'의 분포 양상과 그 기능에 대해 고찰했다. 그래서 '라라리 리라라', '라리련'과 이 구음들로부터 파생된 구음

---

8 饒宗頤, 許章眞 譯,〈梵文四流母音 RRLL與其對中國文學之影響〉,《梵學集》(上海: 上海古籍出版社, 1993), 187~194면에서 요약 인용.
필자가 실제로《대정신수대장경(大正新脩大藏經)》을 찾아 보니,《대반열반경(大般涅槃經)》권 제8에 "로류로루 이 네 글자는 네 가지 뜻을 갖고 있으니, 불(佛, 부처님), 법(法, 교법) 승(僧, 승가)과 대법(對法)이다. 대법(對法)은 '세상에 따라 순응한다'는 의미이다. 예를 들면 저 '조바달'이 승가를 무너뜨리는 일을 보여 줄 때 여러 가지의 모양이나 형태로 변화하였던 것과 같은 경우이다. 이는 계율을 제정하기 위한 것이므로, 지혜 있는 자들이라면 분명히 깨달아, 이런 상황에 임해서도 두려워하는 마음이 생기지 않아야 한다. (조바달의 일탈된 듯이 보이는 이런 행위들은) 세상에 따라 순응하는 행위라고 부른다. 이러므로 '로류로루'라고 이름 붙였다.(魯流盧樓 如是四字說有四義 謂佛法僧及以對法 言對法者隨順世間 如調婆達示現壞僧 化作種種形貌色像 爲制戒故智者了達不應 於此而生畏怖 是名隨順世間之行 以是故名魯流盧樓)",〈悉曇章〉에 "母妻子是故名荼南云羅魯流盧樓如是四字說有四義謂佛法僧及以對法 ……"이라고 되어 있다. 그리고《佛說大般泥洹經》에 "宗親等是故說羅來雅反釐釐樓樓此四字者長養四義佛及法僧示現有對隨順世"라고 되어 있다.

9 앞의 각주 1-7 참조.

들을 대부분 '라리련(囉哩嗹)'과 관련시켜 논의했던 것이다.

그러나《열반경》,〈실담장〉 중의 로류로루(魯流盧樓)는 후대에 불교 분야에서 '라라리 리라라'와 여기에서 파생된 '리리라', '라리라' 등의 구음을 중심으로 전승된 것으로 나타난다. 그리고 남송대 남희 등의 희곡 작품에서는 처음에 '라라리', '리라라'와 여기에서 파생된 '리리라', '라리라' 등의 구음을 중심으로 전승되다가, 점차 '라리련'과 여기에서 파생된 '리라련', '라련리', '련리련' 등이 섞여 사용된 것으로 보인다.

그 이유는 만당(晩唐)과 송대 불교 승려들의 시와《금강경오가해(金剛經五家解)》,《선문염송(禪門拈頌)》 등 불교 서적에서는 한결같이 '라라리', '리라라'와 이 구음의 변이형인 '리리라', '라리라' 등만 나타나고, '라리련'과 거기에서 파생된 '리련라', '련리련' 등의 구음은 나타나지 않기 때문이다. 그래서 불교에서는《열반경》,〈실담장〉 중의 로류로루(魯流盧樓)가 리리루루(鼊鼊樓樓), 리리율율(唎唎栗栗), 리리루루(離離樓樓), 리리려로(哩哩⿰口呂嚧), 리려로로(哩黎魯盧), 리리리리(唎唎利利)의 변이과정을 거쳐, 만당부터 '라라리', '리라라' 또는 여기에서 파생된 '리리라', '라리라' 등의 구음으로 전승되어 왔음을 알 수 있다.

그런데 중국 학자들의 논문에서 소개한 남송대의 남희부터 명청대의 희곡 작품은 모두 만당과 송대 불교 승려들이 시와 어록에서 노래한 '라라리(囉囉哩)'보다 후대의 작품들이다. 따라서 남송대의 남희부터 명청대의 희곡 작품에 나오는 '라라리', '리리라', '리라리', '라리련' 등은 모두 불교 구음 '라라리'와 '리라라'로부터 유래했음을 알 수 있다. '라리련(囉哩嗹)'은 주로 남희와 괴뢰희의 희신(戲神) 주문(呪文)으로 사용되었다. 이는 명대 유명한 극작가 탕현조(湯顯祖:

1550~1616)가 지은 〈의황현희신청원사묘기(宜黃縣戲神淸源師廟記)〉, 구준(邱濬: 1420~1495)이 지은 〈오륜전비충효기(伍倫全備忠孝記)〉 등의 남희, 그리고 현재 복건성에서 전승되고 있는 연극과 괴뢰희 등을 통해 살펴볼 수 있다.

이상과 같이 《열반경》, 〈실담장〉 중의 로류로루는 후대에 불교에서는 '라라리', '리라라'를 중심으로 전승되었고, 연극 분야에서는 '라라리', '리라라'와 '라리련'을 결합시켜 사용하거나 '라리련'만을 전승했다. 그러므로 본장에서는 '라라리', '리라라'와 '라리련' 구음의 전승 계통을 분명하게 밝힐 것이다.

중국 학자들은 주로 남희와 복건성의 괴뢰희에서 사용되는 '라리련(囉哩嗹)'의 유래와 분포 양상 및 기능에 대해 고찰했다. 우선 '라리련(囉哩嗹)'은 《열반경》, 〈실담장〉 중의 로류로루(魯流盧樓)로부터 유래했고, 이 구음은 불교 승려들, 전진교(全眞教)의 도사들, 민간의 무격(巫覡)들이 부른 것 등 종교적 노래로 나타나고 있다고 한다. 그리고 당대(唐代)부터 현대에 이르기까지 사(詞), 소령(小令), 금곡(琴曲), 민가(民歌)뿐만 아니라, 남희, 잡극, 전기, 지방희, 나희(儺戲, 가면극), 괴뢰희(傀儡戲, 인형극) 등 다양한 문학예술 장르 속에서 여러 가지 유형의 라리련 소리가 발견되고 있음을 밝혔다.

1. 불교 승려들이 노래한 '라라리(囉囉哩)'

그러면 이제 중국에서 불교 승려들이 노래한 '라라리(囉囉哩)'와 '라리련(囉哩嗹)' 관련 구음의 사례를 살펴보자.

(가) 풍주 흠산의 문수 선사는 복주 사람이다. …… 당에 올라 대중들을 돌아보며 말했다. "있는가? 있는가? 만약 없다면, 흠산은 〈보살만〉(詞의 곡조 중 하나)을 부르며 가겠다. 라라리리(囉囉哩哩)" 그러고는 내려왔다.[10] (송나라 보제(普濟)의《오등회원(五燈會元)》제13권)

(나) 당에 올라 말했다. 박복한 사람이 양기에 머물렀는데, 근래 들어 기력이 쇠해졌네. 차가운 바람이 시든 잎 흐느끼게 하지만, 오히려 친구가 돌아옴을 기뻐하네. 라라리(囉囉哩). 죽은 땔나무를 집어들어 연기 없는 불을 향해 넣네.[11] (송나라 보제(普濟)의《오등회원(五燈會元)》제13권)

(다) 당에 올라 "다음 날 단신으로 나라를 위해 출전했다가 승리를 거두고 돌아오는 날에, 길을 가득 메우고 노래를 불렀다."라고 말했다. 대중이 "무슨 노래였습니까?" 하고 묻자, "라라리(囉囉哩) 라라리(囉囉哩) 또한 누가 화답할 수 있는가?"라고 답했다.[12] (송나라 재량(才良) 등의《법연선사어록(法演禪師語錄)》상권)

(라) 당에 올라 (말하길) "해를 맞이하며 문을 나서니 안개 걷힘을 느끼고, 달밤에 산을 바라보며 돌아오니 이슬에 승복이 젖어 드네. 마음은 쓸쓸하고 발걸음은 느리니, 구멍 없는 피리로 두세 번 불어 보

---

10 澧州欽山文邃禪師, 福州人也. …… 上堂顧視大衆曰, "有麼? 有麼? 如無, 欽山唱〈菩薩蠻〉去也, 囉囉哩哩." 便下座.

11 上堂 薄福住楊岐 年來氣力衰 寒風咽敗葉 猶喜故人歸 囉囉哩 拈上死柴頭 且向無烟火.

12 上堂云, "明日匹馬單鎗, 爲國出戰, 得勝回戈之日, 滿路歌謠", 大衆, "作麼生是歌謠一曲?" 乃云, "囉囉哩 囉囉哩, 還有人和得麼?"

네. 리리라(哩哩囉), 라라리(囉囉哩)……”[13] (색장주(賾藏主) 편집, 《고존숙어록(古尊宿語錄)》 제29권 〈서주용문불안화상어록(舒州龍門佛眼和尙語錄)〉)

(마) 백운단 화상이 찬을 읊었다. “백척간두에서 한 걸음 더 나아가고, 시내 다리 한 번 밟으니 산하가 사라지네. 이제부터는 좇아 차천(茶川)을 나서지 않고, 라리라(囉哩囉)만 읊조리리.”[14] (송나라 보제(普濟)의 《오등회원(五燈會元)》 제6권)

(바) 【야보】 얽은 손과 미끈한 망치로 칼을 바꾸지 않아도, 잘 다루는 사람은 모두 쉬우니라. 안배를 하지 않아도 본래 다 이루었으니, 그 중에 모름지기 이것이 영영(英靈)한 사람이라. 라라리(囉囉哩) 리라라(哩囉囉) 산꽃은 웃고 들새는 노래한다. 이때 만일 뜻을 얻으면, 어느 곳에서든지 사바하하리라.[15] (《금강경오가해(金剛經五家解)》 상 여법수지분(如法受持分) 제13)

(사) 【야보】 위는 하늘이고 아래는 땅이다. 남자는 남자이고 여자는 여자로다. 목동이 목동과 마주치니 대중이 다 함께 라라리(囉囉哩) 노래하네. 이는 무슨 곡조인가, 만년환(萬年歡)이로다.[16] (《금강경오가해

---

13 上堂, “迎日出門去, 已覺披煙霧. 冒月望山歸, 重露濕禪衣. 心悄悄, 步遲遲. 無孔笛, 再三吹. 哩哩囉 囉囉哩 ……”

14 雲有赞曰, “百尺竿頭曾進步, 溪橋一踏没山河. 從玆不出茶川上, 吟嘯無非囉哩囉.”

15 【冶父】 伏手滑槌不換劍 善使之人皆總便 不用安排本現成 箇中須是英靈漢 囉囉哩 哩囉囉 山花笑野鳥歌 此時如得意 隨處薩婆訶.

16 【冶父】 上是天兮下是地 男是男兮女是女 牧童撞著放牛兒 大家齊唱囉囉哩 是何曲調萬年歡.

(金剛經五家解)》하 구경무아분(究竟無我分) 제17)

(가)에서 송대《오등회원》을 통해 만당(晩唐)의 불교 승려 문수(文邃) 선사가 노래한 "라라리리"를 살펴볼 수 있다. 선가(禪家)가 '라라리'를 창하는 것은 풍주 흠산의 문수선사가 비교적 이른 시기의 예이다. 여기서 "라라리리"는《열반경》, 〈실담장〉 번역의 "로류로루", "리리려로"처럼 네 글자이다. 그러므로 선승들의 시에서도 처음에는 네 글자의 구음을 사용하다가, 점차 "라라리", "리라라"처럼 세 글자로 변이되었음을 알 수 있다. 문수 선사는 복건성 복주 사람으로서 설봉(雪峰: 822~907) 선사와 친하게 지냈는데, 설봉 선사보다 더 일찍 출가했다. 그러므로 당나라 말기에 이미 승려들이 '라라리'를 사용했음을 전해 준다.

(나)에서 북송 때 양기방회(楊岐方會: 992~1049) 선사가 노래한 '라라리'를 살펴볼 수 있다. 양기방회 선사는 강서성 원주(袁州) 사람이다.

(다)의 송대《법연선사어록》에 '라라리 라라리'가 보인다. 법연(?~1104) 선사는 사천성 면주파서(綿州巴西) 사람이다.

(라)의 송나라 색장주가 편집한《고존숙어록》제29권 〈서주용문불안화상어록〉에 '리리라 라라리'가 보인다. 용문불안 화상은 사천성 출신인데, 안휘성 서주(舒州)에서 살았다.

(마)의《오등회원》제6권에 백운단 화상이 읊었던 '라리라'가 보인다. 백운단(1025~1072) 화상은 백운수단(白雲守端) 화상으로 안휘성 서주(舒州) 사람인데, (나)의 양기방회 선사의 수제자이다.

(바)(사)는《금강경》의 주석서인《금강경오가해》에 나오는 남송 때 승려 도천(道川) 선사 야보(冶父)의 송(頌)이다. 여기에 '라라리 리라

라'와 '라라리'가 나온다. 도천 선사는 원래 산동성 곤산(昆山) 사람인데, 1117년 승려가 되었고, 안휘성 야보 지방에서 거주했다. 그래서 흔히 야보라고 부른다.

이 외에도 다음과 같이 중국에서는 여러 불교 승려들이 '라라리 리라라'와 관련된 구음들을 노래했다.

① "驚群有奇特如何是奇特囉囉哩哩擊禪床下座" — 원오극근(圜悟克勤: 1063~1135, 사천성 출신)의 《원오불과선사어록(圜悟佛果禪師語錄)》

② "手懸崖去却藥忌且唱箇囉囉哩哩參" — 원오극근의 《원오불과선사어록》

③ "甲乙丙丁庚戊已咄咄咄囉囉哩" — 대혜종고(大慧宗杲: 1089~1163, 안휘성 출신)의 《대혜보각선사어록(大慧普覺禪師語錄)》

④ "寒風凋敗葉猶喜故人歸囉囉哩拈起死柴頭且向無煙火師云楊岐和尚慣得其便爭奈美食不中飽人" – 허당지우(虛堂智愚: 1185~1269, 절강성 출신)의 《허당화상어록(虛堂和尚語錄)》

⑤ "此是吾宗旨揚聲囉囉哩鏡智出三生吹到大風止" — 남송대 불서 《인천안목(人天眼目)》(1188년)

⑥ "人問我西來意拄杖橫挑囉哩囉" — 원말(元末) 엔극거정(円極居頂:

?~1404)이 편찬한《속전등록(續傳燈録)》

⑦ "幾人知黃頭碧眼非相識囉囉哩拍手一下下座"— 원말(元末) 엔극거정이 편찬한《속전등록》

⑧ "臨請師爲鼓勿絃琴師曰囉囉哩僧云這般格調須遇知音師曰曲終人不見江上數峯青僧云江月照時琴影現松風吹處語聲清師曰"— 원말(元末) 엔극거정이 편찬한《속전등록》

⑨ "枝十八子知不知哩哩囉囉囉哩拍一拍下座"— 원말(元末) 엔극거정이 편찬한《속전등록》

⑩ "贏得村歌社舞阿呵呵邏囉哩遂作舞下座"— 원말(元末) 엔극거정이 편찬한《속전등록》

⑪ "斷千差休指注一聲歸笛囉囉哩其五海稱善書偈贈行歸本國住叡山寺洎通嗣法書海已入寂矣"— 원말(元末) 엔극거정 편찬한《속전등록》

⑫ "如何拈拄杖作歙笛勢邏囉哩歸去來直得虛空笑臉開"—《대각선사어록(大覺禪師語録)》

⑬ "得去也いろはにほへと囉囉哩哩囉囉囉勸君飲盡樽中酒老僧陪笑又陪歌且道是何曲調卓拄杖云萬年歡"—《불광국사어록(佛

光國師語録)》

이상의 불교 승려들은 모두 중국 남방 출신이거나 남방에 거주했다는 공통점이 있다. 그러므로 '라라리', '리라라' 구음은 주로 중국 남방에서 전승되어 온 것으로 추정된다. 중국의 희곡 가운데 남희(南戱)에 '라리련' 구음이 많이 나오는 것도 이와 관련이 있다.

현재 말레이시아에서 유행하는 진공교(眞空教) 경전 중에 또한 "박수 치고 하하 라리(囉哩)를 부르네", "서방길 위에서 라리(囉哩)를 부르네"[17] 등의 문구를 볼 수 있다.

이 외 베트남 불전총간본(佛典叢刊本) 《진조일존불전록(陳朝佚存佛典錄)》의 〈상사어록(上士語錄)〉 중, 천연거사(天然居士) 왕여법(王如法)의 〈찬(讚)〉에서 "희롱을 등한히 하고 현금(絃琴)이 없네. 마을에서 춤추고 노래할 때[社舞村歌] 라리를 읊네. 리라라(哩囉囉) 라리리(囉哩哩). 이는 궁상각치우에 속하지 않네."[18]라는 내용이 보인다.

다음에는 중국에서 도교 도사들이 '라라리'와 관련된 구음을 부른 사례를 살펴보자.

(아) 원숭이가 말을 타고 미친 듯이 날뛰네. 붙잡기도 어려운데 어찌 놓아줄 것인가? 리라릉(哩囉嘭) 리라릉(哩囉嘭).[19] (《왕중양전진집(王重陽全眞集)》 제7권의 〈도련자(擣練子)〉)

17 拍掌呵呵唱囉哩, 西方路上唱囉哩.

18 等閒戱弄沒絃琴 社舞村歌且囉哩 哩囉囉 囉哩哩 不屬宮商角羽徵.

19 猿騎馬, 呈顚傻, 難擒難捉怎生捨. 哩囉嘭 哩囉嘭.

(자) 다섯 가지 출사랑을 알아차리면 흑백이 드러나거늘 응당 가운데는 붉고 중간은 푸르고 누르구나. 리라라릉(哩囉囉嘮) 리라리(哩囉哩) 묘하고 묘하도다. 옥구슬 빛나자 맑은 소리 울리네[20] (《왕중양전진집》 제7권의 〈오경출사랑(五更出舍廊)〉)

(차) 명주 다듬이질 어떠한가? 종전의 죄업이 소리 없이 사라지네. 라리릉(囉哩嘮) 리릉라(哩嘮囉).[21] (《수운집(水雲集)》의 〈도련자(擣練子)〉)

(카) 이 미치광이의 노래를 새겨 들어 보소. 이같이 심상한 것인 줄 라리라(囉哩囉) 라리릉(囉哩嘮) 리릉라(哩嘮囉).[22] (《수운집(水雲集)》의 〈도련자(擣練子)〉)

(아)는《왕중양전진집》 제7권에 수록된 왕중양(王重陽: 1112~1170)의 〈도련자〉에 나오는 "리라릉(哩囉嘮) 리라릉(哩囉嘮)"이다.

(자)도《왕중양전진집》 제7권의 〈오경출사랑(五更出舍廊)〉에 나오는 "리라라릉(哩囉囉嘮) 리라리(哩囉哩)"이다. 앞서 살펴본 불교 승려들의 선시와 어록에서 노래한 '리라라'와 '리라리'가 동일하게 나온다.

(차)는《수운집》에 수록된 담처단(譚處端: 1123~1185)의 〈도련자〉에 나오는 "라리릉(囉哩嘮) 리릉라(哩嘮囉)"이다.

(카)도《수운집》의 〈도련자(擣練子)〉인데, "라리라(囉哩囉) 라리라(囉哩囉) 라리릉(囉哩嘮) 리릉라(哩嘮囉)"가 보인다. '라리라'는 불교에서

---

20 認得五般出舍廊 黑白彰 當中赤 間青黃 哩囉囉嘮 哩囉哩 妙玄良 玲瓏了 便玎璫.

21 擣練子, 具如阿. 從前罪孽暗消磨. 囉哩嘮 哩嘮囉.

22 聽分剖 這風哥 尋常只恁 囉哩囉 囉哩嘮 哩嘮囉.

그대로 사용하던 구음이고, '라리릉(囉哩嘮)', '리릉라(哩嘮囉)'는 '라리라'와 '리라라'의 도교적 변이형으로 볼 수 있다.[23]

홍콩중문대학 교수를 역임한 요종이(饒宗頤)는 왕중양과 담처단은 남송 초기 사람인데, 분명히 '라리'를 화성으로 삼는 오랜 관습을 선승들로부터 차용했다고 보았다. 금나라 때 전진교(全眞敎) 여러 도사들이 노래로 전도한 작품에서 특별히 '리라릉' 세 자를 이용해서 조성으로 삼았는데, 그 예가 아주 많다는 것이다.[24] 앞에서 소개한 (가)~(사) 불교 승려들의 활동 연대는 만당과 북송 시대로서 모두 (아)~(카)의 도교 도사들보다 시기적으로 앞서기 때문에 이런 추정은 설득력이 있다.

이제 중국의 무당들이 부른 무가에서 '라라리'와 관련된 구음을 노래한 사례를 살펴보자.

> (타) 소흥 9년(1139)에 시랑 장연도는 무석 남선사에 살고 있었다. 그 딸이 신선을 청하는데 홀연 "구화천선이 강림하네"라고 쓰길래 누구냐고 물었다. 그러자 "세상 사람들이 청하는 무산신녀입니다."라고 대답했다. 대곡 〈석노교〉 1편을 지으니 모두 9결이었다. 아홉 번째 곡을 '귀'라 했는데, 그 가사에 이르길 "나는 돌아가네, ……리라리(哩囉哩)."라고 했다.[25] (송나라 홍매(洪邁)의 《이견지(夷堅志)》 제13권

---

23 위 (자)와 (카) 출처와 번역은 안동준, 〈고려노래 선어와 민간전승 도교음악〉, 《한국도교문화의 탐구》(지식산업사, 2008), 110~111면을 참조했음.

24 饒宗頤, 〈南戲戲神咒 '囉哩嗹'之謎〉, 《梵學集》(上海: 上海古籍出版社, 1993), 86면.

25 紹興九年, 張淵道侍郎家居無錫南禪寺. 其女請大仙, 忽書曰, "九華天仙降." 問爲誰曰, "世人所請巫山神女者是也." 賦〈惜奴橋〉大曲一篇凡九闋. …… 其弟九曰'歸', 詞云 "吾歸矣, …… 哩囉哩."

'구화천선(九華天仙)' 조)

(타)는 송나라 홍매(洪邁: 1123~1202)의 《이견지》 제13권 '구화천선' 조인데, 무가에 '리라리(哩囉哩)'를 삽입하고 있다. 이것은 소흥 때 무가에서 무산신녀가 '리라리'를 노래하는 것인데, 후에 사람들이 관구신(灌口神) 청원조사(淸源祖師)에게 제사 지내며 또한 '라라리'를 노래했다. 송대에 '라라리'를 노래하는 습속은 특히 서천(西川) 지방에서 유행한 것 같다. 서천은 오늘날 사천성 중서부 지방이다. 그런데 청원조사가 바로 서천(西川) 지방의 관구신으로서 남희(南戲)의 희신(戲神)이 되었다. 구산서회(九山書會) 편찬의 남희 〈장협장원(張協狀元)〉의 대본에 "리련라라련(口離嗹囉囉嗹)"이 나오는데, 장협은 바로 서천 사람이다. 현재까지 중국 학자들이 소개한 자료 중 여기에서 처음으로 '라리련(囉哩嗹)'의 '련(嗹)'이 나타난다.

그리고 현재 중국의 강소성 태호(太湖) 일대에 전해지는 신가(神歌) 즉 무가 〈접락래(接樂來)〉에도 '라리련'과 '라라리' 관련 구음이 나온다.

> (파) 무당이 오 지역 방언으로 노래하는데, 7자구를 기초로 하고 곡조는 호가와 선권조 사이에 끼여 있다. 이는 초기 오가의 일종이다. 매 절을 노래할 때마다 향민들이 '락아락락래(樂啊樂樂來), 락아리리리락아락리락래(樂啊哩哩樂啊樂哩樂來)'를 받아 부르기에 '접락래'라 부른다. 가볍고 경쾌한 분위기를 조성하여 신을 즐겁게 하려는 것이다.[26]

---

26 司祝用吳語誦唱, 以七字句爲基礎, 曲調介于湖歌与宣卷調 是早期的一種吳歌, 每唱一

(타)에서 '구화천선(九華天仙)' 조에 나오는 무석을 낀 호수가 태호이므로, 동일한 지역인 (파) 무당의 무가에서 "락아락락래, 락아리리리락아락리락래" 하고 노래하는 〈접락래〉는 송나라 홍매가 언급했던 '리라리'의 전통을 계승했을 가능성이 높다.[27]

2. 연극 등 문학예술 속에 나오는 '라라리(囉囉哩)'와 '라리련(囉哩嗹)'

송원 이후 '라라리'는 신속히 연극 가운데 들어갔다. 특히 명대의 연극에서는 '라라리(囉囉哩)', '리라라(哩囉囉)'와 '라리련(囉哩嗹)'을 매우 많이 사용하고 있다. 원대 북곡(北曲) 〈랑래리(浪來里)〉, 〈고과랑래리(高過浪來里)〉의 곡패는 '라라리'로부터 온 것이다. 제궁조(諸宮調) 〈동서상(董西廂)〉, 남희(南戲) 〈장협장원(張協狀元)〉, 잡극(雜劇) 〈서상기(西廂記)〉, 명나라 전기(傳奇) 〈백토기(白兎記)〉·〈향낭기(香囊記)〉·〈여경기(荔鏡記)〉·〈여지기(荔枝記)〉·〈유희필금채기(劉希必金釵記)〉, 명 잡극 〈단계전합(丹桂鈿合)〉 등에는 모두 '라라리'와 '라리련'의 연창(演唱)이 삽입되어 있다. 구준(邱濬: 1420~1495)의 〈오륜전비충효기(伍倫全備忠孝記)〉는 남희 작품으로서 현재 두 종류가 남아 있다. 하나는 중국에서 발간된 세덕당본(世德堂本) 〈오륜전비충효기(伍倫全備忠孝記)〉이고, 다른 하나는

節, 鄕民接'樂啊樂樂來, 樂啊哩哩樂啊樂哩樂來', 稱接樂來, 形成輕松愉悅氣氛, 以此娛神. 薺鐵民·陣俊才,《中國民間文化—地方神信仰》(學林出版社, 1995), 164면.

27 이상 중국 역대 불교 승려, 도교 도사, 무당들의 '라리련'과 '라리라' 관련 구음에 대한 더 많은 사례는 다음 글을 참조할 것. 饒宗頤, 〈南戲戲神咒 '囉哩嗹'之謎〉, 85~88면 및 안상복, 〈라리련(囉哩嗹)과 아리랑—그 현상과 의미〉, 135~140면.

조선에서 발간된 〈신편권화풍속남북아곡오륜전비기(新編勸化風俗南北雅曲五倫全備記)〉이다. 양자 모두 동일한 대목에 사곡(詞曲) 〈영선객(迎仙客)〉이 삽입되어 있는데, "라련리(囉嗹哩) 련라련(嗹囉嗹) 리라련리(哩囉嗹哩) 라리련(囉哩嗹) 리라련(哩囉嗹) 라련리련(囉嗹哩嗹) 라리련(囉哩嗹) 리라리(哩囉哩) 련리라련(嗹哩囉嗹)"이라는 구음이 보인다.

(가) 당나라 이원(梨园)의 노래 중에 라리련(囉哩嗹)이 있었는데, (가사는) 5·7언의 정구(整句)로 구성되며 친자(衬字)를 더해야만 부를 수 있었다.[28] (청(淸)나라 오교(吴乔)의《위로시화(围炉诗话)》제1권)

(나) 삼경에 라리론(羅里論) 노래 소리 들리니, 일제히 마실 것을 들고 모여든 수심촌. 조수는 다시 마을 바닷가로 들어오고, 달은 여전히 집집의 문을 비추고 있네.[29] (남송 엽적(葉適)의《수심집(水心集)》권8〈수심즉사육수겸사오민표선의(水心卽事六首兼謝吳民表宣義)〉제5수)

(다) …… 황감을 돌려 쪼개다 술잔을 떨어뜨렸네, 리륜라(哩喻啰), 그 모습을 좇아 보니 마치 빙글빙글 어지러이 돌아가네.[30] (송(宋)나라 곽응상(郭应祥)의 사(詞)《어가오·정묘생일자작(渔家傲·丁卯生日自作)》)

(라)【주노아(朱奴儿)】…… 내 방금 사당 앞까지 지고 오다 보니 웬 나쁜 녀석이 입으로 리련라라련(囉嗹啰啰嗹)을 부르면서 그녀에게 치근

28 唐梨园歌有囉哩嗹, 以五七言整句, 须有衬字乃可歌也.

29 聽唱三更羅里論 白旁單槳水心村 潮回再入家家浦 月上還當處處門.

30 旋擘黄柑篘白堕, 哩喻囉, 从他擾擾如旋磨.

덕거리더군 …… [31] (남희《장협장원(张协状元)》제12출)

(마) (말(末) 배역이 소리친다.) 상공, 상공, 승화낭자가 깨어났습니다! (축 배역) 깨어났다고? 리리련(离哩連). (말 배역) 기쁘게도 노래하는군.[32] (남희《장협상원》제32출)

(바)【교합생(乔合笙)】괜한 일 쓸데없이 마음에 담아 괴로워하지 마오. (화답하여) 리리라(哩哩囉) 리리라(哩哩囉) 리리래야(哩哩来也).[33] (금(金)나라 동해원(董解元)의《서상기(西厢记)》제5권)

(사) 연화락은 배우기 쉽고, 도리자는 가르치기 어렵다. 장타유처럼 라라련(囉囉連) 소리는 따라 할 수 있지만, 괘를 놓고 점치는 것을 배우지 못하면 개를 끌고 다니며 길거리에서 소리치며 구걸이나 할 수밖에 없지. …… 이것이 자제들의 말로라네.[34] (원나라 무명씨(無名氏)의 소령(小令)〈취태평(醉太平)·탄자제(叹子弟)〉)

(아)【안아무(雁兒舞)】(다 함께 춤춘다) 리련라련(哩嗹囉嗹) 리련련(哩嗹

---

31 我適来擔至庙前, 见一個苦胎與它厮缠, 口裏唱個囉嗹囉囉嗹 …….

32 (末叫) 相公, 相公, 勝花娘子省了! (丑) 省了, 离哩連. (末) 唱得快活.

33 休将闲事苦萦怀, (和)哩哩囉, 哩哩囉, 哩哩来也. 이하 7구절이 이어지며 (和)로 표기된 부분에서 '哩哩啰, 哩哩啰, 哩哩来也.'가 반복된다. "取次推残天赋才, (和) 不意当初完妾命, (和) 岂防今日作君灾, (和) 仰酬厚德难从礼, (和) 谨奉新诗可当媒, (和) 寄语高唐休咏赋, (和) 今宵端的云雨来".

34 莲花落易学, 桃李子难教. 张打油囉囉連和得着. 学不成打爻, 牵着狗兒當街叫, …… 这的是子弟每下稍.

嗹) 래라리라(唻囉哩囉) 라리련(囉哩嗹) 라리련(囉哩嗹) 라련리련(囉嗹哩嗹) 라리래라(囉哩唻囉) 라리련(囉哩嗹) 라리련(囉哩嗹).[35] (명나라 선덕(宣德: 1426~1435) 연간의 사본《류희필금채기(刘希必金钗记)》제32척)

(자)【홍작약(紅芍藥)】말(末)이 노래한다. 리라련(哩囉嗹) 라라리(囉囉哩) 련련련(嗹嗹嗹) 리라리(哩囉哩) 련리련(嗹哩嗹) 라련리련(囉嗹哩嗹) 라리련(囉哩嗹) 리련라련(哩嗹囉嗹) 리련라련(哩嗹囉嗹) 리련라(哩嗹囉) 리라리(哩囉哩).[36] (명나라 성화(成化: 1465~1487) 연간의《백토기(白兎記)》제1출)

(차)【망오향(望吾鄉)】(안에서 노래한다) 량련량(哴嗹哴) 류련련(柳嗹嗹) 가류련량(呵柳嗹哴) 련류련류(嗹柳嗹柳) 련량(嗹哴) 련류련(嗹柳嗹).[37] (명나라 가정(嘉靖: 1522~1566) 연간의《려경기(荔鏡記)》제26출〈오낭자수(五娘刺绣)〉)

(カ)【곡기파(哭歧婆)】(합창한다) 련리리라(嗹哩哩囉) 라리련(囉哩嗹) 련리리라(嗹哩哩囉) 라리련(囉哩嗹).[38] (명나라 때의《향낭기(香囊记)》제10출〈경림(瓊林)〉)

---

35 (齐舞) 哩嗹囉嗹 哩嗹嗹 唻囉哩囉 囉哩嗹 囉哩嗹, 囉嗹哩嗹 囉哩唻囉 囉哩嗹 囉哩嗹.

36 末唱 哩囉嗹 囉囉哩 嗹嗹嗹 哩囉哩 嗹哩嗹 囉嗹哩嗹 囉哩嗹 哩嗹囉嗹 哩嗹囉嗹 哩嗹囉 哩囉哩.

37 (内唱) 哴嗹哴 柳嗹嗹 呵柳嗹哴 嗹柳嗹柳 嗹哴 嗹柳嗹.

38 (合) 嗹哩哩囉 囉哩嗹, 嗹哩哩囉 囉哩嗹.

(타) (합창한다) 우리 합창하네, 이 마을 저 고을 떠도느라 두 다리는 베틀의 북처럼 쉴 새 없네. …… (첩)……(정이 앉으며 첩을 돌아본다) 아이 참 (첩) 리라련(哩囉嗹) 한 곡 불러보세, 련리라(嗹哩囉) 리라련(哩囉嗹), 련리라(嗹哩囉) 한 곡 불러보세.[39] (청(淸)나라 건륭(乾隆: 1736~1795) 연간의 《철백구(綴白裘)》 제6책 〈화고(花鼓)〉)

(가)는 청대 오교(1611~1695)의 《위로시화》에 나오는 내용인데, 매우 후대의 기록이므로 그 신빙성에 논란의 여지가 있으나, 당나라 이원의 연희자들이 불렀던 라리련(囉哩嗹)을 소개하고 있다. 청대에는 연극에서 '라리련'이 매우 보편적으로 사용되었기 때문에, '라라리', '리리라', '라리련' 등을 통칭해서 '라리련'이라고 표현했을 것이다. 지금도 중국의 연극학자들은 이 구음들을 통칭할 때 '라리련'이라고 한다. 그러므로 (가)의 '라리련'은 실제로는 '라라리'에서 파생된 구음이었을 가능성이 크다.

(나)는 남송 엽적(1150~1223)의 시인데, 문인이 시에서 '라리론(羅里論)' 즉 '라리련'을 사용한 예이다. 당연히 그 유래는 민간 악곡이다. 특히 남송 때 오(吳) 지역에서 '라리련'의 보급 정도를 전해 준다.[40] (다)는 남송 곽응상(1158~?)의 사(詞)인데, '리륜라(哩喻囉)'가 나온다.

(라)~(타)는 남송대의 남희부터 명청대의 희곡 작품까지 인용한 것이다. 그런데 (나)~(타)는 모두 앞의 (1) 불교 승려들이 노래한 '라라리(囉囉哩)'의 (가)~(사)보다 후대의 작품들이다. 따라서 위 (나)의

---

39 (合) 咱也合唱歌, 穿州过府, 两脚走如梭. …… (贴)…… (净作坐身势回看贴介)嗳. (贴)哩囉嗹, 唱一个. 嗹哩囉 哩囉嗹, 唱一个嗹哩囉.

40 康保成, 앞의 글, 80면.

라리론(羅里論), (다)의 리륜라(哩喻囉), 그리고 희곡 작품 (라)~(타)에 나오는 '리리라', '라라리', '리라리', '라리련' 등은 모두 불교 구음 '라라리'와 '리라라'로부터 유래했음을 알 수 있다. 특히 (자)에서는 '라리련', '리라련'과 '라라리', '리라리' 등이 섞여 쓰이고 있어서, 이 구음들이 '라라리', '리라라'로부터 변이되었음을 잘 보여 준다.

현재까지 복건성의 이원희(梨園戱), 보선희(莆仙戱), 괴뢰희(傀儡戱), 광동성 조주(潮州)의 백자희(白字戱), 운남성의 이극(彝劇), 광서성의 사공희(師公戱), 안휘성의 가면극인 나희(儺戱)에는 여전히 완정한 단락으로 연창하거나 곡의 시작, 중간 또는 끝부분에 화성으로 '라리련'을 연창하는 습관이 남아 있다.[41]

(파) 장성을 쌓으니 당신을 놓아주네, 귀가하는 부부 리련라(哩嗹囉)를 노래하네.[42] (중국 안휘성(安徽省)의 나희(儺戱)《맹강녀심부(孟姜女寻夫)》 제2장〈진방습창(陈放習唱)〉)

(하) (말로) 나 전공원수는 구령(九靈)이라고 부른다. 또한 이원자제가 이 땅에 와서 한바탕 연희하는 것을 기뻐한다. 지금 연희가 잘 끝났다. 법사도 잘 마쳤다. 사람도 흩어지고 신도 흩어졌다. 그러나 사악한 귀신들이 흩어지지 않았을까 걱정스럽다. 나는 손에 청색 실과 두 개의 비단 손수건을 들고, 요마와 귀신들을 소탕하겠다! [라리련(囉哩嗹)을 노래한다. 전공이 노래한다. : 라리련(囉哩嗹) 리련라

41 같은 곳.

42 筑起城墙都放你, 回家夫妻唱哩嗹囉.《中國地方戲集成 · 安徽卷》(中國戲劇出版社, 1960).

(哩嗹囉) 라리리(囉哩哩) 라라련(囉囉嗹) 라련라(囉嗹囉) 련라련(嗹囉嗹) 라라련(囉囉嗹) 리라련(哩囉嗹).][43] (복건성 수녕현(壽寧縣) 대양촌(岱陽村)의 원소복(元宵福)과 이원교(梨園教)의 괴뢰희 〈화광전(華光傳)〉의 첫 장면)

(파)는 안휘성의 나희《맹강녀심부》에서 부르는 리련라(哩嗹囉)이고, (하)는 복건성의 인형극에서 부르는 라리련(囉哩嗹)이다. 이와 같이, 현재 복건성 괴뢰희의 개장곡(開場曲, 연희를 시작하는 노래)에서는 놀이무대를 정화하거나 희신(戱神) 전원수(田元帥)가 무대에 등장할 때 구음 '라리련'을 계속 변이시키면서 노래하는데, 여전히 불교 구음 '라리리'도 함께 노래하고 있다.

이전에는 북경(北京)의 소곡(小曲)에서도 "라리련(囉哩連) 련리라(連哩囉)"를 불렀는데, 노래와 노래 사이의 간주로 삼았다.

소수민족인 요족(傜族)의 노래 〈교지가(交阯歌)〉 중 구절 끝에 '나라리(那羅離)'가 일곱 번이 넘을 정도로 많이 나온다. 일례를 들자면, "교지에 도착하니 집안에 곡식이 많아, 부질없이 그리워만 하네. 교지 땅이 정말 좋아 농사 걱정 없네 나라리(那羅離). 좋구나 벼농사 일 년 농사 지어 이 년 저장하네. 많은 사람들이 교지국에 몰려오니 쌀 걱정 없구나 나라리(那羅離)."[44]와 같다. '나라리(那羅離)'는 라라리(囉囉哩)

---

43 (白) 本帥, 田公元帥, 號九靈. 且喜梨園子弟來到本地演了戲文一臺. 今則戲文完滿, 法事周隆, 人散神散, 恐有邪神不散. 本師手執靑絲雙羅帕, 掃蕩妖魔鬼怪精呵! (唱 [囉哩嗹] 本師唱起 : 囉哩嗹, 哩嗹囉, 囉哩哩, 囉囉嗹, 囉嗹囉, 嗹囉嗹, 囉囉嗹, 哩囉嗹.). 〈田公元帥掃臺科〉, 7면. 葉明生, 〈壽寧縣岱陽村的元宵福與梨園教之傀儡戲 〈華光傳〉〉, 《民俗曲藝》第122, 123期(台北: 財團法人 施合鄭民俗文化基金會, 2000), 156면.

44 到交阯 家中米糧漫相思 交阯地頭眞是好 不憂耕種那羅離. 好禾行 一歲種禾二歲藏 齊齊來到交阯國 不悲白米那羅離.

의 음이 변해서 된 것이다. 베트남에서 부르는 '라리리(囉哩哩)'를 요가(傜歌)와 비교하면 중국 광서(廣西) 지방 사람이 전래한 것임을 쉽게 알 수 있다.[45]

소수민족인 이족(彝族)의 민요 〈자고조(鷓鴣调)〉에서도 "라리라(羅哩羅) 라리라(羅哩羅) 라리라라(羅哩羅羅) 라리라(羅哩羅) 라리라리(羅哩羅哩) 라리라(羅哩羅) 라리라(羅哩羅) 라리리라(羅哩哩羅) 라리라라(羅哩羅羅) 라리라라(羅哩羅羅)"를 사용하고 있다.[46]

이상과 같이, 중국에서는 '로류로루', '라라리', '리라라', '라리련' 등의 구음이 구마라집부터 현대까지 불교, 도교, 무속 등 종교를 통해서, 그리고 연극 등 예술작품을 통해서 꾸준히 전승되어 왔다.

---

45 이상 중국의 '라리련' 관련 여러 사례는 康保成, 〈囉哩嗹與中國戲曲的傳播〉, 《儺戲藝術源流》(廣東高等教育出版社, 2005), 77~102면 참조.

46 〈鷓鴣调〉는 楚雄州 姚安县의 민가로 〈左脚调〉라고도 한다. 康保成, 앞의 책, 105면.

2장

일본의 '라라리(囉囉哩)'·'라리련(囉哩嗹)' 구음의 존재 양상

일본에서는 불교 승려들의 시와 어록, 가면극, 인형극 등에서 '라라리(囉囉哩)'와 라리련(囉哩嗹)' 관련 구음들이 발견된다. 가미무라 간코[上村觀光] 편, 《五山文學全集》 전 5권(思文閣出版, 1973)과 도요 에이초[東陽英朝: 1428~1504] 찬(撰), 《宗門正燈錄》에 일본 선승들의 문집이 다수 수록되어 있는데, 이들의 어록과 게찬(偈贊)에서 불교 구음 '라라리(囉囉哩)'와 '리라라(哩囉囉)'가 자주 사용되고 있다.

일본 노[能] 가면극의 레퍼토리 가운데 〈오키나[翁]〉는 단순한 춤을 주술적으로 반복하는데, 오키나가 등장할 때 오키나와 지우타이[地謠]는 "토우토우 타라리 타라리라. 타라리 아가리 라라리 도우"라는 구음을 네 번이나 반복하며 노래한다. 여기서 '라라리'와 관련된 '라라리', '타라리', '아가리'를 찾아볼 수 있다.

일본 사도 섬 〈노로마인형〉의 구음 "누라리 누라리 누우토 토오자이[東西] 토오자이[東西]"에서 '누라리'는 한중일의 불교 승려들이 즐겨 노래한 '라라리'와 유사하다. 그리고 중국 복건성 괴뢰희와 한국 꼭두각시놀이의 구음과도 유사하다. 이 외에 이시카와현[石川縣] 히가시후타쿠치[東二口]의 〈가가분야(加賀文彌)〉 인형극, 이와테현[岩手縣] 모리오카시[盛岡市] 다마야마구[玉山区]의 〈다마야마가구라[玉山神樂]〉, 다마야마구의 〈히노토가구라[日戶神樂]〉와 〈야부카와가구라[薮川神樂]〉에서 연희하는 〈덴뇨[天女]〉 등에서 '라라리'와 '라리련' 관련 구음들을 찾아볼 수 있다.

1. 불교 승려들이 노래한 '라라리(囉囉哩)'

가미무라 간코[上村觀光] 편, 《五山文學全集》 전 5권(思文閣出版, 1973)에는 다음과 같이 많은 일본 선승들의 문집이 수록되어 있다. 이 문집들 속에서 불교 구음 '라라리(囉囉哩)'와 '리라라(哩囉囉)'가 발견된다. 이 외에 도요 에이초[東陽英朝: 1428~1504] 撰, 《宗門正燈錄》은 중국과 일본의 선종 승려 24인의 전기인데, 이들의 어록과 게찬(偈贊)에서도 이 구음들이 발견된다.

제1권 —《東歸集》, 《濟北集》, 《鈍鐵集》, 《禪居集》, 《雜著》, 《岷峨集》, 《雪村大和尙行道記》, 《松山集》, 《天柱集》, 《南游集》, 《旱霖集》

제2권 —《東海一漚集》, 《東海一漚集別集》, 《東海一漚集餘滴》, 《若木集》, 《若木集拾遺》, 《隨得集》, 《性海靈見遺稿》, 《閻浮集》, 《空華集》, 《蕉堅稿》

제3권 —《明極楚俊遺稿》,《夢窓明極唱和編》,《了幻集》,《業鏡臺》,
《鴉臭集》,《草餘集》,《雲壑猿吟》,《懶室漫稿》,《南游稿》,
《眞愚稿》,《竹居淸事》,《竹居西游集》,《投贈和答等諸詩小序》,《不二遺稿》

제4권 —《翰林葫蘆集》

제5권 — 別卷

오산문학(五山文學)은 가마쿠라[鎌倉: 1185~1333]시대부터 무로마치[室町: 1338~1573]시대 말기에 걸쳐 선승(禪僧)들을 중심으로 발달했던 한시문의 총칭이다. 일본 고전문학사에서 한문학이 차지하는 비중과 의의는 매우 크다. 일본 한문학의 흐름은 세 단계로 나누어 살펴볼 수 있다. 첫 번째는 나라[奈良: 710~794]시대에서 헤이안[平安: 794~1192]시대에 걸쳐 수나라와 당나라의 영향을 받아《성령집(性靈集)》,《경국집(經國集)》등이 편찬되었던 한문학의 시기이다. 두 번째는 가마쿠라시대부터 무로마치시대 말기까지 발달했던 선가(禪家)의 한문학, 즉 오산문학의 시기이다. 세 번째는 근세 에도[江戶: 1603~1867]시대 유자(儒者)들에 의한 한문학이 융성했던 시기이다. 그러므로 오산문학은 전후의 문학을 이어주는 교량적 역할을 하는 중요한 문학사적 의의를 갖는다. 또 그것은 송나라와 원나라의 선(禪)과 선시(禪詩)를 받아들여 일본문학으로 이식·성장시켰다는 데서 특이한 존재 의미를 갖고 있다.[47]

47 인권환, 〈고려 禪詩와 일본 五山詩의 비교 연구〉,《한국한문학연구》 제31집(한국한문학회, 2003), 363~364면.

그러면 이상의 일본 승려들의 문집과 불교 서적에서 발견되는 '라라리'와 '리라라' 관련 구음들을 시대순으로 살펴보자.

(가) 결하(結夏)에 당에 올라 오조(五祖: 唐代 弘忍禪師)께 제(祭)를 드리며 말했다. "오늘 결하(結夏)에 대중(大衆)들을 공양하고, 일가(一家)가 연회를 열어 여러 사람들을 접대할 만한 것이 없습니다." 마침내 손을 들어 말했다. "라라초(囉邏招), 라라요(囉邏遙), 라라송(囉邏送). 괴이하고 공소(空疏)하다 여기지 마시고 보중(保重)하시길 바라옵나이다."[48] (《宗門正燈錄》의 〈師初住筑州早良縣興德禪寺語錄〉)

(나) …… 신라(新羅) 도성에 삼경(三更)이 치니 태화봉(太華峰) 정상에는 해가 대낮이네. 이 노래엔 온갖 성화(聖和) 한정이 없네. 라라리(囉邏哩) 리리라라(哩哩囉囉).[49] (《明極楚俊遺稿》의 〈示堅大師參方〉)

(다) 어제 아침 이슥고 재계(齋戒)를 풀었으니, 오늘은 내 마음 내키는 대로 해도 되리라. 흰 종이가 내 앞에 있어 붓을 끌어다 글씨를 쓰네. 글 쓰는 중에 정취는 어떠할꼬? 필경 재미에 빠졌으리. 이 재미는 어린 사람은 알지 못할지니, 나무 꼭대기엔 사르르 서풍이 불어오네. 불어오는 바람에 떨어진 나뭇잎 하나, 주워다 슬피 우는 아이 그치게 하려네. 아이는 이슥고 슬픈 울음 그치고는 손뼉을 치고 웃

48 結夏上堂擧五祖云今日結夏無可供養大衆作一家宴管待諸人遂擧手云囉邏招囉邏遙囉邏送 莫怪空踈伏惟珍重.

49 …… 新羅國內打三更 太華峰頭日卓午 此曲千聖和不齊 囉邏哩 哩哩囉囉.

으며 라라리(囉邏哩) 노래하네.[50] (《天柱集》의 〈示齋裔〉)

(라) 귀원(歸元: 본원으로 돌아감, 죽음) 한 구는 무슨 도(道)를 내었던고? 온 성인(聖人)과 현인(賢人)들이 일시에 거꾸러졌다네. 하물며 말없는 선선인(仙禪人)들이야 이해하지 못할지니, 그대는 성내지 말게나, 그대는 성내지 말게나. 나는 이에 기뻐하며 손뼉을 치고 웃으며 '라라리(囉邏哩)' 노래하네.[51] (《天柱集》의 〈歸元上人〉)

(마) 일어나 소계화상(蘇溪和尙)의 목호가(牧護歌)를 부르는데, 집 주변 산에는 봄 풀이 리라라(哩囉邏), 한밤중 달이 눈 덮인 바위들을 비추네. 휘파람 한번 부니 만 리(里)까지 물결이 일고, 즐거워하는 눈가에 곧 신묘한 자태가 모여듦을 보네. ……[52] (《空華集》의 〈送月巖問首座赴如意請〉)

(바) …… 사방의 오랑캐가 무덤으로 들어가 모두 무위지화(無爲之化)로 돌아가니, 전답과 들판의 노인들이 태평가(太平歌)를 함께 부르네. 라라리(囉邏哩) 리리라(哩哩囉). 누구와 함께 선종(禪宗)의 교리를 설법(說法)할꼬? 걸출한 녀석이 나오면 얼굴을 마주하고 이야기하리

---

50 昨朝旣解制 今日宜自恣 白紙在我前 引筆書黑字 書中意若何 必竟沒滋味 滋味沒少人知 樹頭索索西風吹 飀來落葉一兩箇 拾之欲止傷啼兒 兒旣不傷啼乃止 拍手笑歌囉邏哩.

51 歸元一句 作麼生道 十聖三賢 一時靠倒 何況無口仙禪人 是渠不會君莫嗔 君莫嗔我乃喜 拍手笑歌囉邏哩.

52 唱起蘇谿牧護歌 家山春草哩囉邏 三更月照千岩雪 一嘯風生萬里波 見說眉間曾挂劍 …….

라. ……[53] (《東歸集》의 〈爲新挂搭遵上座火〉)

(사) …… 꽃 떨어지고 까마귀 울에 흘끗 바라본 정상의 절경이 곧 단전(單傳)에 묘결(妙訣) 없음을 가리키네. 소리 높여 라라(囉邏) 노래 부르며 문을 나설 적에, 정안(正眼)의 깨달음은 도로 가장 어리석은이 계행(戒行)하게 하네.[54] (《了幻集》의 〈送天龍令侍者遊近江〉)

(아) 아미(峨嵋)산에 신선이 가끔 상투 튼 다섯 동자 데리고 높은 산에 올라 뿌리 없는 열매를 실컷 담아댔다네. 보병(寶甁)을 들고 유락(遊樂)함이 마치 술에 취한 듯 바야흐로 무르익은 봄의 정취에 실컷 취했네. 옥을 들어 마음대로 황권함(黃卷函)을 제멋대로 두드리며 한 곡을 부르네. 리리라(哩哩囉). 코끼리(象王) 넓적다리에 눈 흩뜨리며 여러 번 라라리(囉囉哩) 부르네. 바람에 뒤처진 사자(獅子) 적삼 노곤하고 노곤하고 또 노곤하네. 푸른 털 빗지 않아 어지러이 헝클어졌네. 깊은 밤 함께 누워 밝은 달빛 속에서 홀로 술 깬 노인이 불법을 보았음을 알리네.[55] (《五山文學全集》(別卷) 〈五山文學者列傳〉 중 七十一天與淸啓 條)

(가)는 일본 승려 원통대응국사(圓通大應國師) 난포쇼묘[南浦紹明:

53 …… 四夷入梴盡歸無爲之化 田叟野老共唱太平之歌 囉邏哩 哩哩囉 與麼提唱 若有英靈漢出來當面唾道 …….

54 …… 落華啼鳥瞥端的別太奇絶 直指單傳無妙訣 高歌囉邏出門時 正眼還從瞎驢滅.

55 峨嵋山上有仙子 或時携五髻童男 執手天梯上 快打無根實 寶甁般若酒 深醉春正酣 歌擧玉如意狂敲黃卷函 一曲哩哩囉 雪灑象王袴 數聲囉囉哩 風飜獅子衫 懶困懶困又懶困 綠髮不梳亂鬖鬖 夜深共臥月明裏 寄謝獨醒老霍曇.

1235－1309]의 어록에 나오는 "囉邏招 囉邏遙 囉邏送"이다. '라라리'가 '라라초', '라라요', '라라송'으로 변이되어 있다.[56] 난포쇼묘는 가마쿠라 시대 임제종(臨済宗)의 승려로서, 어린 나이에 다쿄사[建穂寺]에서 배우고 이후 겐초사[建長寺]에서 수행했다. 1259년 송나라에 건너가 허당지우(虛堂智愚)의 법을 계승했다. 1267년 귀국 후 다시 겐초사에 있다가 고우다[後宇多] 천황의 초대로 만쥬사[万寿寺]로 옮겼다.

(나)는 가마쿠라시대 말기부터 남북조시대에 걸쳐 원나라에서 일본으로 건너온 선승인 민키소슌[明極楚俊: 1262~1336]의 선시인데, "라라리 리리라라"가 나온다. 그는 1329년 일본의 오토모 사다무네[大友貞宗, 가마쿠라 말기의 무장]의 초청을 받아 68세의 나이에 일본으로 건너왔다. 이후 1333년 고다이고[後醍醐] 천황의 부름으로 상경하여 난젠사[南禪寺] 제13세(世)로 모셔졌다. 1334년에는 겐닌사[建仁寺]로 옮겨 제24세가 되었다.

(다)~(라)는 중국 원나라 때 일본의 초청을 받고 일본으로 건너갔던 고승 난젠사 제16세 자쿠센 본센[竺仙梵僊: 1292~1348]의 외집(外集)《천주집(天柱集)》에 수록된 선시이다. (다)에 '라라리', (라)에 '라라리'가 보인다.

(마)는 일본 난젠사(南禪寺) 자씨원(慈氏院)의 제1세 기도 슈신[義堂周信: 1325~1388]의 선시인데 '리라라'가 나온다.

(바)는 일본 승려 무게 묘켄[無礙妙謙]의 선시인데 "라라리 리리라"가 나온다. 그는 고호 켄니치[高峰顯日]의 셋손유바이[雪村友梅], 덴간에코[天岸慧廣] 등과 함께 원나라에 들어가서 강절선림(江浙禪林)을 돌

56 이러한 변이는 이미 다음에 살펴볼 (차) 중국 법연선사의 어록에서도 발견된다.

아다닌 후 일본으로 귀국했다.

(사)는 일본 겐닌사[建仁寺] 58대 고켄 묘카이[古劍妙快]의 선시인데 '라라'가 나온다. 고켄 묘카이는 남북조~무로마치시대의 승려로서 원나라로 건너갔다가 1365년에 귀국했다. 이후 린센사[臨川寺], 겐닌사[建仁寺], 겐초사[建長寺] 등의 주지를 맡았다. 기도 슈신[義堂周信: 1325~1388], 젯카이 추신[絶海中津: 1336~1405]의 다음 가는 오산문학의 대가로 불린다.

(아)는 무로마치[室町: 1338~1573]시대의 일본 승려인 덴요 세이케이[天與淸啓]가 중국의 오대산에 올라가서 문수대사를 찬양한 내용인데, 거기에 '리리라'와 '라라리'가 나온다. 그는 1451년 토요 인포[東洋允澎]를 따라 명나라로 건너갔다. 그리고 1461년 무로마치 막부의 사절로 명나라에 파견되었다. 이후 겐닌사의 주지가 되었다. 1466년 다시 명나라로 건너갔다가, 귀국 후에는 고향인 시나노(현 나가노현)에 있는 호센사[法全寺]에 은거했다.

이 외에도 다음과 같이 일본에서는 여러 불교 승려들이 '라라리 리라라'와 관련된 구음들을 노래했다.

① "東福今夜効顰去擧拂云囉囉哩哩囉囉擊拂云又被風吹別調中" — 일본 가마쿠라[鎌倉]시대 임제종의 승려 하쿠운 에교[白雲慧曉: ?~1297]의 《佛照禪師語錄》

② "解脫并無解脫風前一曲囉囉哩" — 중국 원대 승려로 일본에 가서 불학(佛學)을 전한 축선범선(竺仙梵仙: 1292 – 1348, 日名 : 지쿠센본

센, 절강성 출신)의《竺僊和尚語録》

③ “旣不傷啼乃止柏手笑歌囉囉哩”— 축선범선의《竺僊和尚語録》

④ “君莫嗔我乃喜拍手笑歌囉囉哩”— 축선범선의《竺僊和尚語録》

⑤ “變成金翠巖眉毛長尺二囉囉哩秋風誰謂從西起擊拂下座”— 가마쿠라시대와 무로마치시대에 걸쳐 활동한 일본 임제종 승려 무소 소세키[夢窓疎石: 1275~1351]의《夢窓國師語録》

⑥ “和尚遺訃至上堂丙寅生囉囉哩甲戌滅囉囉哩滅不滅生不生囉囉哩長空萬里一圓月囉囉哩壽福和尙唱此還源歌南禪恁麼擊節”— 무소 소세키의《夢窓國師語録》

⑦ “甲乙丙丁庚戊己咄咄咄囉囉哩上堂興雲今日爲衆説禪從前頭至後頭衹對諸人只消得三箇莫理會字即今不墮興雲圈繢試道看”— 무로마치시대 임제종의 승려 게이센 소류[景川宗隆: 1425~1500]의《景川和尚語録》

⑧ “上堂參須實參悟須實悟囉囉哩哩哩囉近日秋林落葉多”— 게이센 소류의《景川和尚語録》

⑨ “八倒那伽定以钁打地云囉囉哩兮哩哩囉遮莫土曜星入命”— 도요 에이초[東陽英朝: 1428~1504] 찬(撰),《少林無孔笛》

⑩ "麼跳舞三臺師曰哩哩囉囉哩進曰瞻之仰之釋天日月師曰好記取" —무로마치시대 임제종의 승려 사이겐 도쿠호[西源特芳: 1419~1506]의《西源德芳和尙語録》

⑪ "無孔笛等閑吹裂階前石囉囉哩也哩哩囉愁殺少林未歸客"—사이겐 도쿠호의《西源德芳和尙語録》

한편 도요 에이초[東陽英朝: 1428~1504] 찬,《宗門正燈錄》(1626)[57]에서는 중국 승려들의 전기를 소개하는 가운데 자연스럽게 중국 선승들이 노래한 '라라리', '리라라'가 포함된 어록·게찬(偈贊)을 수록하고 있다.

(자) 당에 올라 "다음 날 단신으로 나라를 위해 출전했다가 승리를 거두고 돌아오는 날에, 길을 가득 메우고 노래를 불렀다."라고 말했다. 대중이 "무슨 노래였습니까?"라고 묻자, "라라리(囉囉哩) 라라리(囉囉哩) 또한 누가 화답할 수 있는가?"라고 답했다.[58] (〈舒州白雲山海會演和尙初住四面山語錄〉)

(차) 결하(結夏)에 당에 올라 승려가 물었다. "천축국 안거(安居)에 들어감에 납인(衲人)에게 명해 주십시오. 쌍천(雙泉)을 깨닫지 못하고서

---

57 域外漢籍珍本文庫編纂出版委員會,《域外漢籍珍本文庫》第三輯 子部(人民出版社·西南師範大學出版社, 2012).

58 上堂云, 明日匹馬單鎗 爲國出戰 得勝回戈之日 滿路歌謠 大衆 作麼生是歌謠一曲 乃云 囉囉哩 囉囉哩, 還有人和得麼.

어떻게 대중들에게 보이겠습니까?" 선사(禪師)가 말했다. "발로 땅을 밟지 말라.(규범을 잘 따르라.)" 그리고 이렇게 말했다. "오늘 결하(結夏)에 대중(大衆)들을 공양하고, 일가(一家)가 연회를 열어 여러 사람들을 접대할 만한 것이 없습니다." 마침내 손을 들어 말했다. "라라초(囉囉招), 라라요(囉囉遙), 라라송(囉囉送). 괴이하고 공소(空疏)하다 여기지 마시고 보중(保重)하시길 바라옵나이다."[59] (〈舒州白雲山海會演和尚初住四面山語錄〉)

(カ) 주사(主事)에게 사례하고 당에 오르니 승려가 물었다. "왕색선타파(王索仙陀婆) 때는 언제입니까?" 선사(禪師)가 말했다. "칠공팔규(七孔八竅)이니라." 학승(學僧)이 말했다. "왕색선타파(王索仙陀婆)가 어떤 것입니까?" 선사가 말했다. "난가(鸞駕)이다. 아직 호령을 준비하여 가지런하게 하지 않은 것이다." 학승이 말했다. "선타파(仙陀婆)가 어떤 것입니까?" 선사가 말했다. "눈꺼풀이 떨리고 귀에 열이 나는 것이다." 승려가 경의를 표하며 절하였다. 선사가 말했다. "일어나라." 이에 말했다. "문수보살은 돛을 펼치고, 보현보살은 키를 잡아 무리가 관음보살에게 이르러 함께 노래 부르네. 쌍천(雙泉)을 얻어 시끄러운 중에 정좌(靜坐)를 하네. 정좌는 곧 말이 거의 없는 것이네. 시험 삼아 묻노니, 배 타고 내려가는 길에 누가 노래 한 곡 지어 부를꼬? 라라리(囉囉哩) 라라리(囉囉哩). 속세의 기운이 제거되지 않네."[60] (〈舒州白雲山海會演和尚初住四面山語錄〉)

---

59 結夏上堂 僧問 五天結制分付蠟人 未審雙泉如何示眾 師云 足不履地 乃云 結夏無可供養大眾作一家宴管顧諸人 遂擡手云 囉邏招囉邏搖囉邏送 莫怪空疎. 伏惟珍重.

60 謝主事上堂 僧問 王索仙陀婆時如何 師云 七孔八竅 學云 如何是王索仙陀婆 師云 鸞

(타) 동수곽(桐樹郭) 댁이 자리에 오르기를 청하며 말했다. "동림곽(桐林郭) 평사(評事) 가문은 바라옵니다. 식록(食祿)은 자태가 조용하고 아름다우며, 우리 종조(宗祖)께서는 온량(溫良)함이 아름다운 옥과 같아 봉소(封疏: 封章)가 여러 산에 청해졌고, 재식(齋食)으로 승도(僧徒)를 공양하여 큰 복을 키웠습니다. 두 어른이 함께 그윽한 이야기를 나누시니 바로 따뜻한 2월의 절기라 목마른 사슴이 냇가에서 물 마시고 얼음이 녹아 물이 되며, 들판에는 원숭이 울고 나무에 걸린 안개는 아지랑이가 되었습니다. 누런 매화 열린 길에는 지기(知己)도 많아 오늘은 함께 배를 타니 탄 배에서는 말이 거의 없었습니다. 또 생각하니 어떤 일을 말해 보겠습니다. 다행히도 삼춘(三春)의 명량(明亮)함과 아름다움을 만나 거리낌 없이 팔뚝을 흔들어 대며 라라리(囉邏哩) 라라리(囉邏哩) 노래 불렀습니다. 이에 손뼉을 치고 크게 웃으며 말하길, '이것은 어떤 곡조인고? 만년환(萬年歡)이라' 하였습니다."[61] (〈次住海會語錄 參學景淳集〉)

(파) 당에 올라 양기(楊岐) 사람을 칭하여 대중들에게 보이기를, "박복한 사람이 양기(楊岐)에 머물렀는데, 근래 들어 기력이 쇠해졌네. 차가운 바람에 잎 시들었지만, 오히려 친구가 돌아옴을 기뻐하네. 라라

駕 未排齊號令 學云 如何是仙陀婆 師云 眼瞤耳熱 僧禮拜 師云點 乃云 文殊張帆普賢把柁 勢至觀音共相唱和 贏得雙泉鬧中打坐 打坐即不無 且道下水船一曲作麼生唱 囉邏哩囉邏哩 俗氣不除.

61 桐樹郭宅請陞座云 桐林郭評事家門幸 食祿性靜好 吾宗溫良如美玉 封疏請諸山 營齋殖洪福 二人長老共談玄 正值陽和二月天 渴鹿飲溪氷作水 野猿啼樹霧成煙 黃梅路上多知己 今日同乘般若船 乘船即不無 且道 說箇什麼事 幸遇三春明媚 因行不妨掉臂 囉邏哩囉邏哩(고활자본에는 囉邏哩 哩哩囉로 되어 있음) 乃拍手大笑云 是何曲調E萬年歡.

리(囉邏哩) 노래 부르네. 죽은 땔나무를 집어들어 연기 없는 불을 향 해 넣네.[62] (〈初住嘉興府興聖禪寺語錄〉)

이상의 (자)~(파)는 중국의 《법연선사어록(法演禪師語錄)》 등에서 가져온 내용이다. 법연선사(?~1104)는 중국 사천성 면주파서(綿州巴西) 사람이다. 《종문정등록》은 중국과 일본의 선종 승려 24인의 전기인데, 이들의 어록·게찬(偈贊)도 수록했다. 법연선사의 경우는 당연히 중국에서 이미 간행된 《법연선사어록》 등에서 그 내용을 가져왔을 것이다.

《금강경》의 주석서인 《금강경오가해》에는 송나라 야보(冶父)의 송(頌)이 있다. 이 책 상권 여법수지분(如法受持分) 제13에 "…… 라라리(囉囉哩) 리라라(哩囉囉) 산꽃은 웃고 들새는 노래한다."처럼 '라라리', '리라라'가 나온다. 그리고 이 책 하권 구경무아분(究竟無我分) 제17에 "목동이 목동을 만나니 대중이 다 함께 라라리(囉囉哩) 노래하네."처럼 '라라리'가 나온다.

《금강경》은 대승불교의 근본을 이루는 경전이기 때문에, 일본의 불교 승려들과 신자들은 당연히 이 불경을 많이 읽었을 것이다. 그리고 주석서인 《금강경오가해》 등을 통해서 야보의 송도 읽었을 것이다. 더구나 일본 무신정권은 불교를 옹호했기 때문에, 오산문학 시기의 일본 사람들은 대부분 이 구음을 알고 있었을 것으로 보인다.

이미 중국의 사례에서 살펴본 바와 같이, 송나라 재량(才良) 등이

62 上堂擧楊岐示衆 薄福住楊岐 年來氣力衰 寒風凋敗葉 猶喜故人歸 囉邏哩 拈起死柴頭 且向無煙火.

편한《법연선사어록》상권에 "라라리 라라리", 송나라 색장주가 편집한《고존숙어록》제29권〈서주용문불안화상어록〉에 "리리라 라라리", 송나라 보제의《오등회원》제13권에 문수선사가 노래한 "라라리 리", 같은 책 제6권의 백운단 화상이 읊었던 "라리라" 등 송대의 수많은 승려들이 이 구음을 노래했다. 일본 승려들은 송나라의 승려들과 교류했고, 그들의 문집도 읽었기 때문에 이 구음들에 친숙했을 것이다. 실제로 앞에서 살펴본《종문정등록》은 중국과 일본의 선종 승려 24인의 전기인데, 이들의 어록, 게찬(偈贊)에서 이 구음들이 발견된다. (자)와 (파)는 이미 중국의 사례에서 살펴본 바와 같이, 송나라 재량(才良) 등의《법연선사어록》상권에 있는 내용과 동일하다.

또한 송나라와 원나라로 건너갔던 일본의 유학승들은 중국에서 자연스럽게 이 구음에 접하게 되었을 것이다. 그리고 일본으로 귀화한 송나라와 원나라의 승려들이나, 일본 고위직의 초청으로 일본에 왔던 송과 원의 승려들도 오랫동안 일본에서 활동하면서 이 구음을 전했을 것이다.

올엄보녕(兀庵普寧: 1197~?), 무학조원(無學祖元: 1226~1286), 난계도강(蘭溪道降: 1213~1278), 일산일녕(一山一寧: 1247~1317) 등 남송(南宋) 말에서 원(元)에 걸쳐 일본에 온 이들 귀화승들은 모두 대륙의 선승이자 시승(詩僧)이었고, 이들에게 교육을 받은 일본의 선승들이 바로 오산문학의 생산자였던 것이다. 당시 일본에 귀화한 중국 승려가 18명에 이르고, 이들의 영향을 받고 13~14세기에 중국에 간 일본 유학승이 93명이었다는 사실이 당시의 상황을 전해 준다.[63]

63 인권환, 앞의 글, 365면.

실제로 위에서 인용한《오산문학전집》에 문집이 수록되어 있는 승려들만 해도 일본 승려와 중국 승려들의 교류 양상을 잘 보여 준다. 일본 승려 난포쇼묘[南浦紹明]는 1259년 송나라에 건너갔다가 1267년 귀국했다. 지쿠센 본센[竺仙梵僊]은 일본의 초청을 받고 일본으로 건너갔던 원나라의 고승이다. 민키 소슌[明極楚俊]은 가마쿠라시대 말기부터 남북조시대에 걸쳐 원나라에서 일본에 건너온 선승이다. 그는 1329년 일본의 오토모 사다무네[大友貞宗]의 초청을 받아 68세의 나이에 일본에 왔다. 이후 고다이고[後醍醐] 천황의 부름으로 1333년 상경하여 난젠사 제13세로 모셔졌다. 1334년에는 겐닌사로 옮겨 제24세가 되었다. 남북조~무로마치시대의 일본 승려인 고켄 묘카이[古劍妙快]는 원나라로 건너갔다가 1365년에 귀국했다. 무게 묘켄[無礙妙謙]은 일본 승려로서 고호 켄니치[高峰顯日]의 셋손유바이[雪村友梅], 덴간 에코[天岸慧廣] 등과 함께 원나라에 들어가서 강절선림을 돌아다닌 후 일본으로 귀국했다.

이상과 같이, 중국 승려와 일본 승려들의 교류 그리고 불교 서적에 대한 학습을 통해 일본 승려들은 이 구음을 잘 알고 있었다. 그래서 일본 오산문학 시기의 불교 승려들의 시와 어록에서 이상의 구음들이 자주 발견될 뿐만 아니라, 후대의 승려들에게까지 이 구음들이 전승되고 있었던 것으로 나타난다.

2. 연극 등 문학예술 속에 나오는 '라라리(囉囉哩)'와 '라리련(囉哩嗹)'

일본 노[能] 가면극의 레퍼토리 가운데 〈오키나[翁]〉는 단순한 춤을 주술적으로 반복하는데, 오키나가 등장할 때 오키나와 지우타이[地謠][64]는 "토우토우 타라리 타라리라. 타라리 아가리 라라리 도우"라는 구음을 네 번이나 반복하며 노래한다. 그 장면을 살펴보자.

오키나: 토우토우 타라리 타라리라. 타라리 아가리 라라리 도우.

지우타이: 치리야 타라리 타라리라. 타라리 아가리 라라리 도우.

오키나: 도코로치요[所千代, 천년]까지 사십시오.

지우타이: 우리도 센슈[千秋, 천년만년 영원히] 사무라하우('사부라우'의 음 변화, 섬기겠습니다).

오키나: 학과 거북의 나이로.

지우타이: 다행이 마음이 가는 대로.

오키나: 토우도우 타라리 타라리라.

지우타이: 치리야 타라리 타라리라. 타라리 아가리 라라리 도우

여기서도 '라라리'와 관련된 '라라리', '타라리', '아가리'를 찾아볼 수 있다. 중국에서는 처음에 '라라리', '리라라'와 이를 변이시킨 '리리라', '라리라' 등의 구음을 주로 사용하다가, 점차 '라리련'과 이를 변이시킨 '리라련', '라련리', '련리련' 등을 섞어 사용했다. 마찬가지로 일본의 〈오키나〉에서도 '라라리'를 '라라리', '타라리', '아가리'로

---

64 지우타이[地謠]는 노 또는 교겐에서 등장인물 외의 연기자들이 제창하는 노래.

변이시켜 반복하고 있는 것이다.

오키나는 노에서 가장 신성시되는 인물이자 공연 종목의 명칭으로서, 특히 그 사장이 난해하여 오늘에 이르기까지 완전히 해독하지 못하고 있다. 학자들이 다양한 암호 해석을 시도하고 있는 '수수께끼 언어'로 남아 있다.

노의 〈오키나〉는 신년에는 반드시 일본 전국의 노 무대에 올려진다. 노에서 오키나는 단순한 노인이 아니라 영적인 힘을 받은 '신의 사자'로 간주된다. 그리고 그 춤은 국가 안녕, 오곡 풍요를 축원하는 신사(神事)로 간주된다. 그래서 노에서 〈오키나〉는 지극히 신성하고 중요한 레퍼토리로 취급되고 있는 것이다.

다음 인용문을 통해 〈오키나〉가 제아미(世阿彌: 1363년경~1443년경)의 시대에 이미 사루가쿠(猿樂)의 신성곡으로 다루어졌음을 알 수 있다.

> 사루가쿠의 춤이란 어떤 것이냐고 굳이 말하자면, 이 길의 근본이 되기 때문에 오키나의 춤이라고 해야 할까. 또 노래의 근본을 말하자면, 오키나의 신악가라고 해야 할까. (《申樂談儀》)

《사루가쿠단기[申樂談儀]》는 제아미가 쓴 노가쿠[能樂] 논서이다. 이 책에는 "토로쿄[都良香]는 예부터 합동(타치아이)으로 연기해 왔다. 오키나의 말은 전해져 온 것이니 쉽게 고쳐 쓰면 안 된다."라면서 오키나의 사장이 난해함을 시사하는 부분이 있다. 그러므로 제아미 당시에도 그 뜻을 해독하지 못했던 것으로 보인다.

"토우토우 타라리"의 풀이에 대해서는 예로부터 다양한 설이 있었다. 일찍이 승려 게이조슈린(景徐周麟)이 《간린코로슈[翰林胡蘆集]》에서

다라니에서 가져온 가사일 것이라는 추측을 했으며, 이후 다양한 신성설이 나왔다. 에도시대에는 오규 소라이[荻生徂徠]나 가모노 마부치[賀茂真淵] 등이 신성설을 배척하고, 피리와 북소리의 의성이라고 하는 설을 주장하여 그것이 일반화되었다. 후에 노래 사이사이에 들어가는 소리[아이노테(合いの手)]라는 설도 나왔다.

이 구음의 유래에 대하여 비교적 구체화된 학설은 피리곡설, 범어설, 조몬어[縄文語, 원 폴리네시아어]설이다.[65]

피리곡설은 다카노 타쓰유키[高野辰之]가 일본 가요사를 논하며 거론한 것인데, 이 구음의 유래를 부가쿠[舞樂]에서 처음에 상연되는 〈엔부[振舞]〉의 피리곡이라고 하는 학설이다. 즉 다음과 같은 피리곡 표기가 이 구음의 유래라는 것이다.

> 토[引] 토[引], 타아하아라로, 토오리이라아. 토라아리이라리, 치이라리이리이라, 타아리아리야리[引]. 토라아로리치라아하, 치이야리이야라타아하하하루라루라아루라, 토오히타로히, 토오히[引]

범어설은 쇼와[昭和: 1926~1989] 초기에 승려 가와구치에카이[河口慧海: 1866~1945]가 주장한 것으로, 범어에 의한 축하의 다라니가 〈산바소[三番叟]〉의 가사라고 한다. 범어설은 일찍이 승려 게이조슈린[景徐周麟]이 이 구음을 다라니라고 본 것과 같은 견해이다. 가와구치에카이는 다음과 같이 구음의 구절을 하나하나 범어에 대입시켜 그 내용

---

65 본장에서 논의하고 있는 노의 〈오키나[翁]〉와 오키나의 구음에 대한 학설 소개는 토큐[東急]세미나 2009년 4월 강좌 〈能の神男女狂鬼〉 제2회를 참조했다.

을 해석하고 있다.

> 토푸토우(수확은) 타라리(빛나고) 타라리 · 라(또 빛나고), 타라리(빛은) 아(아아) 가라라(모두 다 똑같이) 리토우(축하 있으리라), 츠에 · 린 · 얏(수명은 길고 건강하게) 타라리(빛나고) 타라리라(또 빛나고), 타라리(빛은) 아(아아) 가레라라(모두 다 똑같이) 리토우(축하 있으리라)

그러나 제아미 당시에도 이 구음을 이미 해석하지 못했던 점으로 볼 때, 이 구음들이 의미를 가진 언어라고 보기는 어려울 듯하다.

조몬어설도 다음과 같이 이 구음을 조몬어의 의미 있는 언어로 보고 있다.

> 〈토우토우 · 타 · 라리 · 타 · 라리 · 라〉, 〈(부정을 씻기 위해) 물을 뿌려라 · (물을) 뿌려 · 적셔라 · (물을) 뿌려 · 적셔라 · 주변을〉

이 구음의 유래에 대해 이상의 세 학설이 나왔지만, 불교에서 유래한 구음 '라라리'에 대해서는 주목하지 못했다. 노의 창시자이자 완성자인 간아미[觀阿彌]와 제아미[世阿彌]는 그 이름에서도 알 수 있듯이 불교에 속한 연희자들이었다. 또한 이들이 활동하던 시기는 일본의 오산문학기로서 일본 승려들의 선시가 매우 활발하게 지어졌고 수준도 높았다. 그래서 이 시기의 승려들이 지은 선시를 오산문학이라고 부를 정도이고, 일본 고전문학사에서 매우 중요한 위치를 차지하고 있다. 그런데 중국이나 한국과 마찬가지로 이 오산문학기 승려들의 선시에서도 '라라리' 구음이 자주 사용되었다. 그러므로 불교와 관련해서 활동하던 연희자들이 성립시킨 노의 초기 종목인 〈오키나〉의 구음 "토우토우 타라리 타라리라. 타라리 아가리 라라리 도우"에서 '라라리'가 그대로 사용되고 있는 것은 바로 불교 구음의 영향인 것이다. '타라리', '아가리'는 '라라리'를 반복하기 위해 변이시킨 것으로 보인다. 중국과 한국에서도 '라라리'를 중심으로 이를 변이시킨 구음의 사례를 살펴볼 수 있다.

한편 일본 사도 섬의 전통 인형극인 〈노로마인형〉에서도 이 구음이 사용되고 있다.[66] 〈노로마인형〉은 18세기 전반기 사도 섬의 스다고로 자에몬[須田五郎左衛門]이 에도[江戶, 東京]에 올라가 조종법을 배운 다음 인형을 가지고 돌아와서 시작한 것으로서, 현재 광영좌(廣榮座)라는 단체가 전승하고 있다.

노로마라는 명칭은 노로마쓰[野呂松]라는 인형사의 이름에서 따온 것이다. 에도의 이즈미다유자[和泉太夫座]의 노로마쓰 간베이[野呂松勘兵衛]라는 인형사가 소극적(笑劇的) 연희를 잘했기 때문에, 그 이름을 따서 〈노로마인형〉이라고 불렀다는 것이다. 광영좌는 〈노로마인형〉 외에 〈설경인형(說經人形)〉도 함께 전승하고 있다. 광영좌의 두 인형극은 12세기에 활동했던 구구쓰시[傀儡子]의 전승 맥락 속에서 성립된 전통 인형극으로 보인다.

노로마인형 〈기노스케 이키지조[木之助生地藏]〉

피-야루루루 피-야루 루루 루우루 루루루…… 데코 덴데코 데덴 데코

66 필자는 일문학 전공의 박전열 교수, 중문학 전공의 안상복 교수와 함께 2015년 8월 25~26일 일본 사도 섬의 노로마인형을 현지 조사했다.

데코 데코 덴데코 (피리와 북의 풍악으로 시모노초자가 등장. 이 소리들은 구음이 아니고, 피리와 북 소리를 채록자가 표기한 것: 필자 주)

시모노초자 : 누라리 누라리 누우토 토오자이[東西] 토오자이.

자 여러분들 다 잘 오셨습니다. 그러나 저러나 나는 여러분이 아는 바와 같이 시모노초자(아랫녘 장안이라는 뜻)의 은거노인이요. (一度照造 口述 山本修之助 採錄)

노로마인형의 구음 "누라리 누라리 누우토 토오자이[東西] 토오자이"에서 '누라리'는 한중일의 불교 승려들이 즐겨 노래한 '라라리'와 유사하다. 그리고 중국 복건성 괴뢰희의 '라리련' 구음 및 한국 꼭두각시놀이의 "나아 네이 나이나 리리 라라 얼수 좋다. 리리 라라 라라 라라 라라 라리라 라라 라리라 ……"와도 유사하다.

이 인형극에 등장하는 익살쟁이 기노스케[木之助, 이 지방 사투리로 바보라는 뜻]는 좀 바보스러운 사람이다. 불상 조각쟁이의 부탁을 받고 임시로 불상으로 변하여 앉아 있는데, 그 앞에 장안 부자인 시모노초자가 나타나서 기도하면서 "부처님은 무엇을 좋아하십니까?" 하고 물어본다. 그 말을 듣고 기노스케는 "떡을 좋아한다", "17~8세의 처녀와 잠자는 것을 좋아한다." 등등 불상답지 않은 답을 연발한다. 그 말에 의심이 생긴 시모노초자가 불상이 입고 있는 옷을 벗겨 보니, 신체에 비해 매우 과장되게 큰 남근이 달려 있다. 이때 인형조종사는 입에 물을 머금고 있다가 남근에 연결된 대롱을 통해서 관객석을 향해 물을 뿜는다. 꼭두각시놀이의 홍동지와 똑같은 방뇨를 하는 것이다.

〈노로마인형〉은 교토나 오사카 지방에서 〈닌교조루리[人形淨瑠璃]〉

의 막간(幕間)에 상연되었으며, 나중에는 에도에서도 잠시 상연된 일이 있었다. 그러나 지금은 사도와 미야자키현[宮崎縣] 미야코노조시[都城市], 그리고 이시카와현[石川縣]에서만 전승되고 있다. 특히 사도의 인형극이 널리 알려져 있다.[67]

주목되는 점은 원래 〈닌교조루리〉의 중간에 노로마인형을 공연했다는 것이다. 마치 진지한 고급예술인 노[能]의 공연 중간에 해학적인 교겐[狂言]을 공연하듯이, 서사적 창과 인형극이 어우러지는 〈닌교조루리〉의 중간에 해학적 인형극인 노로마인형을 연행했던 것이다. 그러므로 예전에는 일본 본토의 많은 지방에서 이 인형극이 공연되었을 것이고, 〈닌교조루리〉 등 전문적인 인형극의 연희자들은 대부분 노로마인형을 연희할 수 있었을 것이다. 또한 이러한 구음들도 잘 알려져 있었을 것이다.

다음 사례는 이상의 추정을 구체적으로 뒷받침해 준다. 1976년 사도 섬의 향토사학자인 야마모토 슈노스케[山本修之助]가 편찬한《佐渡の人形芝居臺本》에 노로마인형의 대본도 수록되어 있는데, 구술자는 잇타쿠 데루조[一度照造]이다. 그는 원래 〈분야[文彌]〉 인형극의 연희자인데, 이는 샤미센[三味線]의 반주에 맞춰 노래하며 공연하는 〈닌교조루리〉에 해당하는 인형극이다. 위에서 밝힌 바와 같이, 일본 본토에서부터 〈노로마인형〉을 〈닌교조루리〉의 중간에 연행했었기 때문에, 전문적 인형극 연희자는 〈노로마인형〉을 연행할 수 있었다. 그러므로 분야 인형극의 연희자인 잇타쿠 데루조도 〈노로마인형〉을 연행할 수 있었고, 그 대본을 구술할 수 있었던 것이다.

---

67 김양기, 〈동일 계통의 민속 인형극〉, 《전통문화》 통권155호(1985.8), 71면.

또한 이시카와현[石川縣] 히가시후타쿠치[東二口]의 〈가가분야[加賀文彌]〉 인형극에서는 개막 전에 〈하나보메[花ぼめ]〉라는 축의(祝儀)인형을 공연한다. 이는 산바소[三番叟]에 해당된다.[68] 인형 조작법은 간단하며 좌우로 움직여 관중에게 머리를 숙이는 정도이다. 가사는 몇 종류가 있는데 토속적이며 음란한 익살도 있다. 모두 인형 조종사가 이야기한다. 악기는 사용하지 않는다. 그런데 〈하나보메〉는 산바소 즉 노[能]의 〈오키나[翁]〉를 인형극으로 연출한 것이다. 그리고 개막 장면에서 〈오키나〉의 오키나와 지우타이[地謠]가 부르는 "토우토우 타라리 타라리라. 타라리 아가리 라라리 도우", "치리야 타라리 타라리라. 타라리 아가리 라라리 도우"라는 구음을 똑같이 반복한다. 이런 산바소 인형극은 효고현[兵庫県] 아와지섬[淡路島]의 〈아와지인형[淡路人形]〉, 나가노현[長野県]의 〈신슈오야사와인형[信州親沢人形]〉·〈신슈후루타인형[信州古田人形]〉 등에서 전승되고 있는데, 모두 개막 장면에서 앞의 구음을 노래한다.[69] 이를 통해 일본 전통 인형극의 개막 장면에서 구음을 노래하는 것은 희귀한 현상이 아니었음을 알 수 있다. 그리고 분야[文彌] 인형극처럼 〈닌교조루리〉에 해당하는 인형극의 연희자들도 이런 구음을 노래할 수 있었던 사실을 알 수 있다.

---

68 일본 노[能] 가면극의 레퍼토리인 〈오키나[翁]〉를 시키산바[式三番]라고도 부른다. 시키산바는 '예식(例式)의 3번 공연 종목'이라는 뜻으로 〈치치노조[父尉]〉, 〈오키나〉, 〈산바사루가쿠[三番猿樂]〉의 세 종목을 가리킨다. 모두 늙은 신이 축언·축무를 행하는 것으로 3자 간에 직접적인 관계는 없으나, 노나 교겐과는 달리 이 중에서 공연 종목을 고르는 것이 아니라 세 개를 한 묶음으로 연행한다. 늦어도 가마쿠라[鎌倉] 시대 중기에는 〈시키산바〉의 형식이 정착된 것으로 추정된다. 오늘날의 오키나춤은 센자이[千歲]·오키나·산바소[三番叟]이다.

69 永田衡吉, 《日本の人形芝居》 下巻(錦正社, 1969), 438~446면.

현재는 사도 섬의 광영좌라는 단체가 〈설경인형〉과 함께 〈노로마 인형〉을 공연한다. 연희자인 쓰루마 가즈오[霍間和夫, 1934년생]에게 이 구음의 의미를 질문했더니, 자신이 이 인형극을 전승하고 있지만 이 구음의 의미는 모르겠다고 대답했다. 더 거슬러 올라가면 고요신사(古要神社)와 고효신사(古表神社)의 인형극 〈구구쓰마이[くぐつ舞]〉, 그리고 사도(佐渡)섬의 〈노로마인형〉 등 옛 모습을 간직한 전통적 양식의 인형극은 오에노 마사후사[大江匡房]의 《괴뢰자기(傀儡子記)》에서 소개한 구구쓰시[傀儡子]라는 유랑예인집단의 인형극인 괴뢰희에 연결된다. 그래서 구구쓰시의 괴뢰희에서도 인형극을 공연하면서 첫 장면에서 〈노로마인형〉과 같은 구음을 노래했을 것으로 보인다.

13세기경이 되면, 구구쓰시는 유랑생활에서 정주생활로 변해 갔고, 중세 무로마치[室町: 1338~1573]로 접어들면서 구구쓰가 많아졌다. 이 시대부터는 사원(寺院)이나 신사(神社)에 소속되어 데쿠구쓰(てくぐつ)라고 불리었다. 유랑하던 구구쓰시는 정토종의 사원노비가 되었고, 유승(遊僧)과 같이 가무를 업으로 삼았으며, 사찰에 남아 있던 자는 나와서 염불종 선전에 종사하게 되었는데, 그들의 특기인 인형놀리기로 한층 교화의 효과를 보게 되었다. 이것이 불보살의 본연(本緣)이나 사원이나 신사의 기연(起緣), 부처의 화신을 이야기하는 설경(說經)과 결합했다.[70]

또한 구구쓰가 정주생활을 하면서 효고현[兵庫縣] 니시노미야[西宮]에 있는 에비스신사[夷神社]에 인형놀이를 전문으로 하는 연희집단이

---

70 高野辰之,《日本演劇史》第三卷(東京堂, 1949), 54~62면.

형성되었다. 이 연희패는 에비스신[夷神, 惠比須神][71]을 본떠 만든 인형을 상자에 넣어 짊어지고 다녔다. 그래서 이들을 에비스카키[夷舁き]라고 불렀는데, 이 상자는 인형을 놀리는 무대가 되었으며, 오늘날 인형극 극장 형태의 기원이 되었다. 에비스카키의 인형극은 후에 조루리[淨瑠璃][72]와 결합되어 〈닌교조루리[人形淨瑠璃]〉로 발전했다. 즉 에비스카키 가운데 한 사람인 히키다 아와지노조[引田淡路掾]가 게초[慶長: 1596~1615] 초기에 교토의 시조가와라[四条河原]에서 메누키야 초자부로[目貫屋長三郎]가 노래하는 조루리에 맞추어서 인형을 조종한 것이 〈닌교조루리〉의 시초이다.[73]

사도 섬에는 광영좌 외에 7개의 인형극단이 더 있지만, 이 극단들은 〈닌교조루리〉 같은 발전된 양식의 창작인형극이다. 그러나 광영좌는 전통적 양식의 막대인형 즉 장두괴뢰를 사용하여 공연하는데, 레퍼토리는 〈노로마인형〉과 〈설경인형〉이다. 이 둘 모두 구구쓰시가 연희하던 인형극의 후예이다. 구구쓰시가 정토종의 행자가 되어 그들의 특기인 인형놀리기를 불보살의 본연(本緣)이나 사원이나 신사의 기연(起緣), 부처의 화신을 이야기하는 설경(說經)과 결합한 것이 바로 〈설경인형〉이다. 그리고 〈노로마인형〉은 신사에서 인형극을 공연하던 에비스카키의 연희로부터 유래한 것으로 보인다. 즉 〈노로마

---

71 에비스는 칠복신(七福神)의 하나로서 상업 번창, 복신으로 널리 신앙된다. 효고현[兵庫縣] 니시노미야[西宮]신사에서 모시는 신이다. 옛날에는 풍어의 신으로서 어민들의 신앙의 대상이 되었고, 나아가 농업의 신으로도 신앙되었다. 사냥꾼 복장, 뾰족한 모자를 쓴 모습으로 오른손에 낚싯대, 왼손에 도미를 안고 있는 모습으로 나타난다.

72 샤미센의 곡조에 맞추어 낭창하는 옛이야기의 음곡.

73 이응수 외, 《이야기 일본연극사》(세종대출판부, 2011), 79~80면.

인형〉처럼 옛 모습을 간직한 전통적 양식의 인형극은 당연히 구구쓰시의 인형극인 괴뢰희에서 비롯되었을 것인데, 이것이 에비스카키의 인형극을 거쳐 현재의 모습을 갖게 되었을 것이다. 그러므로 오에노마사후사의 《괴뢰자기》에서 소개한 구구쓰시[傀儡子]라는 유랑예인 집단의 괴뢰희에서도 인형극을 공연하면서 첫 장면에서 〈노로마인형〉처럼 구음을 노래했을 것이다.

한편 이와테현[岩手縣] 모리오카시[盛岡市] 다마야마구[玉山区]의 〈다마야마가구라[玉山神樂]〉, 다마야마구의 〈히노토가구라[日戸神樂]〉와 〈야부카와가구라[薮川神樂]〉에서 연희하는 〈덴뇨[天女]〉는 여성 춤의 대표적 종목인데, 이 춤에서는 "도리라 도리라 ……"라는 구음을 노래한다. 이 외에 오슈[奥州]시 고로모가와구[衣川区]의 〈오하라가구라[大原神樂]〉, 오슈시이사와구[胆沢区]의 〈마에야치가구라[前谷地神樂]〉에서는 〈호켄오사메[宝剣納]〉, 〈야마토다케루노미코토[日本武尊]〉의 춤에서 "요시노와 요시노와오(よしのは よしのはを)" 뒤에 "도리라 도리라 ……"라고 노래한다.[74]

또한 혼다 야스지[本田安次]는 쇼와 8년(1933)에 이와테현 모리오카시 남부의 미루마에[見前] 마을에서 〈신메이가구라[神明神樂]〉를 보았다. 그는 〈신메이가구라〉에만 보이는 〈하고로모[羽衣]〉나 〈하쿠라쿠텐[白樂天]〉, 〈시라히게[白髯]〉 등의 레퍼토리는 근세에 지식이 있는 자가 노[能]의 문장[詞章]을 가지고 가구라 춤에 적합하게 개작한 것이 분명한데, 남부 가문 측근이 가구라로서의 격식을 높이기 위해 문

74 飯坂真紀, 〈'とりら'ってなに〉, 《とりら》 第2號(ふるさと岩手の芸能とくらし研究会, 2008.1), 20면.

장 위에 개량을 더하고, 고아한 춤의 형태는 개량하지 않고 그대로 가져온 것 같다고 지적했다.[75]

더욱이 혼다는 가에이[嘉永] 4년(1851)의 기록[奧書]이 있는 〈신메이 가구라〉의 대본에서 문장을 인용하면서 그 당시에 본 〈하고로모〉를 묘사하고 있다. "도리야 도리야 (도리라 도리라를 이렇게 들은 듯?)"라고 소리내는 것은 이것의 원곡이 〈덴뇨[天女]〉라는 하나의 증거라면서, 혼다는 〈하고로모〉가 〈덴뇨〉에서 파생했다고 인식했다.[76]

결국 혼다 야스지는 〈덴뇨〉와 〈하고로모〉의 대본이 〈노[能]〉의 영향을 받았다는 것이다. 그렇다면 앞에서 살펴본 노의 〈오키나〉에서, 오키나가 등장할 때 오키나와 지우타이[地謠]가 "토우토우 타라리 타라리라. 타라리 아가리 라라리 도우"라는 구음을 반복하며 노래하는 것과 관련이 있을 듯하다. 즉 중국, 한국, 일본 승려들이 노래하던 '라라리'가 '라리라', '라리리', '리라라' 등으로 변이되었듯이, 〈오키나〉의 구음 '타라리', '라라리'가 신메이가구라 등에서는 '도리라'로 변이되었을 가능성이 있는 것이다.

그리고 〈사이바라[催馬樂]〉는 헤이안[平安]시대의 민요를 기본으로 한 유행가로 오늘날 아악(雅樂)의 일종이다. 이 가사의 이곳저곳에 '타타라리', '타라리야린타나'와 같이 의미 없는 말이 보이고, 주석에는 "피리 악보의 노래[唱歌]를 가락을 맞추기 위해 의미 없는 말[囃し言葉]처럼 넣은 것"으로 되어 있다.[77] 그러나 이 역시 노의 〈오키나〉에

75 本田安次, 〈山伏神樂〉, 《日本の傳統藝能》 第五巻(錦正社, 1966).

76 飯坂真紀, 앞의 글, 23면.

77 《日本古典文学全集》 神樂歌 催馬樂 梁塵秘抄 閑吟集(小学館).
飯坂真紀, 앞의 글, 20~21면.

서, 오키나가 등장할 때 오키나와 지우타이가 "토우토우 타라리 타라리라. 타라리 아가리 라라리 도우"라는 구음을 반복하며 노래하는 것과 관련이 있을 듯하다. 양자 모두 '타라리'를 구음으로 사용하고 있기 때문이다.

3장

한국의 '라라리(囉囉哩)'·'라리련(囉哩嗹)' 구음의 존재 양상

한국에서는 《금강경오가해》, 《선문염송》 등 고려·조선시대의 불교 서적, 고려·조선시대 불교 승려들의 시와 어록, 고려·조선시대 문인들의 시와 저서, 고려속요, 조선시대의 언해본과 소설, 민요, 꼭두각시놀음 등 다양한 갈래에서 매우 광범위하게 '라라리'와 '라리련' 관련 구음들을 찾아볼 수 있다.

민간에서는 고려시대부터 이미 불교 승려들의 탁발과 유랑예인집단들의 활동이 활발하게 이루어졌으므로, 이를 통해 '라라리'와 '라리련' 관련 구음들이 불교 외에 도교와 무속 등으로 퍼지고, 유랑예인집단의 전국적인 순회로 말미암아 전국 각지로 확산되었을 것이다. 더욱이 고려는 불교국가였고, 조선시대의 대표적 종교도 불교였으므로, 이 불교적 구음은 광범위하게 사용되었던 것으로 나타난다.

1. 고려 · 조선시대 불교 서적에서 발견되는 '라라리(囉囉哩)'

고려시대에 이미 한반도에 들어와 있었던《금강경오가해(金剛經五家解)》와《선문염송(禪門拈頌)》등에서 '라라리(囉囉哩)' 관련 구음들이 발견된다.

우선《금강경오가해》부터 살펴보자.《금강반야바라밀경》은 대승불교의 근본을 이루는 경전으로서 줄여《금강경》이라고 한다. 현재 남아 있는《금강경》가운데 비교적 오래된 것은 다음과 같다.

(1) 보물 제877호 1축. 목판본. 삼성출판박물관 소장. 1357년(공민왕 6).
(2) 보물 제696호 목판본. 1첩. 서울 조병순 소장. 1363년.
(3) 보물 제974호 1권 1책. 목판본. 서울 이양재(李亮載) 소장. 1387년(우왕 13).
(4) 보물 제1082호 2권 1책. 목판본. 서울 송성문(宋成文) 소장.《금강경오가해(金剛經五家解)》. 1415년(태종 15).

고려 말인 1357년 이 경전을 출간한 것이 남아 있을 정도이므로, 당연히《금강경》은 그보다 훨씬 이전에 한반도에 들어왔을 것이다. 1357년에 출간된 경전은 현존하는 고려시대의《금강경》가운데 가장 오래된 것이지만, 그 전에 출간된《금강경》이 있었을 가능성도 배제할 수 없다.《금강경오가해》는 1415년(조선 태종 15년)에 간행된 것이 남아 있는 점으로 보아, 이 책도 그 전에 들어왔을 것이다.《금강경》은 육조대사 이후 선종(禪宗)의 소의경전(所依經典)으로 유통되어 오면서 많은 연구주석이 있었다. 그 중에서도 양나라 부대사(傅大師), 당나라의 혜능(慧能)과 종밀(宗密), 송나라의 야보(冶父)와 종경(宗鏡) 등 다섯 대가(大家)의 주석을 모아서 편집한 것이《금강경오가해》이다.

1장에서 살펴본 바와 같이,《금강경》의 주석서인《금강경오가해》에는 송나라 야보의 송(頌)이 실려 있다. 이 책 상권 여법수지분(如法受持分) 제13에 "…… 라라리(囉囉哩) 리라라(哩囉囉) 산꽃은 웃고 들새는 노래한다."처럼 '라라리 리라라'가 나온다. 그리고 이 책 하권 구경무아분(究竟無我分) 제17에 "목동이 목동을 만나니 대중이 다 함께 라라리(囉囉哩) 노래하네."처럼 '라라리'가 나온다.

《금강경》은 대승불교의 근본을 이루는 경전이기 때문에, 고려시대의 불교 승려들과 신자들은 당연히 이 불경을 많이 읽었을 것이다. 그리고 주석서인《금강경오가해》를 통해서 야보의 송도 읽었을 것이다. 더구나 고려는 불교 국가였기 때문에 고려시대 사람들은 대부분이 구음을 알고 있었을 것으로 보인다.

조선시대에도 불교 승려들과 신자들은《금강경》을 읽었다. 조선 초기의 승려 함허당(涵虛堂) 득통(得通: 1376~1433)은《금강경오가해》의 어려운 주석 부분에 해석을 붙였는데, 그것이 바로《금강경오가해설의(金剛經五家解說誼)》이다.《금강경삼가해(金剛經三家解)》는《금강경오가해설의》가운데 야보의 송(頌), 종경의 제강(提綱), 득통의 설의(說誼) 등 세 가지를 추려서 엮은 것인데, 세종의 명에 따라《금강경삼가해》(1482년)의 언해본을 출간했다. 이 언해본에도 야보의 송에 "라라리 리라라"와 "라라리"가 나온다.

한편《선문염송》은 고려 중기의 고승인 진각국사((眞覺國師) 혜심(慧諶: 1178~1234)이 편찬한 30권의 목판본이다. 혜심은 문인 진훈(眞訓)과 함께 선문공안 1,125칙(則)을 불경 또는 조사(祖師)의 어록에서 발췌한 다음, 그에 대한 강령의 요지를 제시한 염(拈)과 찬송을 붙여 이 책을 완성했다. 일찍부터 우리나라 선문의 기본 학습서로 채택되어 선종의 승려들은 반드시 이를 공부했고, 선종선(禪宗選)에서도 이 책에 대한 공부는 반드시 점검하도록 되어 있었다. 초간본은 남아 있지 않으며, 몽고의 전란으로 초판이 불탄 뒤 1244년(고종 31)에 대장도감(大藏都監) 남해분사(南海分司)에서 개판했다. 조선시대에도 여러 차례 개판되어 현재는 법흥산 법흥사(法興寺) 간행본(1568년)과 수청산 용복사판(龍腹寺板, 1634년), 천봉산 대원사(大原寺) 개판본(1636년), 대원사 간행본(1682년), 팔영산 능가사판(楞伽寺板, 1707년) 등이 있을 정도로 유명한 불교 서적이다.

이 책에 대한 우리나라 고승의 주석서로는 각운(覺雲: 생몰년 미상)의 《선문염송설화(禪門拈頌說話)》 30권, 일연(一然: 1206~1289)의 《선문염송사원(禪門拈頌事苑)》 30권, 유일(有一: 1720~1799)의 《선문염송간병(禪門拈頌看柄)》 1권, 의첨(義沾: 1746~1796)의 《선문염송기》 1권, 긍선(亘璇: 1767~1852)의 《선문염송사기》 5권 등이 있다.

그러면 우선 혜심이 편찬한 《선문염송》에 나오는 '라라리' 관련 구음들을 살펴보자.[78]

(가) 운문고가 송했다. 한 입에 서강 물을 다 마시리니 갑을병정 그리고 경무기라 돌돌돌 라라리(囉囉哩).[79] (《선문염송》 권제5)

78 이하 《선문염송》의 번역문은 주로 김월운 역, 《선문염송 염송설화》 1~10(동국역경원, 2005)를 참조했음.

79 雲門杲頌 一口吸盡西江水 甲乙丙丁庚戊己 咄咄咄 囉囉哩.

(나) 천동각이 송했다. 한 자의 물이 한 길의 파도를 일으키니, 오백의 생애 이전에는 알 수가 없네. 잡념을 떨쳐내지 못하거나 삼매하지 않은 채 상량한다면, 예전처럼 칡과 등넝쿨이 얽혀진 구멍으로 들어가게 될 것이다. 아아아 알겠는가? 만약 그대가 씻은 듯이 마음이 넓어진다면, 나의 관대함과 조화로움을 꺼려하지 않으리. 신가(神歌)와 스님들의 춤[社舞]이 절로 곡조를 이루니, 그 사이에서 박수 치며 리라(哩囉)를 부르네.[80] (《선문염송》 권제6)

(다) 천장월이 …… 송했다. 옳고 옳지 않음을 허여하네 못하네 논하지 말라. 내가 거듭 돈 일을 여러분은 어떻게 이야기하겠는가? 어떻게 이야기하겠는가? 대중을 향해 분명히 라라리(囉囉哩)를 부르리라.[81] (《선문염송》 권제6)

(라) 육왕심이 송했다. 곤륜이 손을 벌려 삼대 춤을 추는데, 건달바의 북소리 재촉을 하네. 라리리라(囉哩哩囉)여! 박자는 누가 치나? 남번의 도사공이 빙그레 웃는다.[82] (《선문염송》 권제10)

(마) 승천악이 …… 송했다. 한 길의 열반문이 온 땅에 두루 맑은 바람을 일으킨다. 남북동서로 산과 물을 구경한다. 멀다면 멀고 가깝다면

---

80 天童覺頌 一尺水一丈波 五百生前不奈何. 不落不昧商量也 依前撞入葛藤窠. 阿呵呵會也麼. 若是你洒洒 落落 不妨我哆哆啝啝. 神歌社舞自成曲 拍手其間唱哩囉.

81 天章月 …… 頌 一是一不是休論許不許. 天章再遶市 諸人作麼擧. 作麼擧 分明對衆唱个囉囉哩.

82 育王諶頌 崑崙出手舞三臺 乾闥婆三羯鼓催. 囉哩哩囉誰按拍. 南番舶主笑咍咍.

가까우니 걷기도 하고 말도 타면서 신라에 간다. 손에 실 채찍을 들고 고향 가는 노래를 부르니 라리(囉哩) 라라리(囉囉哩)! 그러고는 선상을 쳤다.[83] (《선문염송》 권제22)

(바) 장상천이 당에 올라 말했다. "대중들은 자세히 보라. 묵은해가 다 가니, 모두가 환향곡을 부르면서 오간다. 여러분, 그 환향곡을 어떻게 부르는가? 리리라(哩哩囉) 라리리(囉哩哩)가 아닌가? 소리를 아는 이가 적은 것이 아닌가? 오음에 속하지 않는 것이 아닌가? 이렇게 알아서야 마치 땅에 모래를 뿌린 것 같으니, 심히 교섭한들 알지 못할 것이다.[84] (《선문염송》 권제24)

(사) 늑담준이 무리들에게 보이며 말했다. …… "나 보봉이 오늘같이 좋은 기회를 만나기 어렵기에 다시 한 곡조 불러서 대중들에게 공양하려 하니, 자세히 들어라." 그러고는 소리를 높여 외쳤다. "라라리(囉囉哩) 리리라(哩哩囉)" 그러고는 이렇게 말했다. "날씨가 추우니 우선 반 곡조만 부르고, 방으로 돌아가 차나 마셔야겠다."[85] (《선문염송》 권제24)

---

83 承天岳 …… 一路涅槃門 帀地清風起. 南北東西 遊山翫水. 遠則遠兮 近則近矣. 步行騎馬到新羅 手撚絲鞭 唱箇還鄉曲 囉哩囉囉哩. 拍禪牀.

84 蔣山泉上堂云 大衆看看 年窮歲盡也. 大家唱箇還鄉曲子去來. 諸仁者 秖如還鄉曲子作麼生唱. 莫是道哩哩囉囉哩哩麼. 莫是道知音者少麼. 莫是道不落五音麼. 如斯解會似地鋪沙 有甚交涉. 不見.

85 泐潭隼示衆云 …… 寶峯今日 快便難逢 也唱一遍 供養大衆 諦聽諦聽. 乃引聲唱云 囉囉哩哩哩囉. 天寒 且唱一半 歸堂喫茶.

(아) 개암붕이 …… 그러고는 손으로 타령하는 시늉을 하면서 말했다. "라라요(囉囉搖) 리리초(哩哩招)로다. 무슨 까닭인가? 묘무는 여럿이 장단을 맞출 수 없고, 삼대는 모름지기 여럿이 추어야 하느니라."[86] (《선문염송》 권제28)

(자) 보녕용이 다음과 같이 송했다. 자고 싶으면 자고 일어나고 싶으면 일어난다. 물에 씻으면 얼굴 가죽이 빛나고 차를 마시면 입술이 젖는다. 바다에서 먼지가 나고 평지에서 파도가 인다. 하하 아하하 라리리(囉哩哩) 라리(囉哩)로다.[87] (《선문염송》 권제30)

이상 (가)~(자)는 대부분 운문고, 천동각, 천장월, 육왕심, 승천악, 장산천, 늑담준, 개암붕, 보녕용 등 역대 중국 불교 승려들의 송(頌)이다. (가)에 라라리, (나)에 리라, (다)에 라라리, (라)에 라리리라, (마)에 라리 라라리, (바)에 리리라 라리리, (사)에 라라리 리리라, (아)에 라라 리리, (자)에 라리리 라리가 보인다. 앞서 1장 중국의 '라라리(囉囉哩)'와 '라리련(囉哩嗹)' 구음의 존재 양상에서 살펴본 승려들과는 다른 사람들이다. 그러므로 불교 승려들 사이에서 '라라리' 구음이 매우 보편적으로 사용되었음을 확인할 수 있다.

그리고 고려 말기의 승려인 각운의 《선문염송설화(禪門拈頌說話)》 가운데 네 군데에서 '리라(哩囉)'(《선문염송설화》 2, 84면), '라리(囉哩)'(《선문염송설화》 8, 8면), '리리라(哩哩囉) 라리리(囉哩哩)'(《선문염송설화》 8, 90면), '라

86 介庵朋 …… 以手作打令勢 囉囉搖哩哩招 何故 妙舞不堪誇遍拍 三臺須是大家催.

87 保寧亦有一頌 要眠時卽眠 要起時卽起. 水洗面皮光. 啜茶濕卻嘴. 大海紅塵生 平地波濤起. 呵呵阿呵呵 囉哩哩囉哩. 便下座.

라리리(囉囉哩哩)'(《선문염송설화》 8, 91면) 등 '라라리' 관련 구음들이 발견된다.

2. 고려·조선시대 불교 승려들이 노래한 '라라리(囉囉哩)'

고려시대와 조선시대의 불교 승려들도 중국의 불교 승려들과 마찬가지로 '라라리(囉囉哩)'와 관련된 구음의 전통과 의미를 잘 알고 있었던 듯하다. 그래서 그들의 시와 어록에서 '라라리'와 관련된 구음들이 자주 나타난다.

그러면 우선 고려시대 불교 승려들의 시와 어록에 보이는 '라라리' 관련 구음들을 살펴보자.

(가) 여덟 글자를 읊조리다 모르는 새 벙어리가 되었네. 한 마디 말로 도를 다 드러내니 목소리조차 나오지 않네. 목석 같은 남자도 박수 치며 라라리(囉囉哩)를 부르고, 돌계집도 머리를 흔들며 리리라(哩哩囉)를 부르네.[88] (《조계진각국사어록(曹溪眞覺國師語錄)》의 〈시지강상좌(示至剛上座)〉)

(나) 짚신 다 닳도록 조사님네 찾아다녀
내 못난 이름 헛소문이 여지없이 드러났네.
라라리(囉囉哩) 리라라(哩囉囉)

88 八字打開不覺啞 一言道盡失聲啣 木人拍手囉囉哩 石女搖頭哩哩囉.

혼자 노래 부르다가 노래를 멈추네[89] (《태고화상어록(太古和尙語錄)》의 〈산중자락가(山中自樂歌)〉)

(다) 동서와 남북이 막힘 없이 트였거니
시방세계가 또 어디 남았는가.
허공 향해 손뼉 치며 라라리(囉囉哩) 노래하니
돌계집조차 그 소리 따라 끊임없이 춤을 추네.[90] (《나옹집(懶翁集)》 가송(歌頌) 중 〈무여(無餘)〉)

(라) 생각하고 헤아리면 곧 허물이 되니, 물건마다 일마다 모두 그 자리로다. 모든 세계가 나의 고향이니, 라라리리(囉囉哩哩) 한 소리에 도를 깨닫네.[91] (《나옹집(懶翁集)》 부록의 〈보제존자삼종가(普濟尊者三種歌)〉)[92]

(가)는 고려 중기의 고승인 진각국사 혜심(慧諶: 1178~1234)의 《조계진각국사어록》 중 〈시지강상좌〉인데, 여기에 '라라리'와 '리리라'가 보인다. 이미 살펴본 바와 같이, 혜심은 《선문염송》을 편찬했는데, 이 책에서는 역대 중국 불교 승려들의 송(頌)에 '라라리(囉囉哩)'가 아홉 번이나 나온다. 그러므로 혜심은 이 구음에 대해 잘 알고 있었을 것

89 踏盡草鞋叅祖師. 恶聲虛說如機發. 囉囉哩哩囉囉. 獨唱此曲來休歌.

90 北南東西虛豁豁 十方世界更何遺 虛空拍手囉囉哩 石女和聲舞不休.

91 思量擬議便爲過 物物頭頭皆脚下 刹刹塵塵我故鄉 囉囉哩哩一聲囮.

92 나옹화상이 지은 〈완주가(翫珠歌)〉·〈백납가(百衲歌)〉·〈고루가(枯髏歌)〉 등 3수를 아울러서 '나옹삼가'라고 한다. 후대에 불광산(佛光山) 대원암(大源庵)의 비구 법장(法藏)이 이 세 노래를 장편으로 부연하여 널리 유포하였는데, 이를 〈보제존자삼종가〉라고 부른다.

이다. 현재까지 필자가 조사한 바에 의하면, 혜심이 한국 승려들 가운데 처음으로 시에 이 구음을 사용한 듯하다.

(나)는 태고화상 보우(普愚: 1301~1382)의《태고화상어록》중〈산중자락가〉인데, 여기에 '라라리 리라라'가 보인다. (다)는 나옹화상 혜근(惠勤: 1320~1376)의《나옹집》가송 중〈무여〉인데, 여기에 '라라리'가 보인다. (라)는《나옹집》부록 중 법장화상(法藏和尙: 1350~1428)의〈보제존자삼종가〉인데, 여기에 '라라리리'가 보인다. 이 구음들은 중국 송대 불교 승려들, 그리고 일본 오산문학기 불교 승려들의 시와 어록에서도 그대로 나왔던 것이다.

고려시대에 이어 조선시대에도 불교 승려들이 다음과 같이 '라라리' 관련 구음을 노래했다.

(가) 외치며 막대기를 휘두르니 천마(天魔)가 달아나고, 오래된 길 분명하여 잘못 가지 않네. 생사와 왕래가 한 이치로 꿰뚫리니 라라리리(囉囉哩哩) 리라라(哩囉囉).[93] (《청허집(淸虛集)》의〈환향곡(還鄕曲)〉)

(나) 조사관(祖師關) 부스치고 진주라복(眞州蘿蔔) 드러숨켜 여래(如來) 광대찰(廣大刹)의 넌즛넌즛 둔이다가 우흐로 소사올나 벽공(碧空) 밧긔 써혀 안자 무저선(無底船)의 넌즛 올라 지혜월(智慧月)을 조쳐싯고 대비망(大悲網) 빗씨펴 욕해어(欲海魚)를 건져 내여 열반안(涅槃岸)의 올려두고 라라라(囉囉囉) 리라라(哩羅羅) 태평곡(太平曲)을 블니리라 번님네 물외장부(物外丈夫)을 다시 어듸 구홀고. (《침굉집(枕肱集)》(1695)

93 曝然放杖天魔走 古路分明脚不差 生死去來爲一貫 囉囉哩哩哩囉囉.

의 〈태평곡(太平曲)〉)

(다) …… 만약 문정(門庭)의 일을 알고자 한다면, 일용에서 찾아보고 과거세에서 그 원인을 찾아야 하네. 라라리(囉囉哩) 리라라(哩囉囉) 풍류 아닌 것이 도리어 풍류라네.[94] (《무경실중어록(無竟室中語錄)》(1738)의 〈무경실(無竟室)〉)

(라) …… 맑은 바람이 땅에 불어오사 풀 원숭이 춤추고, 푸른 물이 흘러와 연못물을 움직이자 골짜기가 노래하듯 울리네. 실컷 쉬는 한가로운 사람이 입을 떡 벌리고서 라라리리(囉囉哩哩) 리리라(哩哩囉).[95] (《불조진심선격초(佛祖眞心禪格抄)》의 〈소지중조사선(所智中祖師禪)〉)

(마) …… 껍데기를 벗고 현상의 세계를 벗어나 저 허공에 뚝 떨어지니 아무 흔적이 없네. 목석 같은 남자도 박수 치며 리라라(哩囉囉)를 부르고, 돌말을 거꾸로 타고 유유자적하며 돌아가네.[96] (《허정집(虛靜集)》(1732)의 〈임종게(臨終偈)〉)

(바) …… 술을 마시던 산속의 선인이 술에 만취했네. 천지의 모든 사물들을 하나하나 마음에 새긴 후에, 머리에 재를 묻히고 얼굴에 흙을 묻혀 꽃 핀 언덕 위에서 즐겁게 놀며, 피리 가락에 맞춰 라라리(囉囉

---

94 …… 若欲知門庭事 日用向劫前求 囉囉哩哩囉囉 不風流也風流.

95 清風匝地芻猿舞 碧水動淵谷叫歌 大歇閑人虛開口 囉囉哩哩哩哩囉.

96 …… 脫殼超然出範圍 虛空撲落無蹤跡 木人唱拍哩囉囉 石馬倒騎歸自適.

哩) 노래하네.[97] (《경허집(鏡虛集)》(1942)의 〈토굴가(土窟歌)〉)

(사) 無常歲月 虛妄事를 어서어서 바삐 깨쳐 善知識을 親見하야 自己붙어 어서 찾아 六道衆生濟度하야 如我無異한 然後에 東園桃李 芳草岸에 露地白牛 어거하야 無孔笛을 비껴들고 囉囉哩哩囉囉哩 太平歌를 불러보세 (《경허집(鏡虛集)》(1942)의 〈가가가음(可歌可吟)〉)

(아) 농가의 팔월 즐거움 세상 만물의 일반적 정취라네. 벼꽃은 물에 떠가고 한 줄기 비에 온 산이 맑아졌네. 어린아이는 라리(囉哩)를 노래하고, 노인들은 태평을 노래하네. 이로부터 나를 바라보니 즐거운 내 마음 해처럼 환하네.[98] (《다송시고(茶松詩稿)》 3의 〈팔월전가락(八月田家樂)〉)

(가)는 조선 중기의 고승인 청허 휴정(休靜: 1520~1604)의 《청허집》 중 〈환향곡〉인데, 여기에 '라라리 리리라라'가 보인다.

(나)는 조선 중기의 승려 현변(懸辯: 1616~1684)의 시문집인 《침굉집》(1695)의 〈태평곡〉인데, 여기에 '라라라 리라라'가 보인다.

(다)는 조선 중기의 승려인 무경 자수(子秀: 1664~1737)의 시문집인 《무경실중어록》(1738) 중 〈무경실〉인데, 여기에 '라라리 리라라'가 보인다.

---

97 …… 酌中山仙人 酒滿醉了 乾坤森羅 一印印之然後 灰頭土面 遊戲芳草岸頭 一聲笛囉囉哩.

98 田家八月樂 萬物一般情 稻花浮水去 金雨滿山晴 稚子歌囉哩 老翁唱太平 從此還觀我歡心與日明.

(라)는 조선 후기의 승려인 자수(子秀)가 참선을 하여 깨달아 들어가는 그 지위와 요체를 집약하여 저술한 책《불조진심선격초)》중 〈소지중조사선〉인데, 여기에 '라라리 리리리라'가 보인다.

(마)는 조선 후기 승려 법종(法宗: 1670~1733)의 시문집《허정집》(1732)의 〈임종게〉인데, 여기에 '리라라'가 보인다.

(바)는 경허 성우(惺牛: 1846~1912)의《경허집》(1942)에 나오는 내용인데, 여기에 '라라리'가 보인다.

(사)도《경허집》에 나오는 내용인데, 여기에 '라라리 리라라리'가 보인다.

(아)는 보정(寶鼎: 1861~1930)의《다송시고》三 중 〈팔월전가락〉인데, 여기에 '라리'가 보인다.

본장 1절에서 살펴본 바와 같이,《금강경오가해》와《금강경삼가해》가운데 송나라 야보의 송(頌)에 '라라리 리라라(囉囉哩 哩囉囉)'와 '라라리(囉囉哩)', 그리고《선문염송설화》에 '리라(哩囉)', '라리(囉哩)', '리리라(哩哩囉) 라리리(囉哩哩)', '라라리리(囉囉哩哩)' 등 '라라리' 관련 구음들이 나온다. 고려와 조선시대의 불교 승려들과 신자들은 모두 이 책들을 공부했기 때문에, 이 구음들을 익히 알고 있었을 것이다.

그리고 1장에서 살펴본 바와 같이, 송나라 재량(才良) 등이 엮은《법연선사어록》상권에 '라라리 라라리', 송나라 색장주가 편집한《고존숙어록》제29권 〈서주용문불안화상어록〉에 '리리라 라라리', 송나라 보제의《오등회원》제13권에 문수선사가 노래한 '라라리리', 같은 책 제6권의 백운단 화상이 읊었던 '라리라'가 있다. 고려 승려들은 송나라의 승려들과 교류했고, 그들의 문집도 읽었기 때문에 이 구음들에 친숙했을 것이다.

고려 충목왕 3~4년(1347~8) 간에 편찬된《박통사(朴通事)》의 언해본인《박통사언해(朴通事諺解)》에 고려의 승려가 원에 초청되어〈목련경〉을 강설했다는 내용이 있다. 이를 통해 고려 승려들이 원나라 승려들과 교류가 있었음을 확인할 수 있다. 이런 현상은 송나라와도 마찬가지였을 것이다. 그래서 고려시대 불교 승려들의 시와 어록에서 이상의 구음들이 자주 발견될 뿐만 아니라, 조선시대의 승려들에게까지 이 구음들이 전승되고 있었던 것이다.

3. 고려·조선시대 문인들이 노래한 '라라리(囉囉哩)'와 '라리련(囉哩嗹)'

고려와 조선시대 문인들의 시와 저술에서도 '라라리'와 '라리련' 관련 구음들이 발견된다. 시대순으로 몇 예를 살펴보자.

> (가) 불교의 몇 마디 노래가 뜬세상 사는 우리를 깨우쳐 주니,
> 이 노래를 듣고 나서야 내 아픈 병이 가벼워진 것을 알겠네.
> 어디서 온 스님인지 하룻밤을 머물면서,
> 흥이 나니 "라리(囉哩)" 하며 노래를 부르네.[99] (《남양선생시집(南陽先生詩集)》권하(卷下) 시(詩)〈오선생견화 부차운 이수(吳先生見和 復次韻 二首)〉)

(가)는 고려 중기의 문신인 백분화(白賁華: 1180~1224)의 한시〈오선생견화 부차운 이수〉의 한 수이다. 이 시의 "어디서 온 스님인지 하룻

---

99 無常數曲悟浮生 聽罷方知病骨輕 一宿曹溪何處客 興來囉哩唱歌行.

밤을 머물면서, 흥이 나니 '라리' 하며 노래를 부르네."라는 구절을 통해서, 고려 중기에 불교 승려가 '라리' 구음을 노래하고 있었음을 살펴볼 수 있다. 짧은 한시이기 때문에 '라리'라고 표현했지만, 실제로는 '라라리(囉囉哩)', '리라라(哩囉囉)'와 같은 구음을 노래했을 것이다.

> (나) …… 도소주 초백주 남은 것 다 걸러서 그것을 가지고 담화헌에 올라가서 술병을 기울이네. 천천히 또 세 사람이 오니, 주인이 고상한 풍모로 시를 읊조리네. 마을마다 항아리를 두드리며 라리리(囉哩哩) 노래하네. 그대가 이에 맞추어 새 가사를 지어 보게나[100] (《삼연집(三淵集)》권10 시(詩) 〈원일석(元日夕)〉)

(나)는 조선 후기의 학자인 김창흡(金昌翕: 1653~1722)의 한시 〈원일석〉이다. 이 시의 "마을마다 항아리를 두드리며 라리리 노래하네. 그대가 이에 맞추어 새 가사를 지어 보게나"라는 구절을 통해서, '라리리' 구음이 불교와 관계 없이 조흥구로서 보편적으로 사용되었음을 알 수 있다. 짧은 한시이기 때문에 '라리리'로 표현했지만, 실제로는 지금의 아리랑처럼 '라라리' 관련 구음을 여러 번 반복하며 불렀을 가능성이 크다. 주목되는 점은 마을마다 항아리를 두드리며 후렴으로 '라리리'를 노래했는데, 새 가사를 지어 부르는 것이 보편적 현상인 듯 표현하고 있다는 사실이다. 이는 바로 가장 오래된 아리랑으로 간주되는 〈정선아라리〉의 전승 양상과 매우 흡사하다. 정선에서는

100 …… 屠蘇椒栢有殘瀝 持向湛華軒上傾 不速而來亦三客 主人風雅以詩鳴 村村拊缶囉哩哩 爾可相和作新聲. …… (《三淵集》卷之十 詩 〈元日夕〉襆被湛華軒 會者凡五人 辛卯)

마을마다 남녀노소 할 것 없이 누구든지 아라리를 부르는데, 이전부터 전승되어 오던 가사도 부르지만 새로운 가사를 지어내어 부르는 경우가 많기 때문이다.

> (다) 사곡(詞曲)에 영선객(迎仙客)이라고 이름하는 것이 있는데 다음과 같다.
>
> 라련리(囉嗹哩) 련라련(嗹囉嗹) 리라련리(哩囉嗹哩)
>
> 라리련(囉哩嗹) 리라련(哩囉嗹) 라련리련(囉嗹哩嗹)
>
> 라리련(囉哩嗹) 리라리(哩囉哩) 련리라련(嗹哩囉嗹)
>
> 이는 농동(籠同)과 함께 모두 〈오륜전비기(五倫全備記)〉에 보이는데, 〈오륜전비기〉는 곧 구경산(丘瓊山, 경산은 丘濬의 자)이 세상을 풍자한 연극으로서 섭첩청전(葉疊靑錢, 첩청은 호)이 사단(詞段)을 따라 보충하여 총 4권으로 만들었다. 오늘날 이것을 언문(諺文)으로 번역하여 《노걸대(老乞大)》·《박통사(朴通事)》와 함께 역관(譯官)을 시험한다.[101] (《청장관전서(靑莊館全書)》 이목구심서육(耳目口心書六))

(다)는 이덕무(李德懋: 1741~1793)의 《청장관전서》 이목구심서육의 내용이다. 이와 유사한 내용이 이규경(李圭景: 1788~미상)의 《오주연문장전산고》 시문편 논시의 〈사곡기오륜전비변증설(詞曲記五倫全備辨證說)〉에도 있다. 양자 모두 중국의 사곡(詞曲) 〈영선객(迎仙客)〉에 나오는 '라리련'을 소개하면서, 이 사곡이 〈오륜전비기(五倫全備記)〉라는

---

101 詞曲有名迎仙客曰 囉嗹哩嗹囉嗹 哩囉嗹哩囉哩 嗹哩囉嗹囉嗹 哩嗹囉哩嗹哩 囉哩嗹哩囉嗹 此與籠同俱見五倫全備記 記卽丘瓊山諷世之演劇 而葉疊靑錢者 逐段補之凡四卷 今漢語諺翻同老乞大朴通事 課講譯官.

중국 희곡에 나온다고 밝히고 있다.

중국의 구준(邱濬, 1420~1495)이 지은 〈오륜전비기〉는 중종 36년(1541) 이전에 조선에 전래되어 매우 유행했는데, 조선에서 이 중국어 원전을 간행했는가 하면, 그것을 번역·주석한 《오륜전비언해(伍倫全備諺解)》(1721)도 발간하여, 역관들이 중국어를 배우는 학습서로 삼기도 했다. 또한 〈오륜전비기〉를 번안한 한문소설과 국문소설도 지어졌다.[102]

필자가 실제로 〈오륜전비기〉를 살펴보니, '라리련'이 여러 군데에서 발견되었다. 〈오륜전비기〉 중국어 희곡본은 현재 두 종류가 남아 있는데, 하나는 중국에서 발간된 것이고, 다른 하나는 조선에서 발간된 것이다. 전자는 중국의 《고본희곡총간(古本戲曲叢刊)》에 수록되어 있는 세덕당본(世德堂本) 〈오륜전비충효기(伍倫全備忠孝記)〉이다. 후자는 〈신편권화풍속남북아곡오륜전비기(新編勸化風俗南北雅曲五倫全備記)〉인데, 조선의 문인들 사이에서 널리 읽힌 것으로 나타난다. 후자가 전자보다 이른 시기의 판본이다. 현재 규장각에 소장되어 있는 〈신편권화풍속남북아곡오륜전비기〉는 조선 교회청에서 간행한 판본이다. 양자는 상당한 차이점을 갖고 있는 이본(異本)들이다.[103] 그러나 양자 모두 동일한 대목에 〈영선객〉이 삽입되어 있는데, "라련리(囉嗹哩) 련라련(嗹囉嗹) 리라련리(哩囉嗹哩) 라리련(囉哩嗹) 리라련(哩囉嗹) 라련리련(囉嗹哩嗹) 라리련(囉哩嗹) 리라리(哩囉哩) 련리라련(嗹哩囉嗹)"이라는 구음이 보인다. 전자는 권2 제10단, 후자는 권2 제9단 등 여러 군

102 이에 대해서는 이 장의 5절에서 구체적으로 다룰 것이다.

103 오수경, 〈《五倫全備記》 연구(1)〉, 《중국문학》 제29집(한국중국어문학회, 1998).

데 〈영선객〉이 삽입되어 있다.

한편 《오륜전비언해》에는 권3에 "夫人이 空房 딕흼을 免ᄒᆞ고 媚春이도 主ㅣ이실 이로다 囉嗹哩[로(러)련리]"처럼 "라련리"가 한 번만 나온다. 이는 이 책이 중국어를 배우는 교재이기 때문에, 희곡의 노래 부분은 대폭 삭제하고 등장인물들의 대화 위주로 편집했기 때문인 듯하다.

〈오륜전비기〉에 "라련리 련라련 리라련리 라리련 리라련 라련리 련 라리련 리라리 련리라련"이라는 구음이 삽입되어 있는 것은 이 작품이 중국 남희(南戲)의 희곡이기 때문이다. 남희에서는 이 구음의 명칭을 '라리련(囉哩嗹)'이라고 부르는데, 이것은 남희의 희신(戲神) 주문(呪文)이다. 이는 명대 유명한 극작가 탕현조(湯顯祖: 1550~1616)가 지은 〈의황현희신청원사묘기(宜黃縣戲神清源師廟記)〉를 통해 살펴볼 수 있다.

> 내가 들으니 청원(清源)은 서천(西川) 지방의 관구신(灌口神, 二郎神)이다. 사람이 좋고, 유희(遊戲)로서 도를 얻어 떠돌면서 이것을 인간에게 가르쳤다. 그러나 옛날부터 지금까지 또한 사람들이 사당을 지어 희신(戲神)인 청원에게 제사 지내지 않았다. 연희자들이 연희를 시작하기 전에 희신에게 술을 바치고 제사 지내면서 '라리련(囉哩嗹)'을 합창했다.[104]

이와 같이, '라리련'은 남희의 희신 주문으로서 다른 남희 작품에

104 予聞清源 西川灌口神也. 爲人美好 以遊戲得道 流此教于人間. 訖無祠者 子弟開呵一醪之 唱囉哩嗹而已. 이 문장의 번역을 위해 孫子裕, 〈最早的一篇戲曲學導言 – 湯顯祖 '宜黃縣戲神清源師廟記' 解讀〉, 《中華戲曲》 第三十集(2007)을 참조했음.

서도 흔히 나타나는 구음이다. 송원대(宋元代) 이후의 제궁조(諸宮調), 남희(南戲), 잡극(雜劇), 전기(傳奇)에서 보편적으로 '라리련'으로 친사(襯詞)[105]와 방강(帮腔)합창[106]을 할 뿐만 아니라, 남쪽 지방에서 지금까지 여전히 공연하는 일부 지방희, 인형극, 민요 등, 특히 소수민족의 민요와 연극은 여전히 광범위하게 '라리련' 또는 '라리련'과 유사한 친사를 화성(和聲)으로 삼는다.[107]

그러므로 고려·조선시대 문인들은 불교 승려들의 시와 어록, 그리고 《금강경》과 《선문염송》 등 불교 서적들을 통해서도 '라라리'와 '라리련' 관련 구음들을 알았겠지만, 이상과 같이 사곡 〈영선객(迎仙客)〉이나 〈오륜전비기〉 및 《오륜전비언해》 등과 같은 관련 작품들을 통해서도 '라라리'와 '라리련' 관련 구음에 익숙했을 것이다.

4. 고려속요에서 노래한 '라라리(囉囉哩)'와 '라리련(囉哩嗹)'

그동안 학계에서는 고려속요의 구음에 대한 여러 학설 가운데 국문학자 정병욱의 견해가 비교적 설득력이 있는 것으로 간주되어 왔다. 정병욱은 고려속요의 모든 구음을 악기의 구음 즉 악기의 음정을 구음으로 나타낸 이른바 입타령으로 보았다. 이는 매우 주목되는 견해임에 틀림없다. 그가 여러 악기의 혼합된 구음으로 예를 든 〈사모

105 노래를 완정하게 표현하기 위하여 삽입하는 어기사, 의성어, 유음어 등으로 이루어진 단어와 문구.

106 무대 위에서 한 사람이 노래하면 무대 뒤에서 여러 사람이 화창하는 가창 방식.

107 康保成, 앞의 글, 77면.

곡〉의 '덩더둥셩'에서 '덩더둥'은 거문고 구음이고, '셩'은 바라나 징의 의성이라는 지적은 설득력이 있다.[108]

그러나 정병욱이 고려속요에서 피리와 젓대의 구음으로 지적한 (1) 〈군마대왕〉, 〈구천〉, 〈별대왕〉, 〈나례가〉와 (2) 〈성황반〉, 〈내당〉, 〈삼성대왕〉, 〈대왕반〉, 〈잡처용〉의 여음구는 그가 제시한 현행 악기의 구음법, 고악보에 나타난 구음법, 문헌상에 나타난 구음과 일치하지 않는다.

국악학자 이상규는《시용향악보》〈군마대왕〉의 가사는 고정형 구음법과 변화형 구음법을 가진 적(笛) 구음을 적은 것인데, 그 구음체계는《금합자보(琴合字譜)》(1572)의 적(笛) 구음체계와 비슷하며, 〈군마대왕〉의 가사인 구음들을 음의 높낮이를 나타내는 계명구음이라고 보았다.《금합자보》에 적(笛)의 구음으로 '러, 루, 라, 로, 리'가 사용되고 있어서, 〈군마대왕〉의 가사와 유사한 음절들이 나타나기 때문이다. 그러나 실제로는 〈군마대왕〉의 가사인 구음들이 계명구음으로서 모순을 지니고 있음을 다음과 같이 스스로 인정하고 있다.

> (〈군마대왕〉에서) …… '러'는 모두 19회 출현하는데, 그 중 제일 많이 나타나는 宮에서 고정형 구음으로 쓰인다. 그런데 '러'로 구음되는 下二의 경우 다른 구음으로 쓰인 예가 없어, 下二 역시 '러'가 고정형 구음으로 보인다. 이는 동일한 구음으로 다른 음을 동시에 나타낸다는 모순을

108 정병욱, 〈악기의 구음으로 본 별곡의 여음구〉,《관악어문연구》 제2집(서울대 국어국문학과, 1977.12).

지니고 있기는 하지만,《시용향악보》 시절에는 구음 '러'가 宮과 下二 모두에 쓰였을 것으로 생각할 수도 있겠다. ……

〈군마대왕〉 제1행 1정간의 上一은 후음(後音)인 宮보다 높은 음이므로 '리'로 구음하고, 宮과 下一은 각각 고정형 구음 '러'와 '루'를 사용하였다. 제2행 4정간의 上一도 앞 뒤 음보다 높아 '리'로 구음하였고, 다른 음들은 고정형 구음으로 기록되었다.

그러나 제3행에서는 이러한 규칙이 어긋난다. 제3행 1정간의 宮은 고정형 구음과 같은 모음을 사용하고 있으나 받침이 첨가되었고, 6정간과 14정간의 上一은 각각 '러'와 '루'로 구음을 하였다. 그런데 '런'이 (宮의) 구음으로 사용된 예는 더 이상 나타나지 않아 그 용례를 알 수 없으며, 上一이 '러'와 '루'로 구음된 예도 없으므로, 이 부분은 다른 악보의 출현을 기다려야 할 것으로 생각된다.[109]

이상과 같이, 결국 구음으로만 짜인 〈군마대왕〉의 가사를 적음(笛音)의 높낮이를 나타내는 계명구음으로 보기에는 모순되는 내용이 많다. 예를 들어 '러'는 모두 19회 출현하는데, 下二를 2회, 宮을 15회, 上一 을 2회 사용하고 있다. '러'가 세 개의 계명을 사용한다는 이야기인데, 그렇다면 이것은 계명구음으로서의 의미가 없는 셈이다. 더구나《시용향악보》〈구천〉에도 "리로 리런나 로리 라리 로런나 로라리 리리 로리런 나오 리런나 나리런나 로런나 로라리 로리런나" 처럼 구음으로만 된 가사에 적(笛) 구음인 '라, 로, 리'는 나오지만

---

109 이상규, 〈시용향악보 소재 군마대왕의 구음법〉,《온지논총》 제2집(온지학회, 1996). 《국악기 구음법의 사적 고찰》(서울대 박사학위논문, 2003), 151~155면에서 재논의.

'러, 루'는 나오지 않는다. 또 적(笛) 구음이 아닌 '런'이 7회나 나오고, '나오'도 나온다. 특히 《시용향악보》에서는 〈구천〉에 나오는 '런'을 宮뿐만 아니라 下二, 下四의 구음으로 표기했다. 또한 〈별대왕〉은 "노런나 오리나 리라리 로런나 니리 리런나 나리나 리런나 로로런나 리런나 로로런나 리런나"라는 구음으로 이루어진 노래인데, '런'을 上一, 宮, 上二, 下一, 下二로 구음을 하고 있다. 이는 이 구음들이 계명구음이 아님을 나타낸다. 따라서 필자는 〈군마대왕〉의 구음을 적음(笛音)의 높낮이를 나타내는 계명구음으로 보는 것에 동의하지 않는다.

한편 조선 초기의 《시용향악보》에 전하는 〈구천(九天)〉, 〈군마대왕(軍馬大王)〉, 〈별대왕(別大王)〉은 조선 전기에 연주된 무가(巫歌)인데, 노래 전체가 구음으로만 되어 있다는 점에 주목해 보자. 이 노래들의 구음을 의미 없는 가사로 간주하고, 더욱이 악기의 구음으로 보는 것은 좀 이상하다는 생각이 든다. 무가라면 신을 청하거나 신에게 소원을 비는 등 주술적인 내용이 있어야 한다. 그런데 무가를 의미 있는 가사 없이, 단지 악기 소리를 흉내낸 구음으로만 부른다는 사실은 이치에 맞지 않는다. 더욱이 〈구천〉, 〈군마대왕〉, 〈별대왕〉에는 바로 '라라리(囉囉哩)' 및 '라리련(囉哩嗹)'과 관련된 구음이 나타나기 때문에, 이 구음들을 진언이나 주술적인 구음으로 보는 것이 자연스럽다.

〈구천〉은 "리로 리런나 로리 라리 로런나 로라리 리리 로리런 나오리런나 나리런나 로런나 로라리 로리런나"라는 구음으로 이루어진 노래이다. 여기에서 '로리런'은 바로 '라리련(囉哩嗹)'이다.[110] 왜냐하

---

110 이 책에서는 '囉哩嗹'을 현재의 중국식 발음인 '뤄리리엔'으로 표기하지 않고, 한국

면 〈구천〉에서 '로'와 '라(나)'는 서로 통하고 있기 때문이다.[111] '리런나'는 '라리련'의 변화형인 '리련라(哩嗹囉)', '로련라'는 '라리련'의 변화형인 '라련라(囉嗹囉)'와 그대로 일치한다. 그리고 '나리련나'에서 '나리련'은 '라리련', '리련나'는 '리련라'와 일치한다. 이미 앞에서 소개한 바와 같이, 복건성 수녕현(壽寧縣) 대양촌(岱陽村)의 원소복(元宵福)과 이원교(梨園敎)의 괴뢰희 〈화광전(華光傳)〉에서는 '라리련(囉哩嗹)'이 "라리련(囉哩嗹), 리련라(哩嗹囉), 라리리(囉哩哩), 라라련(囉囉嗹), 라련라(囉嗹囉), 련라련(嗹囉嗹), 라라련(囉囉嗹), 리라련(哩囉嗹)"처럼 변이된다.[112]

식 발음인 '라리련'으로 표기한다. 왜냐하면 라리련이 중국에서 사용되기 시작하던 진대(晋代)부터 송원(宋元) 시기의 '囉哩嗹' 발음은 현재의 한국식 발음과 더 유사할 것이기 때문이다. 주지하는 바와 같이, 현재의 한국식 한자 발음은 당대(唐代)의 중국 발음과 유사하다고 한다.

111 〈구천〉의 '리런나'는 바로 중국 '라리련'의 변이형인 '리련라'인데, '리런나'에서는 '나(라)'를 사용하고 있다. 그런데 '라리련'은 '로리런'으로, '라리련'의 변이형인 '라련라'는 '로런나'로 표현하고 있다. 즉 〈구천〉에서는 '로'와 '라(나)'를 동일시하고 있다. 그리고 《오륜전비언해(伍倫全備諺解)》(1720)는 조선시대 출간된 책이지만, 이 책에서도 "囉嗹哩[로(러)련리]"처럼 "囉"를 "로"나 "러"로 표기하고 있다.
또한 현재 중국 복건성의 연희자들이 '라리련'을 발음할 때는 방언으로 하는 경우가 많은데, 이때 '로리런'이라고 노래한다. 즉 복건성 천주(泉州) 괴뢰희의 개막 장면인 〈대출소(大出蘇)〉에서도 "(전공이 노래한다) 말을 오르고 내리며 군대를 지휘하고, 저세상 사람들에게 권장하노니 …… 제사 후에는 제자들을 보호하여 크고 작게 출진하여 자손을 좋게 하리니. 등과하고 자손을 이루면 좋은 연극을 만들 것을 바라노라. 로리련, 로리련, 로리련……[(相公唱)上馬落馬來管軍, 勸恁世上人. …… 賽愿後, 保庇弟子出了大陣小陣好兒孫. 登科連枝乞人編, 編出一段好戲文. 嘮哩嗹, 嘮哩嗹, 嘮哩嗹 ……]"처럼 '라리련(囉哩嗹)'을 '로리련(嘮哩嗹)'으로 표현하고 있다. 따라서 〈구천〉의 '로리런'은 바로 '라리련'이고, '로런나'는 '라련라', '로라리'는 '라라리'임을 알 수 있다.

112 원래 불교에서 유래한 '라리련'이 이처럼 '이원교' 등 도교에서도 흔히 사용되고 있다.

〈구천〉과 중국 복건성의 괴뢰희 〈화광전(華光傳)〉처럼 '라리련'을 변이시키면서 계속 이어서 노래하는 방식은 사곡(詞曲) 〈영선객(迎仙客)〉에서도 발견된다. 〈영선객〉에서는 이 구음이 "라련리(囉嗹哩) 련라련(嗹囉嗹) 리라련리(哩囉嗹哩) 라리련(囉哩嗹) 리라련(哩囉嗹) 라련리련(囉嗹哩嗹) 라리련(囉哩嗹) 리라리(哩囉哩) 련리라련(嗹哩囉嗹)"처럼 변이된다. 〈구천〉 및 〈화광전〉의 구음과 거의 일치하고 있다.

앞서 살펴본 바와 같이, 〈영선객〉은 중국 희곡 〈오륜전비기〉에 실려 있는데, 이 책은 조선에서도 간행되어 문인들 사이에서 널리 읽힌 것으로 나타난다. 여러 기록을 참조할 때, 중국 희곡 〈오륜전비기〉의 전래와 유행은 중종 36년(1541) 이전일 것으로 추정된다. 그러므로 《시용향악보》에 전하는 〈구천〉, 〈군마대왕〉, 〈별대왕〉 등은 조선 초기에 연주된 무가(巫歌)이기 때문에, 다양한 경로를 통해 '라라리'와 '라리련' 관련 구음들을 수용했던 것으로 보인다.

그리고 〈구천〉에 나오는 '리로(리라)', '로리(라리)', '라리', '로라리(라라리)'는 바로 '라라리'와 관련된 구음이다. 〈구천〉도 〈화광전〉, 〈영선객〉과 마찬가지로 '라리련' 관련 구음과 '라라리' 관련 구음들이 함께 구연되고 있음을 확인할 수 있다.

〈군마대왕〉은 "리러루 러리러루 런러리루, 러루 러리러루, 리러루리 러리로, 로리 로라리, 러리러 리러루 런러리루, 러루 러리러루, 리러루리 러리로"라는 구음으로 이루어진 노래이다. 여기에서 로리(라리), 로라리(라라리)는 '라라리'에서 파생된 것이다. 다른 구절들도 러리러→라리라, 러리로→라리라 등 '라라리'의 변이형으로 볼 수 있다.

〈별대왕〉은 "노런나 오리나 리라리 로런나 니리 리런나 나리나 리런나 로로런나 리런나 로로런나 리런나"라는 구음으로 이루어진 노래이다. 여기에서 노런나는 라련라, 로런나도 라련라, 리런나는 리련라로서 '라리련'의 변화형이다. 그리고 리라리, 니리(리리), 나리나(라리라)도 모두 '라라리'에서 파생된 것이다.

〈나례가〉는 "羅令公宅 儺禮日이 廣大도 金線이샤ᄉ이다 궁에ᅀ山ㅅ 굿븟겻더신든 鬼衣도 金線이리라 리라리러 나리라 리라리"처럼 의미 있는 가사와 함께 "리라리러 나리라 리라리"라는 구음이 있다. '리라리러'의 '리라리', '나리라(라리라)', '리라리'는 모두 '라라리'에서 파생된 것이다.

이상의 예를 통해, 〈구천〉, 〈군마대왕〉, 〈별대왕〉, 〈나례가〉의 구음은 '라라리' 및 '라리련'으로부터 유래했음을 알 수 있다. 무가로 간주되는 이 노래들에 불교의 진언이 수용된 배경은 역시 무가 계통 고려속요인 〈내당〉과 〈성황반〉을 통해 이해할 수 있다.

〈내당〉에서는 신격(神格)이 '성인무상(聖人無上)'·'양산대륵(兩山大勒)'과 같은 부처나 보살 또는 큰미륵보살로 설정되어 있는 점으로 볼 때, 이 노래는 순수한 무가라기보다는 무속과 불교가 절충된 형태의 무가로 보는 것이 자연스럽다.

〈성황반〉은 불교의 오방신(五方神)을 부르는 돈호법(頓呼法)이 중심을 이루고 있다. 즉 〈성황반〉은 신격을 맞이하여 좌정시키고 예배를 올리는 영신(迎神)과 청배(請拜)의 기능을 갖고 있는 노래이다. 이 노래에서 청신하는 신격은 지국천왕·광목천자천왕·증장천왕·비사문천왕 등 사천왕(四天王)과 황사목천왕(黃四目天王)으로서, 불교의 오방신(五方神)이다. 그러므로 이 노래는 순수한 무가라기보다는 무속과 불교가 절충된 형태의 무가로 볼 수 있다.

이처럼 〈내당〉, 〈성황반〉이 무속과 불교가 절충된 형태의 무가라는 사실에서 알 수 있듯이, 역시 무가 계통의 고려속요인 〈구천〉, 〈군마대왕〉, 〈별대왕〉, 〈나례가〉에 불교적 진언이 삽입된 것은 자연스러운 현상이다.[113]

그리고 널리 알려진 고려속요 〈청산별곡〉의 "얄리얄리 얄라셩 얄라리 얄라"는 무가로 간주되는 고려속요 〈대국1〉, 〈대국2〉, 〈대국3〉에도 보인다.

〈대국1〉

술도 됴터라 드로라. 고기도 됴터라 드로라. 엇더다 別大王 들러신대 四百瘴難을 아니 져차실가. 얄리얄리 얄라 얄라셩 얄라

이와 같이, 〈대국1〉뿐만 아니라 〈대국2〉와 〈대국3〉에도 "얄리얄리 얄라 얄라셩 얄라"라는 구음이 나온다. 〈대국1〉~〈대국3〉은 이미 무가로 밝혀졌다.[114] 그러므로 이 구음들은 종교적인 구음에서 생겨나 널리 사용되었을 가능성이 크다.

그런데 고려속요 〈청산별곡〉과 〈대국1〉~〈대국3〉에 삽입된 구음 '얄리', '얄라리', '얄라셩'은 현전 민요 〈아리랑〉과 〈아라리〉에서 '아리', '아라리', '아라성'으로 나타난다. 중세 국어에서는 줄질(줄타기)→주질처럼 ㄹ탈락이 흔한 현상이었다.[115] ㄹ은 유음(流音)이기 때

113 졸고, 〈고려속요의 구음과 '라리련'·'라리라'의 관련양상〉, 《민족문화연구》 제60호(고려대학교 민족문화연구원, 2013.08) 참조.

114 박경신, 〈〈대국〉과 별상굿 무가〉, 성균관대 인문과학연구소 편, 《고려가요연구의 현황과 전망》(집문당, 1996).

115 주질(注叱)은 '줄질'의 이두식 표기인데, 줄질은 줄타기이다. 《韓國漢字語辭典》 권3(단국대 동양학연구소, 1997), 132면의 주질(注叱) 조항 참조. 그러면 '줄질'에서 왜

문에 현대 국어에서도 '사월초팔일'→'사월초파일', '살다'→'사니' 처럼 흔히 생략된다. 그러므로 '얄리', '얄라리', '얄라셩'이 '아리', '아라리', '아라성'으로 변했을 가능성은 충분히 인정된다.

주목되는 점은 아리, 아라리, 얄리, 얄라리는 '라라리(囉囉哩)'와 거기서 파생된 '라리', '라리리', '리라리', '라라리', '라리라', '나라리'와 친연성을 갖고 있다는 사실이다. 아리, 아라리, 얄리, 얄라리의 초성에 ㄹ만 넣어보면, 이 구음들이 동일 계통임을 알 수 있다. 결국 아리, 아라리, 얄리, 얄라리는 〈구천〉, 〈군마대왕〉, 〈별대왕〉, 〈나례가〉에 나오는 '로리(라리)', '로라리(라라리)', '리라리', '나리나(라리라)', '나리라(라리라)' 등의 구음과도 동일 계통인 것이다.

그래서 고려속요 구음의 원천은 크게 두 가지로 볼 수 있다. 첫째, 정병욱 교수가 밝힌 바와 같이, 악기의 구음으로 볼 수 있는 여음구이다. 둘째, 본고에서 밝힌 바와 같이, 불교 구음 '라라리' 및 '라리련'과 관련된 여음구이다.

고려는 불교국가였기 때문에 모든 국민들이 불교 진언을 외웠고, 불교 진언에 익숙했을 것이기 때문에, 이상의 여러 노래에 불교계 구음, 진언이 수용된 것으로 보인다. 앞장에서 살펴본 바와 같이, 고려시대 불교 승려들의 어록·시, 그리고 《금강경오가해》, 《선문염송》 등의 불교 서적, 고려 문인들의 시, 그리고 중국 남희 작품에서 희신주문으로 '라라리', '라리련' 관련 구음들이 많이 발견되는 점으로 볼

'줄'의 'ㄹ'을 탈락시켜 주질(注叱)로 표기했을까? 줄질을 이두식으로 정확하게 표기하면 注乙叱이지만, 중세 국어에서는 줄질의 '줄'처럼 뒤에 오는 소리가 'ㄴ, ㅅ, ㅈ, ㅊ'인 경우에 'ㄹ'을 탈락시켜 주질로 하는 것이 보편적인 현상이었다. 그러므로 注乙叱에서 'ㄹ'에 해당하는 '乙'을 탈락시켜 주질(注叱)로 적은 것이다.

때, 고려속요에 '라라리', '라리련' 관련 구음들이 수용된 것은 매우 자연스러운 현상이다.

5. 조선시대 언해본과 소설에서 발견되는 '라라리(囉囉哩)'와 '라리련(囉哩嗹)'

조선시대의 언해본 가운데《금강경삼가해》와《오륜전비언해》등에서 '라리련'이 발견된다.《금강경삼가해》는《금강반야바라밀경》에 대한 해설서로서 삼가(三家)의 해석을 합편하여 국역한 책이다. 이 책은 함허당 득통(得通: 1376~1433)의《금강경오가해설의(金剛經五家解說誼)》가운데 야보(冶父)의 송(頌), 종경(宗鏡)의 제강(提綱), 득통(得通)의 설의(說誼) 등 세 가지를 추려서 5권 5책으로 엮었다. 득통은《금강경오가해》주석의 어려운 부분에 해석을 붙였는데, 이를 '설의'라고 했다. 세종의 명에 따라 세조와 그의 비(妃) 정희 왕후가 언해하였으며, 성종 13년(1482)에 학조대사(學祖大師)가 교정한 뒤 완성했다.

> (가) (頌) 囉囉哩哩囉囉 山花ㅣ 笑하며 野鳥ㅣ 歌하나다. 此時에 如得意하면 隨處하야 薩婆訶ㅣ리라 囉囉哩哩囉囉 뫼햇 고지 우스며 매햇 새 놀애 브르나다 이때 하다가 뜨들 得득하면 고달 조차 薩婆訶ㅣ리라 (《금강경삼가해》3권 14면)

(가)는《금강경삼가해》3권에 있는 내용으로서 송나라 야보의 송이다. 그런데 그 내용에 "라라리 리라라"가 있다. 야보의 송은 이미《금강경오가해》에 있던 것이기 때문에, 조선시대의 불교 승려들에게

"라라리 리라라" 구음이 널리 알려져 있었다. 그런데 언해본인《금강경삼가해》가 발간됨으로써 이 구음의 파급 효과는 훨씬 컸을 것이다.

그러면 이제《오륜전비언해》를 살펴보자.

> (나) 다믄 저프건대 兒夫ㅣ 우연히 差錯을 因ᄒᆞ야 ᄒᆞᆫ 念을 닐ᄋᆞ혀 萬一偸生計를 ᄒᆞ야 우음을 天下士大夫의게 깃티면 奴家 조차 또 마리를 내왇디 몯ᄒᆞᆯ가 ᄒᆞ노라 졍히 이 人生이 녜로부터 뉘 죽음이 업ᄉᆞ리오 丹心을 留取ᄒᆞ야 汗靑에 빗쵤디라 됴타 夫人이 空房 딕킴을 免ᄒᆞ고 媚春이도 主ㅣ 이실 이로다 囉嗹哩[로(러)련리](四聲通解 囉嗹哩 歌助聲)[116] (《오륜전비언해》三 卷六)

《오륜전비언해》에서는 '라련리(囉嗹哩)'가 위 (나)의 대목에서만 딱 한 번 나온다. 그것은 이 책이 중국어를 배우는 교재이기 때문에, 희곡의 노래 부분은 대폭 삭제하고 등장인물들의 대화 위주로 편집했기 때문이다.

《오륜전비언해》의 간행 경위는 1721년 고시언(高時彦)이 쓴〈오륜전비주석언해서(伍倫全備註釋諺解序)〉에 보인다. 이에 의하면, 당시 한학(漢學) 즉 중국어를 배우는 교재는《노걸대》,《박통사》,《직해소학》이었는데, 중간에《직해소학》은 한어(漢語, 구어체 중국어)가 아니라 하여《오륜전비》로 바뀌었다. 이《오륜전비》를 24년간 번역 · 주석하여 1720년에 완성한 것이《오륜전비언해》이다.

중국 구준이 지은〈오륜전비기〉(新編勸化風俗南北雅曲伍倫全備記)는 오

116《伍倫全備諺解(影印本)》(서울대학교 규장각, 2005), 535면.

륜전(伍倫全)과 오륜비(伍倫備)라는 형제가 주인공으로서, 오륜을 주제로 내세운 희곡 작품이다. 〈오륜전비기〉는 조선에서도 간행되어 문인들 사이에서 널리 읽힌 것으로 나타난다. 여러 기록을 참조할 때, 중국 희곡 〈오륜전비기〉의 전래와 유행은 중종 36년(1541) 이전일 것으로 추정된다. 현재 규장각에 소장되어 있는《伍倫全備記》는 조선 교회청에서 간행한 판본인데, 원형이정(元亨利貞)의 4책 가운데 원(元)과 형(亨) 2책만 남아 있다. 조선의 문인 관료들은 이 중국 희곡본을 중국어 교과서로 채택하는 데 그치지 않고, 번안소설을 지었으며, 정밀한 교주언해본을 출간하기도 했다. 그래서 그 수용 범위가 단지 역관을 지망하는 사람들에 그치지 않고, 훨씬 넓은 범위로 확대되었다.[117]

낙서거사 이항(李沆: 1474~1533)은 중국 희곡 〈오륜전비기〉를 번안하여 한문소설 〈오륜전전〉(1531)을 지었고, 다시 이를 국문으로 번역한 것으로 추정된다. 또한 강전섭 교수 소장본 한문소설 〈오륜전형제전(五倫全兄弟傳)〉과 〈오륜전비비전(伍倫全備備傳)〉도 있다.[118]

이상과 같이, 조선시대에는 중국 희곡 〈오륜전비기〉를 들여와 1541년 이전에 간행했고, 이를 번안하여 한문소설 〈오륜전전〉(1531)·〈오륜전형제전〉·〈오륜전비비전〉이 나왔으며, 한문소설 〈오륜전전〉을 국문으로 번역한 국문소설 〈오륜전전〉도 나왔고, 〈오륜전비기〉를

---

117 윤주필,《윤리의 서사화 - 〈오륜전비〉 수용 연구》(국학자료원, 2004), 24면, 51면. 오수경, 〈《五倫全備記》 연구(1)〉,《중국문학》 제29집(한국중국어문학회, 1998), 102면. 심경호, 〈《五倫全備記》 해제〉,《伍倫全備記(新編勸化風俗南北雅曲伍倫全備記)》(서울대학교 규장각 한국학연구원, 2011).

118 윤주필, 앞의 책 참조.

번역·주석한 《오륜전비언해》(1721)도 간행되었다. 그리고 앞에서 살펴본 바와 같이 이덕무의 《청장관전서》와 이규경의 《오주연문장전산고》 등에서도 〈오륜전비기〉에 삽입된 〈영선객〉을 인용하며, 이 희곡에 대해 소개하고 있다. 그래서 〈오륜전비기〉 관련 작품과 내용이 비교적 널리 알려졌을 것으로 보이는데, 실제로 이항의 〈오륜전전〉(1531) 서문에 "이 책(오륜전 형제의 이야기를 다룬 책)은 지금 한창 앞다투어 전수하고 익히며 집마다 간직하고 사람마다 읽어 댄다[是書 時方爭相傳習 家藏而人誦]"고 하여, 당시 〈오륜전비기〉 관련 책이 매우 유행하고 있었음을 전해 준다.

앞서 살펴본 바와 같이, '라리련(囉哩嗹)'은 중국 남희의 희신 주문이다. 그러므로 남희의 희곡인 〈오륜전비기〉에는 이 주문이 〈영선객〉이라는 명칭으로 여러 군데 삽입되어 있다. 〈오륜전비기〉의 유행과 함께 〈영선객〉에 삽입되어 있는 '라리련' 구음도 더욱 널리 알려졌을 것이다.

6. 민요에서 노래하는 '라라리(囉囉哩)'

한국의 대표적 민요인 〈아리랑〉에서도 '라라리(囉囉哩)' 관련 구음이 나온다. 현전하는 각 지방의 민요 〈아리랑〉과 관련된 구음은 다음과 같다.

아리랑 아리랑 아라리요 아리랑 고개고개로 나를 넘겨주소.

(정선아라리)

아리 아리랑 쓰리쓰리랑 아라리가 났네. 아리랑 어절시구 날 넘겨주소.

(밀양아리랑)

아리 당다중 쓰리 당다중 아라리가 났네. 아리랑 어절시구 잘 넘어간다.

(밀양아리랑)

아리 아리랑 쓰리 쓰리랑 아라리가 났네 아리랑 응응응 아라리가 났네.

(진도아리랑)

아리아리 쓰리쓰리 아라리요 아리아리 고개로 넘어간다.

(강원도아리랑)

아라리요 아라리요 아리랑 어혈사 아라성아. (여주아리랑)

아라성아 아라성아아 아리랑 얼싸 아라성아.

(아라성소리, 충북 충주 일대 모심는 소리)

아리랑 아리랑 아라리요 아리랑 고개로 넘어간다.

(경기아리랑, 본조아리랑)

아르렁 아르렁 아라리로구나 아르렁 얼시고 아라리로구나.

(아르렁 타령, 임동권,《한국민요집》VI~992, 義州公立普通學校, 1912)

이상과 같이, 현전 민요 〈아리랑〉에서는 아리랑과 관련된 구음이

'아리', '아라리', '아라성', '아리랑', '아르렁'으로 나타난다.

단국대학교 율곡기념도서관 나손문고(羅孫文庫) 소장 〈쥬공츄전〉의 부록에 '을축삼월경복궁창건시가(乙丑三月景福宮刱建時歌)'라는 제목 아래 많은 민요 가사가 수록되어 있다. 그 중 〈아리랑가라〉라는 노래 가사는 다음과 같다.

> 문경식지 박달나무는 홍두기 박망치로 다 나간다.
> 아르랑 아르랑 아리리요 아르랑 둥덩실 노다가게.
> 팔낭팔낭 수각(갑, 필자 주)사당기 써젹문 안의셔 야난한다.
> 사르랑 사르랑 알알이요 사르랑 둥덩실 노다가소.
> 쳥사쵸롱 불발켜들고 임의 방의 놀너가자.
> 사르랑 사르랑 사라리요 사르랑 둥덩실 놀다가게.
> 인제 가면 언졔나 올가 언졔 올 줄 내 몰나라.

이 노래는 경복궁 중건(1865~1868) 당시 불리던 것으로 노래 제목은 '아리랑'이지만 여음으로는 '아르랑', '아라리', '사르랑', '사라리'가 사용되고 있다.

1896년 당시 선교사로 활동하던 미국인 헐버트(Homer B Hulbert: 1863~1949)는 *Korea Repository*라는 잡지에 'Korea Vocal Music'이란 제목으로 아리랑을 서양식 기보법으로 채보하고, 아리랑의 영문 가사를 실었다. 한글로는 '아르랑', 영어로는 'a~ra~rung'이라 표기했다.

황현(黃玹)의 《매천야록(梅泉野錄)》(1900)에서는 이 노래의 명칭을 〈아리랑타령(阿里娘打令)〉이라고 밝혔다. 1907년 발행된 《태극학보》 13집에서는 '아르랑타령', 1908년 발행된 《대한학회월보(大韓學會月

報)》 5호에서는 我農歌(俗 所謂 아르렁탈영)처럼 '아르렁탈영', 1925년 《개벽》 64호에 수록된 나도향의 소설 〈뽕〉에서는 '아르렁타령'이라고 표기했다. 1913년 사공수(司空樾)가 지은 영사가사(詠史歌辭) 〈한양오백년가〉에는 '아리랑타령'이라고 국문으로 적었다.

그러나 최영년(崔永年: 1856~1935)의 《속악유희(俗樂遊戱)》(1921)에서는 이 노래 명칭을 〈아라리(哦囉哩)타령〉이라고 밝혔다.

그러므로 원래 아르렁, 아르랑, 아리랑, 알알이, 아라리 등으로 다양하게 표현하던 여음들이 점차 '아라리'와 '아리랑'으로 주류가 형성되다가, 특히 영화 〈아리랑〉 이후 '아리랑'으로 고착화된 것으로 보인다.

가장 오래된 아리랑으로 간주되는 정선의 아리랑은 그 지역에서 〈아라리〉라고 불러왔고,[119] 그래서 정선의 경우는 이 노래를 〈정선아라리〉라고 칭한다. 그러나 정작 '아리랑', '아라리', 그리고 "아리 아리랑"의 '아리', 여주와 충주아리랑의 '아라성', 이 외에 여러 기록에 보이는 '아르랑'과 '아르렁'이라는 구음이 무슨 뜻인지, 어디에서 온 말인지에 대해서는 구체적인 논의가 매우 미진했다.

이는 그동안 주로 '아리랑'이라는 구음을 중심으로 논의를 펼쳤기 때문이다. 필자는 '아리랑'보다는 '아리'와 '아라리'라는 구음에 더 주목하고자 한다. 가장 오래된 아리랑으로 간주되는 정선아라리도

---

119 대부분의 학자들은 아리랑의 원형을 강원도의 아라리로 본다. 이보형은 가창행위에 나타난 전승문화적 특성이나 음악문법으로 볼 때, 아리랑 소리의 근원은 강원도 아라리에 있다고 밝혔다. 또한 아리랑이라는 이름도 아리리에서 나온 것이고, 여러 지방의 아리랑도 결국 강원도 아라리에서 파생되었다고 지적했다. 이보형, 〈아리랑소리의 근원과 그 변천에 대한 음악적 연구〉, 《한국민요학》 제5집(한국민요학회, 1997).

그렇지만, 최영년의 《속악유희》에서도 아리랑을 아라리로 칭했고, 민요 아리랑의 구음에도 "아리랑 아리랑 아라리요"처럼 아라리가 사용되고 있는 점을 생각해 보자. 그리고 '아리', '아라리'와 함께 '아라성'을 고려하면, 새로운 논의의 실마리를 찾을 수 있을 듯하다. 왜냐하면 이 구음들은 이미 고려가요 〈청산별곡〉과 〈대국1〉~〈대국3〉에서 '얄리', '얄라리', '얄라셩'으로 나타난 바 있기 때문이다.

앞에서 살펴본 바와 같이, 고려속요 〈청산별곡〉과 〈대국1〉~〈대국3〉에 삽입된 구음 '얄리', '얄라리', '얄라셩'은 현전 민요 〈아리랑〉과 〈아라리〉에서 '아리', '아라리', '아라성'으로 나타난다. 그런데 아리, 아라리, 얄리, 얄라리의 초성에 ㄹ만 넣어 보면, 이 구음들이 동일 계통이라는 사실이 드러난다. 결국 아리, 아라리, 얄리, 얄라리는 〈구천〉, 〈군마대왕〉, 〈별대왕〉, 〈나례가〉에 나오는 '로리(라리)', '로라리(라라리)', '리라리', '나리나(라리라)', '나리라(라리라)' 등의 구음과도 동일 계통인 것이다.

특히 앞에서 살펴본 김창흡(1653~1722)의 한시 〈원일석〉은 조선 후기에 마을마다 '라리리'를 여음으로 하는 민요를 불렀음을 전해 준다. 이 시의 "마을마다 항아리를 두드리며 라리리 노래하네. 그대가 이에 맞추어 새 가사를 지어 보게나"라는 구절을 통해, '라리리' 여음을 노래하면서 새 가사를 지어 부르는 것이 일반적이었다는 사실도 알 수 있다. 이는 바로 정선 지방에서 마을마다 남녀노소 누구나 아라리를 부르면서, 이전부터 전승되어 오던 가사도 부르지만 새로운 가사를 지어내어 부르는 경우가 많은 점과 일치하고 있다. 그리고 짧은 한시이기 때문에 '라리리'로 표현했지만, 실제로는 지금의 아리랑처럼 '라라리' 관련 구음을 여러 번 반복하며 불렀을 가능성이 크다.

본장에서는 민요 〈아리랑〉의 유래를 고찰하는 것이 아니고, 여러 지방의 민요 〈아리랑〉에서 나타나는 '아리', '아라리'라는 구음의 유래를 밝히고자 했다. 이는 '아라리'라는 구음에서 〈아리랑〉이라는 민요가 생겼다는 뜻이 아니고, 민요 〈아리랑〉이 성립될 때 기존에 존재하던 '아리', '아라리'라는 구음을 수용하여 노래했다는 점을 강조하려는 것이다. '라리', '라라리'는 본장의 1~5절과 뒤의 7절에서 나타나듯이, 우리나라에서 매우 보편적으로 사용되던 구음이었다. 그러므로 민요 아리랑이 성립될 때 이 구음들을 수용하여 여음으로 삼았던 듯하다. 그리고 아리(라리), 아라리(라라리)는 동아시아의 보편적 구음이지만, 민요 아리랑이 성립될 때는 기존의 아리, 아라리를 차용했을 뿐만 아니라, 아리와 아라리를 활용하여 아리랑이라는 독자적 구음을 새롭게 만들어 냈다는 사실이 중요하다.[120]

이 외에 특히 함경도 민요에서 '라라리'와 관련된 것으로 보이는 구음들이 다양하게 발견된다. 북한에서 간행한 《조선민요곡집》 제3집(1966)의 함경도 민요 가운데 〈리루리〉, 〈장진가〉 등에 아라리 관련 구음이 보인다. 〈리루리〉는 회령군 보을면 유선리 지방의 민요인데, 후렴에 "리루리 리루리 리루 리루 리루리"라는 구음이 나온다. 〈장진가〉는 함경도 광천 지방의 민요인데, 후렴에 "릴리리리 릴리리리 릴리꿍 릴리리"라는 구음이 나온다.

이러한 구음들은 함남 북청 지방의 통속민요에서 자주 나오는 "리리 흘리리", "릴리리리 리리리", "라리라 라따 라리라 돈돌 리띠리" 등

120 이상 아리랑의 구음과 관련된 더 자세한 논의는 이 책 '6장. '아라리' 구음의 보편성과 한국적 독자성' 참조.

과 함께 함경도 민요의 특징이라고 볼 수 있다. 〈라리라 라따〉는 "고향 떠나온 지 십여 년이 다 지나가도, 편지 한 장 없는 오빠 무정하구나. 리띠리띠 릴라. (후렴) 라리라 라딸라 라리라라딸 라리요, 리띠리띠 릴라 라리라돈돌 리떨리 리띠리띠 릴라"라는 가사인데, 구음으로 '라리라', '라리'와 같은 구음이 나온다.[121]

7. 꼭두각시놀이에서 노래하는 '라라리(囉囉哩)'

'라라리(囉囉哩)', '라리련(囉哩嗹)'과 관련되는 구음은 불교 승려들 또는 집시와 같은 유랑예인집단이 세계 여러 나라에 퍼뜨렸던 것으로 보인다. 그래서 중국 복건성의 괴뢰희, 한국 남사당패의 꼭두각시놀음, 일본 사도 섬의 '노로마 인형', 터키의 그림자인형극은 모두 첫 부분에서 구음을 노래하는데, 그 기능과 성격이 일치하며, '라라리' '라리련'과의 관련성을 살펴볼 수 있다.

남사당패의 꼭두각시놀이에는 주로 첫 장면에 네 종류의 구음이 나오는데, 이에 대한 연구는 이루어진 바 없다. 오랫동안 남사당놀이 연구를 진행해온 심우성도 "(박첨지놀이의) 가창으로는 서곡에 해당하는 뜻을 알 수 없는 '떼이루 떼이루 띠어라 따 ……'로 시작하여, 박첨지의 구음(口吟) 무곡(舞曲)인 역시 뜻을 알 수 없는 '나이니 나이니 나이니나 ……'가 있고 …… 피조리 상좌춤의 구음 무곡 〈나니네

121 졸고, 〈북청 지방 민요의 향토성과 시대성〉, 《국어국문학》 제115호(국어국문학회, 1995.12).

나이네 ……〉"[122]라고 하며, 이 구음들의 뜻을 알 수 없다고 밝혔다.

꼭두각시놀이에는 (1) "허이(헤이)~허이 허이 허허험 아~헤이~", (2) "떼이루 떼이루 띠어라 따 떼이루 떼이루 떼이루 야하", (3) "나아 네이 나이나 리리라라 얼수 좋다. 리리리 랏다 리리라라 라리 라리라 라리 라리라", (4) "니나노 난~실 니나노 난실 나니네~에 헤헤 헤~ 헤헤 난~실 나~질 나질~ 니나노 난실" 등 네 종류의 구음이 나온다. 이 가운데 (3)이 '라라리'와 관련이 있는 것으로 나타난다.

꼭두각시놀이가 시작되면, 우선 대잡이(인형조종사)가 포장막 안에서 부채로 막을 툭툭툭 몇 번 쳐서, 악사들의 음악연주를 중단시킨다. 그리고 대잡이가 "허이(또는 헤이)~허이 허이 허허험 아~헤이~"라는 구음을 장단 없이 1회 선창한다. 이어 산받이도 이를 1회 반복한다.

이어 "떼이루 떼이루 띠어라 따 떼이루 떼이루 떼이루 야하" 구음을 부르면서 앞으로 등장할 인형들을 모두 보여 준다. 인형들이 하나씩 나왔다가 마지막 인형이 퇴장할 때까지 계속해서 "떼이루 ……" 구음을 하청(낮은 곡조)과 상청(높은 곡조)으로 반복하여 부른다. 먼저 대잡이(인형조종자 모두)가 하청으로 "떼이루 ……"를 부르면, 이어 산받이(악사 모두)가 하청으로 이를 반복한다. 다음에 대잡이가 상청으로 "떼이루 ……"를 부르면, 이어 산받이가 상청으로 이를 반복한다.[123] 앞으로 나올 인형들을 모두 등장시켜 보여 주는 장면은 바로 인형극을 시작하면서 악귀를 쫓아내어 놀이판을 정화하고, 신을 청하던 방식에서 유래했음을 짐작할 수 있다. 현재 꼭두각시놀이의 등장 인형들

122 심우성,《남사당패연구》(동문선, 1989), 179면.

123 하청과 상청의 차이는 상청이 첫째, 둘째 마디만 음이 조금 높고, 나머지 마디는 상, 하청의 음높이가 똑같다.

은 신(神)이 아닌 일반적인 배역들이지만, 옛날 제사의식에서 신을 청하던 방식대로 등장 인형들을 청해서 무대로 나오게 하는 것이다.

그리고 대잡이의 구음 무용곡인 "나아 네이 나이나 리리라라 얼수 좋다. 리리리 랏다 리리라라 라리 라리라 라리 라리라"는 박첨지가 춤을 출 때 부르는 것이다. 이 구음은 태평소의 타령가락인데, 박첨지(대잡이)가 등장하여 구음으로 1장단을 먼저 불러서, 태평소와 잽이들의 장단을 타령가락으로 유도한다. 이 구음은 박첨지인형을 청하고, 그가 즐겁게 춤을 추게 하기 위해 부르는 것이다. 그런데 여기에서 '리리리', '리리라라', '라리', '라리라'는 이미 살펴본 바와 같이, 불교 승려들의 시와 어록, 그리고 《금강경오가해》, 《선문염송집》 그리고 고려속요 등에 자주 나오는 구음 '라라리'와 관련된 것이다. 이 불교적 구음들이 꼭두각시놀이에 수용된 것은 남사당패가 바로 불교와 관련이 깊은 놀이패이기 때문일 것이다.

둘째 거리인 피조리거리의 구음 "니나니 난실 나니네 난실, 니나니 난실, 나니네 난실"은 피조리들이 춤을 출 때 부르는 것이다. 이 구음을 피조리 2명과 상좌 2명이 등장할 때까지 하청과 상청을 반복하며 노래 부른다. 먼저 대잡이(인형조종자 모두)가 하청으로 이 구음을 부르면, 이어 산받이(악사 모두)가 하청으로 이를 반복한다. 다음에 대잡이가 상청으로 이 구음을 부르면, 이어 산받이가 상청으로 이를 반복한다. 이 구음은 반주음악을 유도하면서 등장 인형들의 동작을 맞춰주고 흥겹게 춤을 추게 하는 성격과 기능을 갖고 있다.

이상 꼭두각시놀이 구음의 성격과 기능은 중국과 일본의 전통 인형극에서도 마찬가지이다. 동아시아 전통 인형극의 첫 장면에서 부르는 구음은 인형극을 시작하면서 악귀를 쫓아내어 놀이판을 정화하고, 신을 청하던 방식에서 유래했던 것으로 나타난다. 그리고 반주 음악을 유도하면서 등장 인형들의 동작을 맞춰 주고 흥겹게 춤을 추게 하는 성격과 기능을 갖고 있는 구음도 발견된다.[124]

중국 복건성의 괴뢰희는 이원교(도교의 일종), 한국 남사당패의 꼭두각시놀이는 불교와 밀접한 관련을 갖고 있다. 그리고 일본 사도 섬 '노로마 인형'의 선조 격인 구구쓰는 밤이면 온갖 신들에게 제사 지내며 북을 치고 춤추고 떠들면서 복을 빌었으므로, 역시 종교활동과 관련이 있다. 그리고 구구쓰시들이 정착생활을 하면서부터는 불교 사원이나 신사와 관련을 맺고 있었으므로, 일본의 전통 인형극은 계속 종교와의 밀접한 관련 아래 전승되었다. 즉 동아시아 전통 인형극의 첫 장면에 무대를 정화하고 신을 청하는 방식의 구음이 있는 것은 그 연희자들이 종교와 관련된 연희패였기 때문이다. 그리고 이 인형극들의 연희자는 유랑예인집단이었다는 공통점도 있다.

이상과 같이, 한중일의 전통 인형극들은 공통되는 내용을 갖고 있어서 동아시아적 보편성을 띠기도 하지만, 꼭두각시놀이는 한국적 독자성도 갖고 있다. 첫째, 복건성의 괴뢰희에서는 주로 '라리련' 구음을 사용하면서, 라리련 이 세 글자의 순서를 바꾸어 가며 변이시켜 노래하지만, 꼭두각시놀이의 구음은 네 종류나 된다. 그리고 "허이(헤이)~허이 ……", "떼이루 ……", "니나노 난~실 ……"은 하청과 상청이 있어서 노래에 변화를 주고 있다. 더욱이 대잡이와 산받이가 서로 한 번씩 이 구음들을 반복하며 노래하는 것도 특징이다. 구음의 종류가 다양하며 기능도 다양한 것이다.

124 동아시아 전통 인형극 구음의 성격과 기능에 대해서는 이 책 5장 참조.

둘째, 꼭두각시놀이의 "떼이루 ……" 구음의 경우, 중국과 일본에서는 아직 이런 구음을 찾을 수 없었다. 앞으로 중국의 더 많은 인형극들에 대해 조사해 봐야 하겠지만, 현재로서는 이 구음이 한국에서 생겨났거나, 오랜 옛날부터 전승되던 동아시아 유랑예인집단의 인형극 구음이 아직까지 남아 있는 것으로 추정된다.

4장

고려속요의 구음과 '라라리(囉囉哩)'·'라리련(囉哩嗹)'의 관련 양상

1. 머리말

그동안 고려속요의 구음에 대한 연구는 매우 미진했다. 단순히 아무 뜻이 없는 가사로 치부하고 연구의 대상으로 삼지 않는 경향도 있었다. 그러나 이병기는 《시용향악보》 소재의 노래들을 해설하면서, 〈사모곡〉의 "위 덩더둥셩"은 악기 소리를 의성한 것, 〈성황반〉의 "다리러 다로리 로마하 디렁디리 대리러 로마하 도람 다리러 다로링 디러리 다리렁 디러리"는 벽사(辟邪)도 하고 축귀(逐鬼)도 하던 진언(眞言)과 같은 여음, 〈군마대왕〉의 구음은 말 모는 소리, 〈구천(九天)〉, 〈별대왕(別大王)〉의 구음은 단순한 여음으로 보았다.[125] 특히 고려속요의 구음 가운데 벽사도 하고 축귀도 하던 진언 같은 구음이 있다는

125 이병기, 〈시용향악보의 한 고찰〉, 《한글》 113호(한글학회, 1955), 367~393면.

지적이 주목된다.

진동혁은 고려속요의 여음을 "아으", "아소님하", "어긔야" 등 감탄여음, "동동" 등 고(鼓)의 의성여음, "얄리얄리 얄라셩 얄라리 얄라" 등 적(笛)의 의성여음, "나는", "다리", "디리" 등 성음여음으로 나누어 논의했다.[126]

여증동은 〈쌍화점〉의 구음인 "더러둥셩 다리러디러 다리러디러 다로러거디러 다로러"를 〈쌍화점〉의 내용과 관련시켜 해석하여, '다로러'는 아가씨의 다리이고, '거디로'는 징그럽기도 한 회회인의 다리로 보았다. 그래서 이 구음을 "노래들의 흐름을 놓고 보면 흥분으로 들어가서(더러둥셩), 희맑은 아가씨의 허벅지 다리가 가벼운 리듬으로 비비꼬이면서(다리러디러 다리러디러), 나아가 사나이의 억센 움직임으로(다로러 거디러 다로러) 흘러가는 느낌을 받게 되는 것이다."라고 해석했다.[127] 그러나 무가로 간주되는 고려속요 〈내당〉, 〈성황반〉, 〈대왕반〉에도 이와 거의 유사한 구음들이 나오는데, 이 구음들은 〈쌍화점〉처럼 해석할 수 없다. 동일한 구음들이 다른 뜻으로 쓰였을까를 생각하면, 이러한 해석은 설득력이 떨어진다.

이등룡은 〈청산별곡〉의 "얄리얄리 얄라셩 얄라리 얄라"를 국어의 친족어로 생각되는 돌궐어를 통해 "달래달래 외로움 달래라 달래"로 해석했다. 그러므로 이는 "얄리얄리 얄라셩 얄라리 얄라"를 단순한 구음이 아니라, 시적 의미를 지닌 여음구로 보는 견해이다.[128] 그러나

---

126 진동혁,〈시가 여음고〉(고려대 대학원, 1961). 진동혁,〈고려가요의 여음고〉,《수도사대 논문집》 4집(수도사대, 1969), 37~54면.

127 여증동, 〈쌍화점 노래 연구〉,《고려시대의 가요문학》(새문사, 1982), Ⅰ-100~101면.

128 이등룡,《여요석주》(한국학술정보, 2010), 355~358면.

이 구음들도 무가로 간주되는 고려속요 〈대국1(大國一)〉, 〈대국2(大國二)〉, 〈대국3(大國三)〉에서 "얄리얄리 얄라 얄라셩 얄라"로 거의 유사하게 나오는데, 이를 〈청산별곡〉의 경우처럼 해석할 수 없다. 이 역시 동일한 구음들이 다른 뜻으로 쓰였을까를 생각하면, 이러한 해석은 재고를 요한다.

안동준은 〈구천(九天)〉, 〈군마대왕(軍馬大王)〉, 〈별대왕(別大王)〉 등 오직 구음으로만 이루어진 고려속요의 여음구들을 도교 계열 선어(仙語)의 잔영이라고 보았다. 그리고 왕중양의 《중양전진집(重陽全眞集)》 권7 중 〈오경출사랑(五更出舍廊)〉 제7수의 "리라릉(哩囉唥) 리라릉(哩囉唥)", "리라라릉(哩囉囉唥) 리라리(哩囉哩)"와 《수운집(水雲集)》 중 〈도련자(搗練子)〉 제2수의 "라리라 라리릉(囉哩唥) 리릉라(哩唥囉)" 등의 구음이 나오는 노래는 민간전승 도교음악의 일종인 도정(道情)이라고 지적했다. 그리고 원나라 시대 김원숙(金源璹)이 왕중양의 제자 담처단의 시가를 논하면서 "선어(仙語)는 노랫말이 없고 마음으로 전하여 도가 발현하니 신단(神丹)의 비결은 젓대소리이다."라고 말했으므로, 이 구음들은 젓대소리를 흉내 낸 것이고, 또 그것이 노랫말이 없는 선어라고 보았다.[129] 〈구천(九天)〉, 〈군마대왕〉, 〈별대왕〉의 무가적 성격과 관련지어 생각할 때, 매우 의미 있는 해석이다.

그러나 본장의 2절에서 자세하게 살펴보겠지만, 중국에서는 이런 구음들이 도교의 도사들뿐만 아니라 불교 승려들에 의해서도 전승되었는데, 중국 학자들은 이 구음의 원천을 불교로 보고 있다. 이 구

129 안동준, 〈고려노래 '선어'와 민간전승 도교음악〉, 《배달말》 29(배달말학회, 2001.12), 167~183면. 안동준, 〈고려노래 선어와 민간전승 도교음악〉, 《한국도교문화의 탐구》(지식산업사, 2008), 101~119면에 재수록.

음이 불교에서 유래하여 도교로 전해졌다고 보는 것이다. 홍콩중문대학 교수를 역임한 요종이(饒宗頤)는《왕중양전진집》제7권에 수록된 왕중양(王重陽: 1112~1170)의 〈도련자〉에 나오는 "리라릉(哩囉嘮) 리라릉(哩囉嘮)"과《수운집》에 수록된 담처단(譚處端: 1123~1185)의 〈도련자〉에 나오는 "라리릉(囉哩嘮) 리릉라(哩嘮囉)"를 예로 들면서, 왕중양과 담처단은 남송 초기 사람인데, 분명히 '라리'를 화성으로 삼는 오랜 관습을 선승들로부터 차용했다고 보았다. 금나라 때 전진교(全眞教) 여러 도사들이 노래로 전도한 작품에서 특별히 '리라릉' 세 자를 이용해서 조성으로 삼았는데, 그 예가 아주 많다는 것이다.[130] 불교의 선시와 어록에서 "라라리(囉囉哩) 리라라(哩囉囉)" 등의 구음을 노래했던 문수(文邃) 선사, 양기방회(楊岐方會: 992~1049) 선사, 법연(?~1104) 선사, 백운단(1025~1072) 화상 등 불교 승려들의 활동 연대는 만당과 북송(960~1127)시대로서 모두 왕중양, 담처단 등 도교 도사들보다 시기적으로 앞서기 때문에 이런 추정은 설득력이 있다. 더구나 〈구천〉과 〈별대왕〉의 구음은 중국의 남희(南戲)와 복건성의 인형극에서 사용하는 구음과 거의 동일하므로 새로운 해석이 필요하다.

박준규는 한국 고시가의 여음을 감탄어구, 악기의 의성어사, 무의미한 삽입어사, 유의어사로 나누어 고찰했다. 특히 악기의 의성어사를 살펴보면서 이혜구가 소개한 육보(肉譜)를 인용하여, 우리 시가에 나오는 여음 가운데 악기소리를 입으로 흉내내는 육보와 관련된 것도 있음을 지적했다.[131]

---

130 饒宗頤,〈南戲戲神咒 '囉哩嗹'之謎〉,《梵學集》(上海: 上海古籍出版社, 1993), 86면.

131 박준규,〈한국 고시가의 여음 고찰〉,《전남대논문집》8(전남대, 1963), 53~62면.

이혜구는 조보(趙譜)의 만대엽(慢大葉)에 나오는 금(琴)과 적(笛)의 육보 실례를 인용하면서, 지금도 거문고·가야금의 구음을 부를 때는 '덩 둥 당 동 딩'이라 하고, 피리의 구음은 '러 루 라 로 리'라 쓰고 '너 누 나 노 니'라고 발음하며, 해금은 '가 게 기로 ……'라 하고, 대금은 '떼 루 따 또 ……'라고 불러 각각 그 악기의 의음(擬音)을 쓰는데, 악기에 따라 육보가 다 각각이라고 소개했다.[132]

정병욱은 고려속요의 모든 구음을 악기의 구음으로 보았다. 그래서 (1) 피리의 구음으로 볼 수 있는 것으로 〈군마대왕〉, 〈구천〉, 〈별대왕〉, 〈나례가〉의 여음구, (2) 젓대(대금)의 구음으로 볼 수 있는 것으로 〈성황반〉, 〈내당〉, 〈삼성대왕〉, 〈대왕반〉, 〈잡처용〉의 여음구를 들었다. 그리고 (3) 여러 악기의 혼합된 구음으로 이루어진 것으로 〈사모곡〉, 〈서경별곡〉, 〈동동〉, 〈쌍화점〉, 〈정석가〉, 〈정읍사〉, 〈가시리〉, 〈이상곡〉의 여음구를 들었다.[133]

그동안 학계에서는 고려속요의 구음에 대한 여러 학설 가운데 정병욱의 견해가 비교적 설득력이 있는 것으로 간주되어 왔다. 그는 고려속요의 모든 구음을 악기의 구음 즉 악기의 음정을 구음으로 나타낸 이른바 입타령으로 보았다. 이는 매우 주목되는 견해임에 틀림없다. 특히 (3) 여러 악기의 혼합된 구음으로 예를 든 〈사모곡〉의 '덩더둥셩'에서 '덩더둥'은 거문고 구음이고, '셩'은 바라나 징의 의성이라는 지적은 설득력이 있다. 또한 경기민요 〈늴리리야〉의 경우만 봐도 "(후렴) 늴리리야 늴리리야 니나노 난실로 내가 돌아간다. 늴 늴리리

---

132 이혜구, 《한국음악연구》(국민음악연구회, 1957), 8~9면.

133 정병욱, 〈악기의 구음으로 본 별곡의 여음구〉, 《관악어문연구》 제2집(서울대 국어국문학과, 1977.12). 《고려시대의 가요문학》(새문사, 1982), Ⅱ-70~94면에 재수록.

닐리리야. 청사초롱 불 밝혀라. 잊었던 낭군이 다시 돌아온다. 닐 닐 닐리리야"처럼 '닐리리야'라는 구음은 피리소리를 흉내낸 입타령인 것을 인정할 수 있다.

그러나 정병욱이 고려속요에서 피리와 젓대의 구음으로 지적한 (1) 군마대왕, 구천, 별대왕, 나례가와 (2) 성황반, 내당, 삼성대왕, 대왕반, 잡처용의 여음구는 그가 제시한 현행 악기의 구음법, 고악보에 나타난 구음법, 문헌상에 나타난 구음과 별로 일치하지 않는다.

이상규는《시용향악보》〈군마대왕〉의 가사는 고정형 구음법과 변화형 구음법을 가진 적(笛) 구음을 적은 것인데, 그 구음체계가《금합자보(琴合字譜)》(1572)의 적(笛) 구음체계와 비슷하다고 한다. 그래서 〈군마대왕〉의 가사인 구음들을 음의 높낮이를 나타내는 계명구음이라고 보았다.《금합자보》에 적(笛)의 구음으로 '러, 루, 라, 로, 리'가 사용되고 있어서, 〈군마대왕〉의 가사와 유사한 음절들이 나타나기 때문이다. 그러나 실제로는 다음과 같이 〈군마대왕〉의 가사인 구음들이 계명구음으로서 모순을 지니고 있음을 스스로 인정하고 있다.

> (〈군마대왕〉에서) …… '러'는 모두 19회 출현하는데, 그 중 제일 많이 나타나는 宮에서 고정형 구음으로 쓰인다. 그런데 '러'로 구음되는 下二의 경우 다른 구음으로 쓰인 예가 없어, 下二 역시 '러'가 고정형 구음으로 보인다. 이는 동일한 구음으로 다른 음을 동시에 나타낸다는 모순을 지니고 있기는 하지만,《시용향악보》시절에는 구음 '러'가 宮과 下二 모두에 쓰였을 것으로 생각할 수도 있겠다. ……
>
> 〈군마대왕〉 제1행 1정간의 上一은 후음(後音)인 宮보다 높은 음이므로 '리'로 구음하고, 宮과 下一은 각각 고정형 구음 '러'와 '루'를 사용하였

다. 제2행 4정간의 上一도 앞 뒤 음보다 높아 '리'로 구음하였고, 다른 음들은 고정형 구음으로 기록되었다.

그러나 제3행에서는 이러한 규칙이 어긋난다. 제3행 1정간의 宮은 고정형 구음과 같은 모음을 사용하고 있으나 받침이 첨가되었고, 6정간과 14정간의 上一은 각각 '러'와 '루'로 구음을 하였다. 그런데 '런'이 (宮의) 구음으로 사용된 예는 더 이상 나타나지 않아 그 용례를 알 수 없으며, 上一이 '러'와 '루'로 구음된 예도 없으므로, 이 부분은 다른 악보의 출현을 기다려야 할 것으로 생각된다.[134]

이상과 같이, 결국 구음으로만 짜인 〈군마대왕〉의 가사를 적음(笛音)의 높낮이를 나타내는 계명구음으로 보기에는 모순되는 내용이 많다. 예를 들어 '러'는 모두 19회 출현하는데, 下二를 2회, 宮을 15회, 上一 을 2회 사용하고 있다. '러'가 세 개의 계명을 사용한다는 이야기인데, 그렇다면 이것은 계명구음으로서의 의미가 없는 셈이다. 더구나 《시용향악보》〈구천〉에도 "리로 리런나 로리 라리 로런나 로라리 리리 로리런 나오 리런나 나리런나 로런나 로라리 로리런나"처럼 구음으로만 된 가사에 적(笛) 구음인 '라, 로, 리'는 나오지만 '러, 루'는 나오지 않는다. 또 적(笛) 구음이 아닌 '런'이 7회나 나오고, '나오'도 나온다. 특히 《시용향악보》에서는 〈구천〉에 나오는 '런'을 宮뿐만 아니라 下二, 下四로 구음을 하였다. 또한 〈별대왕〉은 "노런나 오리나 리라리 로런나 니리 리런나 나리나 리런나 로로런나 리런나

134 이상규, 〈시용향악보 소재 군마대왕의 구음법〉, 《온지논총》 제2집(온지학회, 1996). 《국악기 구음법의 사적 고찰》(서울대 박사학위논문, 2003), 151~155면에서 재논의.

로로런나 리런나"라는 구음으로 이루어진 노래인데, '런'을 上一, 宮, 上二, 下一, 下二로 구음을 하고 있다. 이는 이 구음들이 계명구음이 아닌 것을 나타낸다. 따라서 필자는 〈군마대왕〉의 구음을 적음(笛音)의 높낮이를 나타내는 계명구음으로 보는 것에 동의하지 않는다.

한편 조선 초기의 《시용향악보》에 전하는 〈구천(九天)〉, 〈군마대왕(軍馬大王)〉, 〈별대왕(別大王)〉은 조선 전기에 연주된 무가(巫歌)인데, 노래 전체가 구음으로만 되어 있다는 점에 주목해 보자. 이 노래들의 구음을 의미 없는 가사로 간주하고, 더욱이 악기의 구음으로 보는 것은 자연스럽지 않다. 무가라면 신을 청하는 내용 또는 신에게 소원을 비는 내용 등 주술적인 것이어야 한다. 그런데 무가를 의미 있는 가사 없이, 단지 악기 소리를 흉내낸 구음으로만 부른다는 사실은 이치에 맞지 않는다. 그러므로 이 구음들을 진언이나 주술적인 구음으로 보는 것이 자연스럽다.

마침 김학성은 무가 계통 고려속요로 간주되는 〈성황반〉에 대해 다음과 같이 매우 설득력 있는 견해를 제시했다.

> 이 노래의 어법과 수사(修辭)는 민간신앙의 다양한 신격을 호칭하는 돈호법(頓呼法)이 중심을 이루고 있다. 이때의 돈호법은 단순히 신격의 이름을 불러 듣는 사람의 주의를 강하게 환기시키는 수준에서 머무는 것이 아니라, 신격을 맞이하여 좌정시키고 예배를 올리는 영신(迎神)과 청배(請拜)의 기능을 갖는다.
>
> 이 노래에 칭명(稱名)된 신격을 들면, 지국천왕 · 광목천자천왕 · 증장천왕 · 비사문천왕 등 동서남북의 사방신을 비롯하여 황사목천왕(黃四目天王)까지 오방신(五方神)이 두루 등장한다. 이 노래도 다른 속요와 마찬가

지로 여음이 삽입되어 있는데, 이 여음은 단순히 악기의 소리를 흉내낸 구음이라기보다 일종의 주술적 기능을 갖는 진언(眞言)으로 보는 것이 타당할 듯하다.[135]

이와 같이, 김학성은 〈성황반〉의 구음에 대해 단순히 악기의 소리를 흉내낸 구음이라기보다 일종의 주술적 기능을 갖는 진언으로 보았다. 그러나 이 구음이 구체적으로 어떤 진언인지는 밝히지 않았다. 〈성황반〉뿐만 아니라 〈구천〉, 〈군마대왕〉, 〈별대왕〉, 〈대국1〉, 〈대국2〉, 〈대국3〉, 〈내당〉, 〈대왕반〉, 〈나례가〉 등 무가 계통의 고려속요에 나오는 구음은 대부분 진언에 해당할 것으로 추정된다.

그런데 〈성황반〉에서는 신격이 지국천왕·광목천자천왕·증장천왕·비사문천왕·황사목천왕으로 불교 오방신(五方神)이다. 〈내당〉에서는 신격(神格)이 '성인무상(聖人無上)'·'양산대륵(兩山大勒)'과 같은 부처나 보살 또는 큰미륵보살로 설정되어 있다. 그러므로 이 노래들은 순수한 무가라기보다는 무속과 불교가 절충된 형태의 무가로 간주된다. 그렇다면 이상의 무가 계통 고려속요에 나오는 구음들은 불교의 진언일 가능성도 있다.

이때 주목되는 것이 불교 구음 '라라리(囉囉哩)'와 여기에서 파생된 '라리련(囉哩嗹)'이다. 중국에서는 '라라리(囉囉哩)'가 '라리리(囉哩哩)', '리라라(哩囉囉)', '리라리(哩囉哩)', '라리라(囉哩囉)', '라리(囉哩)', '나라리(那羅離)', '랄리(剌哩)', '리라릉(哩囉嘚)', '야리리', '야리라', '야리라리', '아리리' 등으로 변이되어 나타난다. '라리련(囉哩嗹)'도 '리련라

135 한국정신문화연구원, 《한국민족문화대백과사전》, 성황반 조.

(哩嗹囉)', '라라련(囉囉嗹)', '라련라(囉嗹囉)', '련라련(嗹囉嗹)', '리라련(哩囉嗹)', '로리련(嘮哩嗹)' 등으로 변이되어 나타난다. 원래 이 구음들은 아무 의미 없는 가사가 아니다. 중요한 의미를 담고 있는 불교 구음으로서 주술적 진언에 해당한다. 중국에서는 이 불교 진언들이 도교와 무속에도 전해져서, 도교의 도사들과 무당들도 이 구음들을 노래했다. 그런데 이 구음들이 무가 계통 고려속요에서도 그대로 발견된다. 그러므로 본장에서는 고려속요의 구음 가운데 '라라리' 및 '라리련'과 관련된 것들을 중심으로 논의를 전개하고자 한다.

2. 불교적 구음으로서의 '라라리', '라리련'

그동안 중국에서는 '라리련(囉哩嗹)'의 유래와 관련하여 (1) 범문(梵文) 로류로루(魯流盧樓) 유래설, (2) 범곡(梵曲) 〈라리라(羅犁羅)〉 유래설이 제시되었다.

(1) '라리련'의 범문 로류로루 유래설은 홍콩중문대학 교수를 역임한 요종이(饒宗頤)가 제시한 것인데, 후자보다 더 설득력이 있다. 정혜(定惠)는 〈실담장(悉曇章)〉 서문에서 "구마라집(鳩摩羅什: 344~413)의 통운(通韻)은 로류로루(魯流盧樓)로 시작한다."라고 말했다. 구마라집의 〈통운〉과 그 후 현장의 저작 및 육조 이래 중국 불교법전 중에서 다음과 같이 로류로루(魯流盧樓)의 다양한 음역의 사례를 살펴볼 수 있다.

1. 로류로루(魯流盧樓): 《大般涅槃經》, 구마라집의 제자 혜엄(慧嚴) 번역의

《대정장(大正藏)》12, 655면.

2. 리리루루(釐釐樓樓): 同上經, 法顯 譯.

3. 리리율율(唎唎栗栗): 同上, 日本宮內本.

4. 리리루루(離離樓樓): 同上, 日本宮內別本.

5. 리리려로(哩哩口呂嚧): 不空, 空海 譯 〈悉曇章〉

6. 리려로로(哩黎魯盧): 惟淨

7. 리리리리(唎唎利利): 淸 〈同文韻統〉(天竺字母譜)

열반경에 의하면, 로류로루(魯流盧樓)는 네 가지 뜻이 있다. 즉 불(佛), 법(法), 승(僧)과 대법(對法)이다. 바로 이런 이유로 당나라 사람들이 불교 찬가를 지을 때, 이 네 글자를 사용하여 화음으로 삼았을 것이다. 당나라 때는《열반경》, 〈실담장〉에 나오는 '로류로루' 네 글자를 화음으로 삼았지만, 후세에 점차 아주 복잡한 변화가 일어났다. 위의 사례로부터 알 수 있듯이, 불공과 공해의 번역에서는 이미 '리리려로(哩哩口呂嚧)'로 변했다. 로류로루는 처음에는 화성(和聲)이었지만, 후대에는 주문(呪文)으로 바뀌었다.[136]

그러나 중국 학자들은《열반경》, 〈실담장〉 중의 로류로루(魯流盧樓)가 후대에 '라라리(囉囉哩) 리라라(哩囉囉)'와 '라리련'의 두 구음으로 나뉘어 전승되는 측면을 주목하지 못한 듯하다. 이는 '라라리 리라라'와 '라리련'의 두 구음을 주로 남희의 희신 주문인 '라리련'과 관

136 饒宗頤, 許章眞 譯, 〈梵文四流母音 RRLL與其對中國文學之影響〉, 《梵學集》(上海: 上海古籍出版社, 1993), 187~194면에서 요약 인용. 이상의 원전에 대한 논의는 이미 이 책 1장 중국의 '라라리', '라리련' 구음의 존재 양상에서 진행했으므로 여기서는 생략한다.

련시켜 고찰했기 때문이다. 이들은 주로 중문학자이거나 연극학자들이기 때문에, 남희와 복건성의 괴뢰희에서 사용되는 '라리련(囉哩嗹)'의 유래, '라리련(囉哩嗹)'의 분포 양상과 그 기능에 대해 고찰했다. 그래서 '라라리 리라라', '라리련'과 이 구음들로부터 파생된 구음들을 대부분 '라리련(囉哩嗹)'과 관련시켜 논의했던 것이다.

그러나 필자는《열반경》,〈실담장〉중의 로류로루(魯流盧樓)가 후대에 불교 분야에서는 '라라리 리라라'와 여기에서 파생된 '리리라', '라리라' 등의 구음을 중심으로 전승되었다고 본다. 그리고 남송대 남희 등의 희곡 작품에서는 처음에 '라라리', '리라라'와 여기에서 파생된 '리리라', '라리라' 등의 구음을 중심으로 전승되다가, 점차 '라리련'과 여기에서 파생된 '리라련', '라련리', '련리련' 등이 섞여 사용된 것으로 본다.

그 이유는 만당(晩唐)과 송대 불교 승려들의 시와《금강경오가해(金剛經五家解)》,《선문염송(禪門拈頌)》등 불교 서적에서는 한결같이 '라라리', '리라라'와 이 구음의 변이형인 '리리라', '라리라' 등만 나타나고, '라리련'과 거기에서 파생된 '리련라', '련리련' 등의 구음은 나타나지 않기 때문이다. 그래서 불교에서는《열반경》,〈실담장〉중의 로류로루(魯流盧樓)가 리리루루(氂氂樓樓), 리리율율(唎唎栗栗), 리리루루(離離樓樓), 리리려로(哩哩口呂嚧), 리려로로(哩黎魯盧), 리리리리(唎唎利利)의 변이과정을 거쳐, 만당부터 '라라리', '리라라' 또는 여기에서 파생된 '리리라', '라리라' 등의 구음으로 전승되어 왔음을 알 수 있다.

그런데 중국 학자들의 논문에서 소개한, 남송대의 남희부터 명청대의 희곡 작품은 모두 만당과 송대 불교 승려들이 시와 어록에서 노래한 '라라리(囉囉哩)'보다 후대의 작품들이다. 따라서 남송대의 남희부터 명청대의 희곡 작품에 나오는 '라라리', '리리라', '리라리', '라리련' 등은 모두 불교 구음 '라라리'와 '리라라'로부터 유래했음을 알 수 있다. '라리련(囉哩嗹)'은 주로 남희와 괴뢰희의 희신(戱神) 주문(呪文)으로 사용되었다. 이는 명대 유명한 극작가 탕현조(湯顯祖: 1550~1616)가 지은 〈의황현희신청원사묘기(宜黃縣戱神淸源師廟記)〉, 구준(邱濬: 1420~1495)이 지은 〈오륜전비충효기(伍倫全備忠孝記)〉 등의 남희, 그리고 현재 복건성에서 전승되고 있는 연극과 괴뢰희 등을 통해 살펴볼 수 있다.

(2) 라리련(囉哩嗹)의 범곡 〈라리라(羅犁羅)〉 유래설은 강보성(康保成)이 제시한 것이다. 이는 '원대(元代)의 라리회회(囉哩回回) 유래설'이라고 부를 수도 있다. 그는 페르시아와 인도의 음악은 일찍이 실크로드를 통해 중국에 전래되었는데, 천축(인도)의 악곡 〈라리라(羅犁羅)〉를 라리인(囉哩人)의 음악으로 보았다. 라리인(囉哩人) 또는 라리회회(囉哩回回)는 집시를 가리키는 말이다.[137] 그는 늦어도 진(西晉: 265~316,

137 양지구(楊志玖)는 원대(元代)에 페르시아에서 중국으로 이주한 집시들을 라리인(囉哩人)이라고 보았다. 라리(囉哩)는 또한 라리(羅里), 랄리(剌里), 로리(盧里), 류리(柳里) 등으로도 쓰는데, 페르시아 발음으로는 루리(Luri) 또는 로리(Lori)이다. 그 뜻은 뻔뻔하다, 방탕하다, 귀여운 사람, 음악가, 경박한 여자, 길거리 거지, 집시 등인데, 그 원시적 의미는 집시이다. 라리인은 원래 인도에 거주했는데, 5세기에 만 명의 가수들이 페르시아(이란)에 도착했고, 10세기에 모두 강제로 페르시아에 들어온 후 서쪽이나 북쪽으로 이주하여 유럽 각지로 퍼졌다. 그들은 원나라 대덕(1297~1307) 연간에 중국에 도착했고, 주로 감숙성, 섬서성 일대에 거주했다. 그들은 이슬람교를 믿었기 때문에 라리회회(囉哩回回)라고도 불렸는데, 명청 시기에는 라리호(囉哩戶) 또는 라적(囉賊)이라고 불렸다.

이들에게 라리(囉哩)라는 명칭을 사용하게 된 것에 대해, 양지구는《伊斯蘭百科全書》의 추측에 동의한다. 이는 아마도 그들의 최초 거주지인 인도 북부의 Arūr 또는 al~Rūr과 관련이 있는데, Arōri/ Rūri로부터 Lōri/Lūri로 바뀐 것은 어운학상의 두 개 r의 이화(異化)규칙이라고 지적했다. 楊志玖, 〈元代的吉普賽人-囉哩回回〉,《歷史硏

東晉: 317~420)나라 때 전래된 범곡(梵曲) 〈라리라(羅犁羅)〉가 '라리련(囉哩嗹)'의 원천이 되었다고 본다. 당나라 남탁(南卓)의 《갈고록(羯鼓錄)》에 첨부된 〈제궁곡(諸宮曲)〉의 〈태주궁(太簇宮)〉 아래에 〈라리라(羅犁羅)〉라는 곡명이 있는데, 갈고는 본래 서북 소수민족의 악기이므로, 〈라리라〉는 의심할 바 없이 서역 악곡이라고 지적한다. 또한 《사고전서제요(四庫全書提要)》에 "태주를 썼다는 것은 갈고는 태주를 항상 위주로 삼았기 때문이다. 또한 여러 불곡(佛曲)에는 10조(調)가 있고, 식곡(食曲)은 32조가 있는데, 조명(調名)은 또한 범어를 많이 사용한다. 이는 본래 구자(龜兹, 쿠처), 고창(高昌, 투루판), 소륵(疏勒, 카시가르), 천축(天竺, 인도)에서 사용했기 때문이다."[138]라는 내용을 통해 〈라리라〉가 본래 범어임을 알 수 있다는 것이다.

그리고 명나라 양신의 《단연여록(丹鉛余錄)》 권9에 "진나라 때에는 선비들의 청담과 현묘한 이야기뿐만 아니라, 스님들의 이야기도 들을 만했다."라는 내용으로 볼 때, '라리라'는 아마도 범패(梵唄) 혹은

究》(1991年 第3期), 40~46면 참조.

현재 집시가 인도 북부로부터 출발하여 전 세계로 퍼졌다는 학설이 거의 정설로 인정된다. Jean-Paul Clbert, trans. by Charles Duff, *The Gypsies*(Penguin Books, 1970); 콘라드 베르코비치 지음, 조윤정 옮김, 《집시-바람의 노래를 들어라》(파스칼북스, 2003); 앵거스 프레이저, 운은실 옮김, 《집시, 어디서 왔다가 어디로 가는가》(에디터, 2005) 참조.

강보성(康保成)은 양지구의 견해를 수용하면서 여러 문헌자료를 고찰한 후, 일곱 가지 증거를 들면서 라리가 바로 송원(宋元: 960~1368)시대의 유랑예인인 노기(路歧)라고 보았다. 라리회회에 대한 자세한 논의는 졸고, 〈아라리' 구음의 보편성과 한국적 독자성〉, 《Comparative Korean Studies》 Vol.20 No.2(국제비교한국학회, 2012.8), 328~329면 참조.

138 惟用太簇者 以羯鼓惟主太簇一均故也. 又有諸佛曲十調 食曲三十二調 調名亦多用梵語 以本龜兹高昌疏勒天竺四部所用故也.

게어(偈語)와 함께 중국에 들어왔을 것인데, 《오등회원(五燈會元)》 등 선종어록 가운데 '라리라'가 왕왕 게어와 관련이 있다는 것을 방증으로 삼을 수 있다고 한다. 동시에 동한, 진(晉)나라 때 서역에서 온 승려들이 왕왕 유방(遊方, 승려들이 여기저기 돌아다니는 것), 화연(化緣, 승려들이 탁발하는 것)의 형식을 이용하여 불법을 선양했는데, 그 후 민간의 구나(驅儺)인 타야호(打野狐)와 서로 결합하여, '리리연화(哩哩蓮花)'가 삽입된 화음의 '연화락(蓮花落)'[139] 형식이 형성되었다고 보았다.[140]

그러나 이미 (1) '라리련'의 범문 로류로루 유래설에서 살펴본 바와 같이, 범어 불(佛), 법(法), 승(僧), 대법(對法)의 음역인 로류로루(魯流盧樓)는 리리루루(釐釐樓樓), 리리율율(唎唎栗栗), 리리루루(離離樓樓), 리리려로(哩哩口呂嚧), 리려로로(哩黎魯盧), 리리리리(唎唎利利) 등으로도 음역되었다. 이후 불교 승려들의 선시와 불교 서적 등에 보이는 '라라리(囉囉哩)'는 바로 범어 불, 법, 승, 대법의 음역인 '로류로루', '리리루루' 등으로부터 유래한 것이다. 그러므로 본고에서는 이상의 근거와 함께 동아시아문화권에 끼친 불교의 영향을 고려하여, '라라리', '라리련'의 범문 로류로루 유래설을 바탕으로 논의를 진행할 것이다.

한중일 등 동아시아 국가들에서 이 구음들은 불교 승려들의 선시와 불교 서적뿐만 아니라 연극, 가면극, 인형극, 문인들의 한시, 고려

---

139 연화락은 불교에서 모화(募化)를 하기 위해 연창(演唱)하던 것이었는데, 일반 서민들의 환영을 받아 속곡(俗曲)으로 발전하는 한편, 가난한 거지들이 구걸을 할 때도 배워 부르게 된 것이라 여겨진다. 그것은 특히 탁발을 하는 중들이 간혹 창하면서, 불쌍한 거지들에게도 창하는 방법을 가르쳐준 때문인지도 모른다. 김학주, 《중국의 희곡과 민간연예》(명문당, 2002), 258면.

140 康保成, 〈囉哩嗹與中國戲曲的傳播〉, 《儺戲藝術源流》(廣州: 廣東高等教育出版社, 2005), 77~102면.

속요, 민요 등에서도 널리 사용되었다. 강보성의 지적처럼, 이 구음들의 유포에는 탁발승과 집시(라리회회) 등 유랑예인들이 모두 기여했을 것으로 생각된다. 또한 조지아와 아르메니아의 민요, 터키의 민요와 인형극 등에서 발견되는 이 계통의 구음들은 집시들이 전파한 것으로 보이기 때문에, 범곡 〈라리라〉 유래설도 참조하고자 한다.

중국 학자들은 주로 남희와 복건성의 괴뢰희에서 사용되는 '라리련(囉哩嗹)'의 유래와 분포 양상 및 기능에 대해 고찰했다. 우선 '라리련'은 《열반경》, 〈실담장〉 중의 '로류로루'로부터 유래했고, 이 구음은 불교 승려들, 전진교(全眞敎)의 도사들, 민간의 무격(巫覡)들이 부른 것 등 종교적 노래로 나타난다고 한다. 그리고 당대(唐代)부터 현대에 이르기까지 사(詞), 소령(小令), 금곡(琴曲), 민가(民歌)뿐만 아니라, 남희, 잡극, 전기, 지방희, 나희(儺戲, 가면극), 괴뢰희(傀儡戲, 인형극) 등 다양한 문학예술 장르 속에서 여러 가지 유형의 '라리련' 소리가 발견되고 있음을 밝혔다.

그러면 이제 중국에서 불교 승려들이 노래한 '라라리(囉囉哩)' 관련 구음의 사례를 살펴보자.

> (가) 당에 올라 "다음 날 단신으로 나라를 위해 출전했다가 승리를 거두고 돌아오는데, 길을 가득 메우고 노래를 불렀다."라고 말했다. 대중이 "무슨 노래였습니까?" 하고 물었다. 대답하기를 "라라리(囉囉哩) 라라리(囉囉哩) 또한 누가 화답할 수 있는가?"라고 했다.[141] (송나

---

141 上堂云, "明日匹馬單鎗, 爲國出戰, 得勝回戈之日, 滿路歌謠", 大衆, "作麼生是歌謠一曲?" 乃云, "囉囉哩, 囉囉哩, 還有人和得麼?"

라 재량(才良) 등의 《법연선사어록(法演禪師語錄)》 상권)

(나) 풍주 흠산의 문수선사는 복주인이다. …… 당에 올라 대중들을 돌아보며 말했다. "있는가? 있는가? 만약 없다면, 흠산은 〈보살만〉(詞의 곡조 중 하나)을 부르며 가겠다. 라라리리(囉囉哩哩)" 그러고는 내려왔다.[142] (송나라 보제(普濟)의 《오등회원(五燈會元)》 제13권)

이와 같이, (가) 《법연선사어록》에 "라라리(囉囉哩) 라라리(囉囉哩)", (나) 《오등회원》에 문수선사가 노래한 "라라리리(囉囉哩哩)"가 보인다. 이 외에도 송나라 색장주(賾藏主)가 편집한 《고존숙어록(古尊宿語錄)》 제29권 〈서주용문불안화상어록(舒州龍門佛眼和尙語錄)〉에 "리리라(哩哩囉) 라라리(囉囉哩)", 《오등회원(五燈會元)》 제6권에 백운단 화상이 읊었던 "라리라(囉哩囉)"가 있다.

다음에는 중국에서 도교 도사들이 '라라리'와 관련된 구음을 부른 사례를 살펴보자.

(다) 원숭이가 말을 타고 어리석음을 드러낸다. 붙잡기도 어려운데 어찌 놓아줄 것인가? 리라릉(哩囉㖮) 리라릉(哩囉㖮).[143] (《왕중양전진집(王重陽全眞集)》 제7권의 〈도련자(搗練子)〉)

(라) 명주 다듬이질 어떠한가? 종전의 죄업이 소리없이 사라지네. 라리

---

142 澧州欽山文邃禪師, 福州人也. …… 上堂顧視大衆曰, "有麼? 有麼? 如無, 欽山唱 〈菩薩蠻〉去也, 囉囉哩哩." 便下座.

143 猿騎馬, 呈顚傻, 難擒難捉怎生捨. 哩囉㖮 哩囉㖮.

릉(囉哩嘮) 리릉라(哩嘮囉).[144] (《수운집(水雲集)》의 〈도련자(搗練子)〉)

(다)는《왕중양전진집》제7권에 수록된 왕철(王喆: 1112~1170)의〈도련자(搗練子)〉에 나오는 "리라릉(哩囉嘮) 리라릉(哩囉嘮)"이다. (라)는《수운집》에 수록된 담처단(譚處端: 1123~1185)의 〈도련자(搗練子)〉에 나오는 "라리릉(囉哩嘮) 리릉라(哩嘮囉)"이다. 금나라 때 전진교(全眞教) 여러 도사들이 노래로 전도한 작품에서 특별히 '리라릉' 세 자를 이용해서 조성으로 삼았는데, 그 예가 아주 많다.

이제 중국의 무당들이 부른 무가에서 '라라리'와 관련된 구음을 부른 사례를 살펴보자.

(마) 소흥 9년에 시랑 장연도는 무석 남선사에 살고 있었다. 그 딸이 신선을 청하는데 홀연 "구화천선이 강림하네"라고 쓰길래 누구냐고 물었다. 그러자 "세상 사람들이 청하는 무산신녀입니다."라고 대답했다. 대곡〈석노교〉1편을 지으니 모두 9결이었다. 아홉 번째 곡을 귀(歸)라 했는데, 그 가사에서 이르길 "나는 돌아가네, …… 리라리(哩囉哩)."라고 했다.[145] (송나라 홍매(洪邁)의《이견지(夷堅志)》제13권 '구화천선(九華天仙)' 조)

(마)는 송나라 홍매의《이견지》제13권 '구화천선(九華天仙)' 조인

---

144 搗練子, 具如阿. 從前罪孽暗消磨. 囉哩嘮 哩嘮囉.

145 紹興九年, 張淵道侍郎家居無錫南禪寺, 其女請大仙. 忽書曰, "九華天仙降." 問爲誰? 曰, "世人所請巫山神女者是也." 賦〈惜奴橋〉大曲一篇凡九闋. …… 其弟九曰'歸', 詞云 "吾歸矣, …… 哩囉哩."

데, 무가에 "리라리(哩囉哩)"를 삽입하고 있다. 그리고 현재 중국의 강소성 태호(太湖) 일대에 전해지는 신가(神歌) 즉 무가 〈접락래(接樂來)〉에도 '라라리'와 관련된 구음이 나온다.

> (바) 오 지역의 방언으로 무당이 노래하는, 7자구를 기초로 하며 곡조는 호가와 선권조 사이에 끼여 있는 초기 오가의 일종이다. 매 절을 노래할 때마다 향민들이 '락아락락래, 락아리리리락아락리락래'를 받아 부르기에 접락래라 부른다. 가볍고 경쾌한 분위기를 조성하여 신을 즐겁게 하려는 것이다.[146]

(마) '구화천선(九華天仙)' 조에 나오는 무석을 낀 호수가 태호이므로, 동일한 지역인 (바) 무당의 무가에서 "락아락락래, 락아리리리락아락리락래" 하고 노래하는 〈접락래〉는 송나라 홍매가 언급했던 '리라리'의 전통을 계승했을 가능성이 높다.

송원 이후 '라라리'는 신속히 연극 가운데 들어갔다. 송원 이후 연극에서는 '라라리'와 함께 이것이 변이된 '라리련'이 많이 쓰이고 있다. 그래서 현재는 '라리련(囉哩嗹)'이 이 구음들의 대표적 명칭으로 사용되고 있을 정도이다. 원대 북곡(北曲) 〈랑래리(浪來里)〉, 〈고과랑래리(高過浪來里)〉의 곡패는 '라라리'로부터 온 것이다. 제궁조(諸宮調) 〈동서상(董西廂)〉; 남희(南戲) 〈장협장원(張協狀元)〉; 잡극(雜劇) 〈서상기(西廂記)〉; 명나라 전기(傳奇) 〈백토기(白兎記)〉, 〈향낭기(香囊記)〉, 〈여경

---

146 司祝用吳語誦唱, 以七字句爲基礎, 曲調介于湖歌与宣卷調, 是早期的一種吳歌, 每唱一節, 鄉民接'樂啊樂樂來, 樂啊哩哩樂啊樂哩樂來', 稱接樂來, 形成輕松愉悅氣氛, 以此娛神. 薺鐵民 · 陣俊才, 《中國民間文化 – 地方神信仰》(學林出版社, 1995), 164면.

기(荔鏡記)〉, 〈여지기(荔枝記)〉, 〈유희필금채기(劉希必金釵記)〉; 명 잡극 〈단계전합(丹桂鈿合)〉 등에는 모두 '라라리'와 '라리련'의 연창(演唱)이 삽입되어 있다. 현재까지 계속해서 복건성의 이원희(梨園戲), 보선희(莆仙戲), 괴뢰희(傀儡戲), 광동성 조주(潮州)의 백자희(白字戲), 운남성의 이극(彝劇), 광서성의 사공희(師公戲)에는 여전히 모두 완정한 단락으로 연창하거나 곡의 시작, 중간 또는 끝부분에 화성으로 '라리련'을 연창하는 습관이 남아 있다.[147]

현재 중국 복건성의 이원희, 괴뢰희의 개장곡(開場曲, 연희를 시작하는 노래)에서 놀이무대를 정화하거나 희신(戲神) 전원수(田元帥)가 무대에 등장할 때 구음 '라리련'을 사용한다. 복건성 수녕현(壽寧縣) 대양촌(岱陽村)의 원소복(元宵福)과 이원교(梨園教, 도교의 일종)의 괴뢰희 〈화광전(華光傳)〉에서는 '라리련(囉哩嗹)'을 "라리련(囉哩嗹), 리련라(哩嗹囉), 라리리(囉哩哩), 라라련(囉囉嗹), 라련라(囉嗹囉), 련라련(嗹囉嗹), 라라련(囉囉嗹), 리라련(哩囉嗹)"처럼 변이시키면서 이어서 노래한다.[148]

이전에 북경(北京)의 소곡(小曲) 중에서 또한 "라리련 련리라(囉哩連 連哩囉)"를 불렀는데, 노래와 노래 사이의 간주로 삼았다.

현재 말레이시아에서 유행하는 진공교(眞空教) 경전에서도 "박수치고 하하 라리(囉哩)를 부르네", "서방길 위에서 라리(囉哩)를 부르네"[149] 등의 문구를 볼 수 있다.

이 외 베트남 불전총간본(佛典叢刊本) 《진조일존불전록(陳朝佚存佛典

147 康保成, 앞의 글, 80면.

148 葉明生, 〈壽寧縣岱陽村的元宵福與梨園教之傀儡戲〈華光傳〉〉, 《民俗曲藝》 第122, 123期(台北: 財團法人 施合鄭民俗文化基金會, 2000), 156면.

149 拍掌呵呵唱囉哩, 西方路上唱囉哩.

錄)》의 〈상사어록(上士語錄)〉 중, 천연거사(天然居士) 왕여법(王如法)의 〈찬(讚)〉에서 "희롱을 등한히 하고 현금(絃琴)이 없네. 마을에서 춤추고 노래할 때(社舞村歌) 라리를 읊네. 리라라(哩囉囉) 라리리(囉哩哩). 이는 궁상각치우에 속하지 않네."[150]라는 내용이 보인다.

이상과 같이, '로류로루', '라라리', '라리련'을 화음의 기교로 삼았던 전통은 구마라집부터 현대까지 전해 왔다. 《열반경》, 〈실담장〉은 뜻하지 않게 중국문학에 8세기 동안 영향을 주었고, 심지어 불교·도교·무속 등 종교인들의 글에서도 그 흔적을 찾을 수 있다.[151]

3. 고려속요의 구음과 '라라리', '라리련'

조선 초기의 《시용향악보》에 전하는〈구천(九天)〉, 〈군마대왕(軍馬大王)〉, 〈별대왕(別大王)〉은 조선 전기에 연주된 무가(巫歌)로 간주되는데, 여기에 바로 '라라리' 및 '라리련'과 관련된 구음이 보인다. 이 노래들은 가사가 전부 구음으로만 되어 있다. 이 노래들은 무가 계통으로 간주되기 때문에, 무가라면 신을 청하는 내용 또는 신에게 소원을 비는 내용 등 주술적인 것일 듯하다. 이미 지적한 바와 같이, 김학성

150 等閒戲弄沒絃琴 社舞村歌且囉哩 哩囉囉 囉哩哩 不屬宮商角羽徵.

151 이상 중국에서 역대 불교 승려, 도교 도사, 무당 그리고 연극, 인형극, 민요 등에 수용된 '라라리'와 '라리련' 관련 구음에 대한 더 많은 사례와 자세한 논의는 다음 글들을 참조할 것. 饒宗頤, 〈南戲戲神咒 '囉哩嗹'之謎〉, 《梵學集》(上海: 上海古籍出版社, 1993), 85~88면 및 안상복, 〈라리련(囉哩嗹)과 아리랑 – 그 현상과 의미〉, 《중국학보》 제59집(한국중국학회, 2009), 135~140면. 이 책 〈1장. 중국의 '라라리(囉囉哩)'·'라리련(囉哩嗹)' 구음의 존재 양상〉.

은《시용향악보》에 전하는 고려속요 〈성황반〉의 구음을 단순히 악기의 소리를 흉내낸 구음이라기보다 일종의 주술적 기능을 갖는 진언으로 보았다. 더구나 위 세 노래의 가사는 전부 구음으로만 되어 있기 때문에, 주술적 기능을 갖는 진언으로 보는 것이 자연스럽다.

〈구천〉은 "리로 리런나 로리 라리 로런나 로라리 리리 로리런 나오리런나 나리런나 로런나 로라리 로리런나"라는 구음으로 이루어진 노래이다.[152] 여기에서 로라리는 바로 '라라리'이고, 리리, 리로(리라)는 '라라리'의 변이형이다. 이미 1장에서 살펴본 바와 같이, 송대《법연선사어록》 상권의 "라라리(囉囉哩) 라라리(囉囉哩)", 송대《고존숙어록》 제29권 〈서주용문불안화상어록〉의 "리리라(哩哩囉) 라라리(囉囉哩)", 송대《오등회원》 제13권의 문수선사가 노래한 "라라리리(囉囉哩哩)", 같은 책 제6권의 백운단 화상이 읊었던 "라리라(囉哩囉)"를 통해서, 이 구음들도 '라라리'에서 파생되었음을 알 수 있다.

또한 로리런은 바로 라리련(囉哩嗹)이다.[153] 왜냐하면 〈구천〉에서 '로'와 '라(나)'는 서로 통하고 있기 때문이다.[154] 리런나는 라리련의 변화형인 리련라(哩嗹囉), 로런라는 라리련의 변화형인 라련라(囉嗹囉)와 그대로 일치한다. 그리고 나리런나에서 나리런은 라리련, 리런나는 리련라와 일치한다. 이미 1장에서 살펴본 바와 같이, 복건성 수녕

152 구천은 아무 뜻이 없는 구음(口音)으로만 되어 있으며, '구천'이라는 제목은 '구천현녀(九天玄女)'를 줄인 말로서 이는 중국 고대의 민속적인 신명(神名)이다. 이것이 도교(道教)의 신으로서 우리나라에 전래한 듯하며 다시 무속과 결합한 것으로 볼 수 있다. 즉 구천은 무속신앙의 대상으로 신봉되고 있다.《한국민족문화대백과사전》, 구천 조.

153 이 책의 각주 110 참조.

154 이 책의 각주 111 참조.

현(壽寧縣) 대양촌(岱陽村)의 원소복(元宵福)과 이원교(梨園教)의 괴뢰희 〈화광전(華光傳)〉에서도 '라리련(囉哩嗹)'이 "라리련(囉哩嗹), 리련라(哩嗹囉), 라리리(囉哩哩), 라라련(囉囉嗹), 라련라(囉嗹囉), 련라련(嗹囉嗹), 라라련(囉囉嗹), 리라련(哩囉嗹)"처럼 변이된다.

'라라리'와 '라리련'은 〈군마대왕〉, 〈별대왕〉과 〈나례가〉에도 나온다. 〈군마대왕〉은 "리러루 러리러루 런러리루, 러루 러리러루, 리러루리 러리로, 로리 로라리, 러리러 리러루 런러리루, 러루 러리러루, 리러루리 러리로"라는 구음으로 이루어진 노래이다.[155] 여기에서 로리, 로라리는 '라라리'에서 파생된 것이다. 다른 구절들도 러리러→라리라, 러리로→라리라 등 '라라리'의 변이형으로 볼 수 있다. 《오륜전비언해(伍倫全備諺解)》(1720)는 조선시대 출간된 책이지만, 이 책에서도 "囉嗹哩[로(러)련리]"처럼 "囉"를 "로"나 "러"로 표기하고 있다.

〈별대왕〉은 "노련나 오리나 리라리 로련나 니리 리련나 나리나 리련나 로로련나 리련나 로로련나 리련나"라는 구음으로 이루어진 노래이다.[156] 여기에서 리라리, 니리(리리), 나리나(라리라)는 '라리라'에서 파생된 것이다. 그리고 노련나는 라련라, 로련나도 라련라, 리련나는 리련라로서 라리련의 변화형이다.

〈나례가〉는 "羅令公宅 儺禮日이 廣大도 金線이샤스이다 궁에사 山ㅅ 굿븟겻더신든 鬼衣도 金線이리라 리라리러 나리라 리라리"처럼

155 군마대왕은 무가로서 궁중의 여마(輿馬)에 관한 일을 맡아 보던 사복시(司僕寺)에서 말신(馬神)에게 제사를 지낼 때 무격(巫覡)에 의하여 불리었으리라고 생각되고 있다. 《한국민족문화대백과사전》, 군마대왕 조.

156 별대왕은 무가로서 특별한 신령을 모신 별신사(別神祠)에서 제사를 지낼 때 무격에 의해서 불리었을 것으로 생각된다. 《한국민족문화대백과사전》, 별대왕 조.

의미 있는 가사와 함께 "리라리러 나리라 리라리"라는 구음이 있다.[157] '리라리러'의 '리라리', '나리라(라리라)', '리라리'는 모두 '라라리'에서 파생된 것이다.

이상의 예를 통해, 〈구천(九天)〉, 〈군마대왕(軍馬大王)〉, 〈별대왕(別大王)〉, 〈나례가〉의 구음은 불교 구음 '라라리'와 '라리련'으로부터 유래했음을 알 수 있다. 무가로 간주되는 이 노래들에 불교의 진언이 수용된 배경은 역시 무가 계통 고려속요인 〈내당〉과 〈성황반〉을 통해 이해할 수 있다.

〈내당〉

山水淸凉 소래와 淸凉에야 두스리믈어디새라, 道場에야 오시ᄂᆞ니, 한 남종과 두 남종과 열세 남종 주어 빠라, 바회예 나ᄅᆞ새라. 다로럼 다리러 열세 남종이 다 여위실 더드런, 니믈 뫼셔 솔와지 聖人無上士山大勒하 다로럼 다리러[158]

---

157 〈나례가〉는 노래의 제목으로 보아 궁중에서 섣달그믐날 밤에 거행한 세말나례(歲末儺禮) 때 불린 무가 계통의 노래로 생각된다. 나례는 원래 주문을 외워 잡귀를 물리치는 의식이었지만, 후대에는 점차 연희적(演戲的) 성격이 강화되었다. 그래서 이 노래도 주술적 기능과 놀이적 기능을 복합적으로 가지게 된 것으로 보인다. 노래의 가사에 주술적 어법인 신격(神格)의 칭명(稱名)이나 명령법 등이 보이지 않고, 오히려 나령공댁(羅令公宅)에서 광대가 금선(金線)으로 된 무복을 입고 산굿을 행하는 모습을 객관적 시점으로 진술하고 있으므로 그러한 추정이 가능하다.《한국민족문화대백과사전》, 나례가 조.

158 원래 이 노래는 민간신앙을 기반으로 한 무가로서 내당 또는 내불당(內佛堂)에서 무당들이 굿을 할 때 부르던 노래였다. 그러나 궁중에 유입되어 악장 중 속악가사의 하나로 불려짐으로써 무가적 기능과 악장의 기능을 복합적으로 가지게 된 것으로 추정된다.《한국민족문화대백과사전》, 내당 조.

〈성황반〉

東方애 持國天王님하 南方애 廣目天子天王님하 南無西方애 增長天王님하 北方山에야 毗沙門天王님하 다리러 다로리 로마하 디렁디리 대리러 로마하 도람 다리러 다로링 디러리 다리렁 디러리 內外예 黃四目天王님하[159]

〈내당〉에서는 신격(神格)이 '성인무상(聖人無上)' · '양산대륵(兩山大勒)'과 같은 부처나 보살 또는 큰미륵보살로 설정되어 있는 점으로 볼 때, 이 노래는 순수한 무가라기보다는 무속과 불교가 절충된 형태의 무가로 보는 것이 자연스럽다.

〈성황반〉은 불교의 오방신(五方神)을 부르는 돈호법(頓呼法)이 중심을 이루고 있다. 즉 〈성황반〉은 신격을 맞이하여 좌정시키고 예배를 올리는 영신(迎神)과 청배(請拜)의 기능을 갖고 있는 노래이다. 이 노래에서 청신하는 신격은 지국천왕 · 광목천자천왕 · 증장천왕 · 비사문천왕 등 사천왕(四天王)과 황사목천왕(黃四目天王)인데, 이들은 불교의 오방신(五方神)이다. 그러므로 이 노래는 순수한 무가라기보다는 무속과 불교가 절충된 형태의 무가로 볼 수 있다.

이처럼 〈내당〉, 〈성황반〉이 무속과 불교가 절충된 형태의 무가라는 사실에서 알 수 있듯이, 역시 무가 계통의 고려속요인 〈구천〉, 〈군마대왕〉, 〈별대왕〉, 〈나례가〉에 불교적 진언이 삽입된 것은 자연스런 현상이다. 특히 '라리련'은 중국 송대의 남희와 복건성 괴뢰회에서

---

159 원래 이 노래는 민간신앙인 성황신앙을 기반으로 한 무가로 성황당의 제단에 성황상을 차려 놓고 고제(告祭)할 때 역귀(疫鬼)를 쫓는 기능을 담당했으나, 궁중의 악장 중 속악의 하나로 불림으로써 무가적 기능과 악장의 기능을 복합적으로 갖게 된 것으로 추정된다. 《한국민족문화대백과사전》, 성황반 조.

희신(戲神) 주문으로 사용되었기 때문에 진언의 성격을 띠고 있다.

주목되는 점은 고려시대의 불교 승려들도 중국 만당과 송대의 불교 승려들과 마찬가지로 그들의 선시에서 '라라리'를 노래하고 있었다는 사실이다. 고려 중기 진각국사 혜심(慧諶: 1178~1234)의 〈시지강상좌(示至剛上座)〉에 "여덟 글자를 읊조리다 모르는 새 벙어리가 되었네. 한 마디 말로 도를 다 드러내니 목소리조차 나오지 않네. 목석 같은 남자도 박수 치며 라라리(囉囉哩)를 부르고, 돌계집도 머리를 흔들며 리리라(哩哩囉)를 부르네."[160]를 비롯하여, 태고화상 보우(普愚: 1301~1382)의 《태고화상어록(太古和尙語錄)》 중 〈산중자락가(山中自樂歌)〉, 나옹화상 혜근(惠勤: 1320~1376)의 《나옹집(懶翁集)》 가송(歌頌) 중 〈무여(無餘)〉, 《나옹집》 부록 중 법장화상(法藏和尙: 1350~1428)의 〈보제존자삼종가(普濟尊者三種歌)〉 등에도 '라라리'가 나온다. '라라리'는 이후 조선시대 불교 승려들의 선시에도 자주 등장한다.

또한 《금강경오가해》, 《선문염송》 등 고려·조선시대의 불교 서적, 고려 문인들의 시와 저서, 민요, 꼭두각시놀음 등 다양한 갈래에서 매우 광범위하게 '라라리'와 '라리련' 관련 구음들을 찾아볼 수 있다.

《금강경오가해》는 1415년(조선 태종 15)에 간행된 것이 남아 있는 점으로 보아, 이 책도 그 전에 들어왔을 것이다. 《금강경》은 육조대사 이후 선종(禪宗)의 소의경전(所依經典)으로 유통되어 오면서 많은 연구 주석이 있었다. 그 중에서도 양나라의 부대사(傅大師), 당나라의 혜능(慧能)과 종밀(宗密), 송나라의 야보(冶父)와 종경(宗鏡) 등 다섯 대가(大

---

160 八字打開不覺啞 一言道盡失聲啷 木人拍手囉囉哩 石女搖頭哩哩囉. 《조계진각국사어록(曹溪眞覺國師語錄)》의 〈시지강상좌(示至剛上座)〉.

家)의 주석을 모아서 편집한 것이 이《금강경오가해》이다.

《금강경오가해》에는 송나라 야보의 송(頌)이 실려 있다. 이 책 상권 여법수지분(如法受持分) 제13에 "…… 라라리(囉囉哩) 리라라(哩囉囉) 산꽃은 웃고 들새는 노래한다."처럼 '라라리 리라라'가 나온다. 그리고 이 책 하권 구경무아분(究竟無我分) 제17에 "목동이 목동을 만나니 대중이 다 함께 라라리(囉囉哩) 노래하네."처럼 '라라리'가 나온다.

《금강경》은 대승불교의 근본을 이루는 경전이기 때문에, 고려시대의 불교 승려들과 신자들은 당연히 이 불경을 많이 읽었을 것이다. 그리고 주석서인《금강경오가해》를 통해서 야보의 송도 읽었을 것이다. 더구나 고려는 불교 국가였기 때문에 고려시대 사람들은 대부분이 구음을 알고 있었을 것으로 보인다. 조선 초기의 승려 함허당(涵虛堂) 득통(得通: 1376~1433)은《금강경오가해》가운데 주석의 어려운 부분에 해석을 붙였는데, 그것이 바로《금강경오가해설의(金剛經五家解說誼)》이다.《금강경삼가해(金剛經三家解)》는《금강경오가해설의》가운데 야보(冶父)의 송(頌), 종경(宗鏡)의 제강(提綱), 득통(得通)의 설의(說誼) 등 세 가지를 추려서 엮은 것인데, 세종의 명에 따라《금강경삼가해》(1482)의 언해본을 출간했다. 그래서 이 언해본에도 야보의 송에 '라라리 리라라'와 '라라리'가 나온다.

《선문염송》은 고려 중기의 고승인 진각국사(眞覺國師) 혜심(慧諶)이 편찬한 30권의 목판본이다. 혜심은 문인 진훈(眞訓)과 함께 선문공안 1,125칙(則)을 불경 또는 조사(祖師)의 어록에서 발췌한 다음, 그에 대한 강령의 요지를 제시한 염(拈)과 찬송을 붙여 이 책을 완성했다. 일찍부터 우리나라 선문의 기본 학습서로 채택되어 선종의 승려들은 반드시 이를 공부했고, 선종선(禪宗選)에서도 이 책에 대한 공부는 반드시 점검하도록 되어 있었다. 몽고의 전란으로 초판이 불탄 뒤 1244년(고종 31)에 대장도감(大藏都監) 남해분사(南海分司)에서 개판했다. 조선시대에도 여러 차례 개판되었다. 이 책에는 "운문고가 송했다. 한 입에 서강 물을 다 마시리니 갑을병정 그리고 경무기라 돌돌돌 라라리(囉囉哩)."[161] 처럼 '라라리' 관련 구음이 9번이나 나온다.

고려 중기의 문신인 백분화(白賁華: 1180~1224)의 《남양선생시집(南陽先生詩集)》 권하(卷下) 시(詩) 〈오선생견화 부차운 이수(吳先生見和 復次韻二首)〉에서도 '라라리' 관련 구음이 발견된다.

> 불교의 몇 마디 노래가 뜬세상 사는 우리를 깨우쳐 주니,
> 이 노래를 듣고 나서야 내 아픈 병이 가벼워진 것을 알겠네.
> 어디서 온 스님인지 하룻밤을 머물면서,
> 흥이 나니 "라리" 하며 노래를 부르네.[162]

이 시의 "어디서 온 스님인지 하룻밤을 머물면서, 흥이 나니 '라리' 하며 노래를 부르네."라는 구절을 통해서, 고려 중기에 불교 승려가 "라리" 구음을 노래하고 있었음을 살펴볼 수 있다. 짧은 한시이기 때문에 '라리'라고 표현했지만, 실제로는 '라라리(囉囉哩)', '리라라(哩囉囉)'와 같은 구음을 노래했을 것이다.

고려는 불교 국가였기 때문에 모든 국민들이 불교 진언을 외웠고, 불교 진언에 익숙했을 것이기 때문에, 이상의 여러 시와 노래에 불교

---

161 雲門杲頌 一口吸盡西江水 甲乙丙丁庚戊己 咄咄咄 囉囉哩.《선문염송》 권제5.

162 無常數曲悟浮生 聽罷方知病骨輕 一宿曹溪何處客 興來囉哩唱歌行.

계 구음, 진언이 수용된 것으로 보인다. 특히 고려시대 불교 승려들의 어록·시, 그리고 《금강경오가해》, 《선문염송》 등의 불교 서적, 고려 문인들의 시에서 '라라리' 구음이 많이 발견되고, 고려와 교류가 잦았던 남송 지역의 남희 작품에서 희신 주문으로 '라라리', '라리련' 관련 구음들이 많이 발견되는 점으로 볼 때, 고려속요에 '라라리', '라리련' 관련 구음들이 수용된 배경을 이해할 수 있다.

중국에서는 '라라리'가 원래 불교의 구음에서 유래하여 도교·무속 등에서도 사용되었다. 1장에서 소개한 전진교와 이원교는 도교의 일종인데, 이미 금나라 때부터 현재까지 그 도사들이 '라라리' 관련 구음을 노래하고 있다. 그리고 중국에서는 이미 송나라 때부터 현재까지 무당들이 '라라리' 관련 구음을 노래하고 있다.

중국의 경우와 마찬가지로 고려에서도 불교 승려들이 '라라리'를 노래했고, 이것이 무당들에 의해 무가에 수용되었을 것으로 보인다. 그래서 무가계 고려속요인 〈구천〉, 〈군마대왕〉, 〈별대왕〉, 〈나례가〉 등에서 '라라리'와 '라리련' 관련 구음들이 발견되는 것이다.

양주동은 고려속요 〈이상곡(履霜曲)〉에 나오는 구음 "마득사리 마두너즈세 너우지"를 범어 진언의 해학적 의어(擬語)라고 밝힌 바 있다. 즉 이 구음은 첫새벽 눈이 많이 온 수림(藪林) 중을 지나가는 무서운 기분을 내기 위하여 진언을 송주(誦呪)하는 양 해학적으로 부르는 사설이라는 것이다.[163] 그런데 '라라리'도 바로 불(佛), 법(法), 승(僧), 대법(對法)을 의미하는 범어 로류로루(魯流盧樓)로부터 유래했고, 진언으로도 쓰였기 때문에 주목된다.

163 양주동, 《여요전주》(보정판)(을유문화사, 1987), 351면.

한편 〈구천〉, 〈군마대왕〉과 중국 복건성의 괴뢰희 〈화광전(華光傳)〉처럼 '라라리'와 '라리련'을 변이시키면서 계속 이어서 노래하는 방식은 사곡(詞曲) 〈영선객(迎仙客)〉에서도 발견된다.

> 사곡(詞曲)에 영선객(迎仙客)이라고 이름하는 것이 있는데 다음과 같다.
> 라련리(囉嗹哩) 련라련(嗹囉嗹) 리라련리(哩囉嗹哩)
> 라리련(囉哩嗹) 리라련(哩囉嗹) 라련리련(囉嗹哩嗹)
> 라리련(囉哩嗹) 리라리(哩囉哩) 련리라련(嗹哩囉嗹)
> 이는 농동(籠同)과 함께 모두 〈오륜전비기(五倫全備記)〉에 보이는데,〈오륜전비기〉는 곧 구경산(丘瓊山, 경산은 丘濬의 자)이 세상을 풍자한 연극으로서 섭첩청전(葉疊青錢, 첩청은 호)이 사단(詞段)을 따라 보충하여 총 4권으로 만들었다. 오늘날 이것을 언문(諺文)으로 번역하여 《노걸대(老乞大)》·《박통사(朴通事)》와 함께 역관(譯官)을 시험한다.[164] (《青莊館全書》〈耳目口心書六〉)

인용문은 이덕무(李德懋: 1741~1793)의 《청장관전서》, 〈이목구심서육〉의 내용이다. 이와 유사한 내용이 이규경(李圭景: 1788~미상)의 《오주연문장전산고》 시문편 논시의 〈사곡기오륜전비변증설(詞曲記五倫全備辨證說)〉에도 있다. 양자 모두 중국의 사곡(詞曲) 〈영선객(迎仙客)〉에 나오는 '라리련'을 소개하면서, 이 사곡이 〈오륜전비기〉라는 중국 희곡에 나온다고 밝히고 있다. 〈영선객〉에서는 이 구음이 "라련리(囉嗹哩) 련라련(嗹囉嗹) 리라련리(哩囉嗹哩) 라리련(囉哩嗹) 리라련(哩囉嗹) 라

164 詞曲有名迎仙客曰 囉嗹哩嗹囉嗹 哩囉嗹哩囉哩 嗹哩囉嗹囉嗹 哩嗹囉哩嗹哩 囉哩嗹哩囉嗹. 此與籠同 俱見五倫全備記. 記卽丘瓊山諷世之演劇 而葉疊青錢者 逐段補之凡四卷. 今漢語諺翻同老乞大朴通事 課講譯官.

련리련(囉嗹哩嗹) 라리련(囉哩嗹) 리라리(哩囉哩) 련리라련(嗹哩囉嗹)"처럼 변이된다. 이는 〈구천〉 및 〈화광전〉의 구음과 거의 일치한다. 〈오륜전비기〉에 이런 구음이 삽입되어 있는 것은 이 작품이 중국 남희(南戱)의 희곡이기 때문이다. 남희에서는 이 구음의 명칭을 '라리련(囉哩嗹)'이라고 부르는데, 이것은 남희의 희신(戱神) 주문(呪文)이다.

중국 구준(邱濬: 1420~1495)이 지은 〈오륜전비기〉는 중종 36년(1541) 이전에 조선에 전래되어 매우 유행했는데, 조선에서 이 중국어 원전을 간행했을 뿐만 아니라, 그것을 번역·주석한《오륜전비언해(伍倫全備諺解)》(1721)도 발간하여, 역관들이 중국어를 배우는 학습서로 삼기도 했다. 또한 〈오륜전비기〉를 번안한 한문소설과 국문소설도 지어졌다.[165]

필자가 실제로 〈오륜전비기〉를 살펴보니, '라리련'이 여러 군데에서 발견되었다. 〈오륜전비기〉 중국어 희곡본은 현재 두 종류가 남아 있는데, 하나는 중국에서 발간된 것이고, 다른 하나는 조선에서 발간된 것이다. 전자는 중국의《고본희곡총간(古本戱曲叢刊)》에 수록되어 있는 세덕당본(世德堂本) 〈오륜전비충효기(伍倫全備忠孝記)〉이다. 후자는 〈신편권화풍속남북아곡오륜전비기(新編勸化風俗南北雅曲五倫全備記)〉인데, 조선의 문인들 사이에서 널리 읽힌 것으로 나타난다. 후자가 전자보다 이른 시기의 판본이다. 현재 규장각에 소장되어 있는 〈신편권화풍속남북아곡오륜전비기〉는 조선 교회청에서 간행한 판본이

165 이에 대해서는 윤주필,《윤리의 서사화 - 〈오륜전비〉 수용 연구》(국학자료원, 2004); 오수경, 〈《五倫全備記》 연구(1)〉,《중국문학》 제29집(한국중국어문학회, 1998); 심경호, 〈《五倫全備記》 해제〉,《伍倫全備記(新編勸化風俗南北雅曲伍倫全備記)》(서울대학교 규장각 한국학연구원, 2011) 참조.

다. 양자는 상당한 차이점을 갖고 있는 이본(異本)들이다.[166] 그러나 양자 모두 동일한 대목에 〈영선객〉이 삽입되어 있는데, "라련리(囉嗹哩) 련라련(嗹囉嗹) 리라련리(哩囉嗹哩) 라리련(囉哩嗹) 리라련(哩囉嗹) 라련리련(囉嗹哩嗹) 라리련(囉哩嗹) 리라리(哩囉哩) 련리라련(嗹哩囉嗹)"이라는 구음이 보인다. 전자는 권2 제10단, 후자는 권2 제9단 등 여러 군데 〈영선객〉이 삽입되어 있다. 이런 구음은 중국 남희의 희신 주문으로서 남송대 이후 명청대의 희곡에서도 계속 사용되었다. 현재도 복건성의 인형극인 괴뢰희에서는 희신(戱神) 전원수(田元帥)가 무대에 등장할 때 이 구음을 노래하고 있다.[167]

그러므로 《시용향악보》에 전하는 〈구천〉, 〈군마대왕〉, 〈별대왕〉 등은 조선 초기에 연주된 무가(巫歌)이기 때문에, 불교 승려들의 선시와 남송의 연극인 남희 등 다양한 경로를 통해 '라라리'와 '라리련' 관련 구음들을 수용했던 것으로 보인다.

민간에서는 고려시대부터 이미 불교 승려들의 탁발과 유랑예인집단들의 활동이 활발하게 이루어졌으므로, 이를 통해 '라라리'와 '라리련' 관련 구음이 불교 외에 무속 등으로 퍼지고, 유랑예인집단의 전국적인 순회로 말미암아 전국 각지로 확산되었을 것이다.

166 오수경, 앞의 글.

167 이상과 같이, 한국에서는 《금강경오가해》, 《선문염송》 등 고려·조선시대의 불교 서적, 고려·조선시대 불교 승려들의 시와 어록, 고려·조선시대 문인들의 시와 저서, 고려속요, 조선시대의 언해본과 소설, 민요, 꼭두각시놀음 등 다양한 갈래에서 매우 광범위하게 '라라리'와 '라리련' 관련 구음들을 찾아볼 수 있다. 이상 한국에서 전승된 '라라리'와 '라리련' 구음의 다양한 사례들에 대한 자세한 논의는 이 책 〈3장. 한국의 '라라리(囉囉哩)'·'라리련(囉哩嗹)' 구음의 존재 양상〉 참조.

4. 고려속요의 구음과 '라라리', '라리련'의 변이형

필자는 고려속요의 구음들을 검토하면서 자주 쓰이는 구음들이 있다는 사실을 알게 되었다. 우선 앞 장에서 살펴본 〈구천〉, 〈군마대왕〉, 〈별대왕〉, 〈나례가〉의 구음들은 매우 유사하다. 그리고 〈내당〉의 "다로렁 다리러", 〈성황반〉의 "다리러 다로리 로마하 디렁디리 대리러 로마하 도람 다리러 다로링 디러리 다리렁 디러리", 〈대왕반〉의 "디러렁다리 다리러디러리", 〈잡처용〉의 "둥덩 다리러 로마"와 "다롱 다로리 대링 디러리 아으 디렁 디러리 다로리", 〈쌍화점〉의 "더러둥셩 다리러디러 다리러디러 다로러거디러 다로러"와 같은 구음들은 모두 거의 같은 말로 이루어져 있다. 그러므로 이 구음들은 매우 광범위하게 사용되었던 것으로 추정된다.

그리고 널리 알려진 고려속요 〈청산별곡〉의 "얄리얄리 얄라셩 얄라리 얄라"는 무가로 간주되는 고려속요 〈대국1〉, 〈대국2〉, 〈대국3〉에도 보인다

> 〈대국1〉
>
> 술도 됴터라 드로라. 고기도 됴터라 드로라. 엇더다 別大王 들러신대 四百疒章難을 아니 져차실가. 얄리얄리 얄라 얄라셩 얄라

이와 같이, 〈대국1〉뿐만 아니라 〈대국2〉와 〈대국3〉에도 "얄리얄리 얄라 얄라셩 얄라"라는 구음이 나온다. 〈대국1〉~〈대국3〉은 이미 무가로 밝혀졌다.[168] 그러므로 이 구음들은 종교적인 구음에서 생겨나 널리 사용되었을 가능성이 크다.

그런데 고려속요 〈청산별곡〉과 〈대국1〉~〈대국3〉에 삽입된 구음 '얄리', '얄라리', '얄라셩'은 현전 민요 〈아리랑〉과 〈아라리〉에서 '아리', '아라리', '아라성'으로 나타난다. 중세 국어에서는 줄질(줄타기) → 주질처럼 ㄹ탈락이 흔한 현상이었다.[169] ㄹ은 유음(流音)이기 때문에 현대 국어에서도 '사월초팔일' → '사월초파일', '살다' → '사니'처럼 흔히 생략된다. 그러므로 '얄리', '얄라리', '얄라셩'이 '아리', '아라리', '아라성'으로 변했을 가능성은 충분히 인정된다.

주목되는 점은 '아리', '아라리', '얄리', '얄라리'는 불교 구음 '라라리'와 거기서 파생된 '라리', '라리리', '리라리', '라리라'와 친연성을 갖고 있는 것으로 보인다. '아리', '아라리', '얄리', '얄라리'의 초성에 ㄹ만 넣어 보면 '라리', '라라리'로서, 이 구음들이 동일 계통이라는 사실이 드러난다. 결국 아리, 아라리, 얄리, 얄라리는 〈구천〉, 〈군마대왕〉, 〈별대왕〉, 〈나례가〉에 나오는 '로리(라리)', '로라리(라라리)', '리라리', '나리나(라리라)' 등의 구음과도 동일 계통인 것이다.

---

168 박경신, 〈〈대국〉과 별상굿 무가〉, 성균관대 인문과학연구소 편, 《고려가요연구의 현황과 전망》(집문당, 1996).

169 주질(注叱)은 '줄질'의 이두식 표기인데, 줄질은 줄타기이다. 《韓國漢字語辭典》 권3(단국대 동양학연구소, 1997), 132면의 주질(注叱) 조항 참조. 그러면 '줄질'에서 왜 '줄'의 'ㄹ'을 탈락시켜 주질(注叱)로 표기했을까? 줄질을 이두식으로 정확하게 표기하면 注乙叱이지만, 중세 국어에서는 줄질의 '줄'처럼 뒤에 오는 소리가 'ㄴ, ㅅ, ㅈ, ㅊ'인 경우에 'ㄹ'을 탈락시켜 주질로 하는 것이 보편적인 현상이었다. 그러므로 注乙叱에서 'ㄹ'에 해당하는 '乙'을 탈락시켜 주질(注叱)로 적은 것이다.

5. 소결

고려속요 구음의 원천은 크게 두 가지로 볼 수 있다. 첫째, 정병욱 교수가 밝힌 바와 같이, 악기의 구음으로 볼 수 있는 여음구이다. 둘째, 본고에서 밝힌 바와 같이, 불교의 '라라리' 및 '라리련'과 관련된 여음구이다. 특히 〈구천〉, 〈군마대왕〉, 〈별대왕〉, 〈나례가〉의 구음들은 무가라는 이 노래들의 성격상 악기의 구음보다는 종교적 진언으로 보는 것이 자연스럽다.

무가 계통 고려속요는 순수한 무가라기보다는 무속과 불교가 절충된 형태의 무가로 간주된다. 그래서 무가 계통 고려속요에 나오는 구음들은 불교의 진언일 가능성도 있는데, 이 때 주목되는 것이 불교의 '라라리(囉囉哩)'라는 구음과 여기에서 파생된 '라리련(囉哩嗹)'이다. 중국에서는 '라라리(囉囉哩)'가 '라리리(囉哩哩)', '리라라(哩囉囉)', '리라리(哩囉哩)', '라리라(囉哩囉)', '라리(囉哩)', '나라리(那羅離)', '랄리(剌哩)', '리라릉(哩囉㗂)', '야리리', '야리라', '야리라리', '아리리' 등으로 변이되어 나타난다. '라리련(囉哩嗹)'도 '리련라(哩嗹囉)', '라라련(囉囉嗹)', '라련라(囉嗹囉)', '련라련(嗹囉嗹)', '리라련(哩囉嗹)', '로리련(嘮哩嗹)' 등으로 변이되어 나타난다.

범문(梵文) 로류로루(魯流盧樓)는 불(佛), 법(法), 승(僧)과 대법(對法)의 뜻이 있다. 그래서 당나라 사람들이 불교 찬가를 지을 때, 이 네 글자를 사용하여 화음으로 삼았다. 당나라 때《열반경》, 〈실담장〉 중의 로류로루 네 글자를 화음으로 삼았지만, 후세에 점차 아주 복잡한 변화가 일어났다. 로류로루는 후대에 불교 분야에서 '라라리 리라라'와 여기에서 파생된 '리리라', '라리라' 등의 구음을 중심으로 전승되었다. 그리고 남송대 남희 등의 희곡 작품에서는 처음에 '라라리', '리라라'와 여기에서 파생된 '리리라', '라리라' 등의 구음을 중심으로 전승되다가, 점차 '라리련'과 여기에서 파생된 '리라련', '라련리', '련리련' 등이 섞여 사용되었다.

〈구천〉의 '로라리(라라리)', '리리', '리로(리라)'는 '라라리'의 변이형이다. '로리런'은 바로 '라리련(囉哩嗹)'이다. '리런나'는 라리련의 변화형인 '리련라(哩嗹囉)', '로런라'는 '라리련'의 변화형인 '라련라(囉嗹囉)'와 그대로 일치한다.

〈군마대왕〉의 '로리(라리)', '로라리(라라리)'는 '라라리'와 일치하고, 다른 구절들도 '러리러'→'라리라', '러리로'→'라리라' 등 '라라리'의 변이형으로 볼 수 있다.

〈별대왕〉의 '리라리', '니리(리리)', '나리나(라리라)'도 '라리라'에서 파생된 것이다. 그리고 '노런나'는 '라련라', '로런나'도 '라련라', '리런나'는 '리련라'로서 '라리련'의 변화형이다.

〈나례가〉의 '리라리러'의 '리라리', '나리라(라리라)', '리라리'도 '라라리'에서 파생된 것이다.

중국에서 '라라리'가 원래 불교 구음으로 출발하여 도교·무속 등에서도 사용되었듯이, 고려에서도 불교 승려들이 '라리라'를 노래했고, 이것이 무당들에 의해 무가에 수용되었을 것으로 보인다. 그래서 무가계 고려속요인 〈구천〉, 〈군마대왕〉, 〈별대왕〉, 〈나례가〉 등에서 '라라리'와 '라리련' 관련 구음들이 발견되는 것이다. 이 노래들은 조선 초기에 연주된 무가(巫歌)이기 때문에, 불교 승려들의 선시와 남송의 연극인 남희 등 다양한 경로를 통해 '라라리'와 '라리련' 관련 구음들을 수용했던 것으로 보인다.

'라라리'와 '라리련' 관련 구음들은 처음에 종교적 주술적 진언으로서의 성격을 가진 채 무가 계통의 고려속요 등에 여음으로 삽입되었지만, 〈청산별곡〉이나 후대의 민요 〈아라리〉 등에서는 종교성이나 주술성은 탈각된 채 음악적 조흥을 위해 변용된 형태로 삽입되었을 것이다. 이는 중국의 경우도 마찬가지이다. 강보성은 중국에서 '라라리'·'라리련'과 관련된 용도로 (1) 신에게 제사 지내는 종교적 의미의 소리, (2) 혼인·애정과 관련된 경사 때 부르는 소리, (3) 거지들이 부르는 연화락(蓮花落), (4) 친자(襯字)[170]나 방강(幇腔)[171]에 사용하는 소리를 들었다.[172]

고려속요 〈청산별곡〉과 〈대국1〉~〈대국3〉에 삽입된 구음 '얄리', '얄라리', '얄라셩'은 현전 민요 〈아리랑〉과 〈아라리〉에서 '아리', '아라리', '아라성'으로 나타난다. 중세 국어에서는 줄질(줄타기) → 주질처럼 ㄹ탈락이 흔한 현상이었다. ㄹ은 유음(流音)이기 때문에 현대 국어에서도 '사월초팔일' → '사월초파일', '살다' → '사니'처럼 흔히 생략된다. 그러므로 '얄리', '얄라리', '얄라셩'이 '아리', '아라리', '아라성'으로 변했을 가능성은 충분히 인정된다.

주목되는 점은 '아리', '아라리', '얄리', '얄라리'는 불교 구음 '라라리'와 거기서 파생된 '라리'와 친연성을 갖고 있다는 것이다. '아리', '아라리', '얄리', '얄라리'의 초성에 ㄹ만 넣어 보면 '라리', '라라리'로서, 이 구음들이 동일 계통임을 알 수 있다.

---

170 친사(襯詞): 노래를 완정하게 표현하기 위하여 삽입하는 어기사, 의성어, 유음어 등으로 이루어진 단어와 문구.

171 무대 위에서 한 사람이 노래하면 무대 뒤에서 여러 사람이 화창(和唱)하는 가창 방식.

172 강보성, 앞의 글, 82~90면 및 안상복, 앞의 글, 133면 참조.

민간에서는 고려시대부터 이미 불교 승려들의 탁발과 유랑예인집단들의 활동이 활발하게 이루어졌으므로, 이를 통해 '라라리'와 '라리련' 관련 구음들이 불교 외에 무속 등으로 퍼지고, 유랑예인집단의 전국적인 순회로 말미암아 전국 각지로 확산되었을 것이다. 더욱이 고려는 불교국가였고, 조선시대의 대표적 종교도 불교였으므로 불교적 진언은 광범위하게 사용되었을 것이다. 그러므로 현재《금강경오가해》,《선문염송》 등 고려·조선시대의 불교 서적, 고려·조선시대 불교 승려들의 시와 어록, 고려·조선시대 문인들의 시와 저서, 고려속요, 조선시대의 언해본과 소설, 민요, 꼭두각시놀음 등 여러 갈래에서 이 구음들을 찾아볼 수 있는 것이다.

5장

동아시아 전통 인형극 구음의 보편성과 한국적 독자성

1. 머리말

남사당패의 꼭두각시놀이에는 첫 장면에 네 종류의 구음이 있는데, 이에 대한 연구는 이루어진 바 없다. 오랫동안 남사당놀이 연구를 진행해 온 심우성도 "(박첨지놀이의) 가창으로는 서곡에 해당하는 뜻을 알 수 없는 '떼이루 떼이루 띠어라 따 ……'로 시작하여, 박첨지의 구음(口吟) 무곡(舞曲)인 역시 뜻을 알 수 없는 '나이니 나이니 나이니나 ……'가 있고, …… 피조리·상좌춤의 구음 무곡 〈나니네 나이네 ……〉"[173]라고 하며, 이 구음들의 뜻을 알 수 없다고 밝혔다.

필자는 2010년 9월 중국 복건성 천주에 답사를 갔는데, 이때 동악묘(東岳廟)에서 채쌍동(蔡雙童, 1921년생, 당시 90세)이라는 연희자가 줄인형을 놀리면서 "라리련(囉哩嗹) 라리련(囉哩嗹)" 하고 노래하는 것을 보

173 심우성, 《남사당패연구》(동문선, 1989), 179면.

고 깜짝 놀랐다.[174] 그래서 귀국 후에 중국 학자들이 연구한 '라리련'에 대한 기존 논문들을 찾아서 번역하다 보니, 박첨지놀이의 구음 '떼이루 떼이루'와 "나아 네이 나이나 리리 라라 얼수 좋다. 리리 라라 라라 라라 라라 라리라 라라 라리라 ……" 등은 그 성격과 기능, 연희자 등에서 동아시아적 보편성과 함께 한국적 독자성을 갖고 있음을 알게 되었다.

주목되는 점은 일본의 사도(佐渡)섬에 〈노로마인형〉이라는 오래된 전통 인형극이 있는데, 여기서도 첫 장면에서 "누라리 누라리 누우토 토오자이[東西] 토오자이"라는 구음을 사용한다는 사실이다.

그러므로 한중일의 전통 인형극은 모두 첫 장면에서 구음을 노래하는데, 이는 동아시아 인형극들의 계통 및 연희집단과 관련하여 매우 중요한 시사점을 제공한다. 더구나 터키의 그림자인형극인 〈카라괴즈(Karagöz)〉에서도 첫 장면을 비롯하여 여러 장면에서 "야레리 야레리(yaleli yaleli)" 등 구음의 반복이 발견되는데, 이도 함께 다루면 동아시아 인형극의 구음 문제를 설득력 있게 논증할 수 있을 것으로 보인다.

당나라 때 《열반경》, 〈실담장〉에 나오는 '로류로루(魯流盧樓)' 네 글자를 화음으로 삼았는데, 이는 범어 불(佛), 법(法), 승(僧)과 대법(對法)의 음역이다. 후세에 로류로루는 점차 아주 복잡한 변화가 일어났다. 로류로루는 중국 당송대의 불교 승려들에 의해 선시와 어록에서 '라라리 리라라'와 여기에서 파생된 '리리라', '라리라' 등의 구음을 중

174 동악묘는 태산신을 모신 곳이고, 태산신의 신탄일 즈음 및 재앙을 없애고 장수를 기리는 의례에서는 괴뢰희 〈태산희(泰山戱)〉를 공연하기 때문에, 괴뢰희 연희자가 거주하고 있었던 것이다. 복건성의 도교에서는 도사들이 괴뢰희의 연희자를 겸하거나, 괴뢰희의 연희자가 도사를 겸하고 있는 경우가 많다.

심으로 전승되었다. 이 구음은 한국과 일본 승려들의 선시와 어록에서도 자주 사용되었다. 그리고 남송대 남희 등의 희곡 작품에서는 처음에 '라라리', '리라라'와 여기에서 파생된 '리리라', '라리라' 등의 구음을 중심으로 전승되다가, 점차 '라리련'과 여기에서 파생된 '리라련', '라련리', '련리련' 등이 함께 섞여 사용되었다.

중국에서는 '라라리'와 여기에서 파생된 '라리련'이 당대(唐代)부터 현대에 이르기까지 다양한 문학예술 장르 속에서 사용되었다. 그리고 역대로 이 구음을 전승한 계층은 불교 승려, 도교 도사, 무당, 연극과 인형극의 연희자, 일반 민간인 등 매우 다양하다. 또한 중국에서는 '라라리(囉囉哩)'가 '라리리(囉哩哩)', '리라라(哩囉囉)', '리라리(哩囉哩)', '라리라(囉哩囉)', '라리(囉哩)', '나라리(那羅離)', '랄리(剌哩)', '리라릉(哩囉嘮)', '야리리', '야리라', '야리라리', '아리리' 등으로 변이되어 나타난다. '라리련(囉哩嗹)'도 '리련라(哩嗹囉)', '라라련(囉囉嗹)', '라련라(囉嗹囉)', '련라련(嗹囉嗹)', '리라련(哩囉嗹)', '로리련(嘮哩嗹)' 등으로 변이되어 나타난다.[175] 현재는 학자들이 이 구음들의 대표적 명칭을 '라리련'으로 간주할 정도로, 후대 연희와 연극에서는 '라리련'이 많이 사용되었다.

이는 한국도 마찬가지이다. '라라리', '라리련' 관련 구음들은 고려 속요, 민요, 꼭두각시놀이, 불교의 진언(眞言) 등에서 계속 전승되었

---

175 이상 중국에서 역대 불교 승려, 도교 도사, 무당 등이 노래했던, 그리고 연극, 인형극, 민요 등에 수용된 '라라리'와 '라리련' 관련 구음에 대한 더 많은 사례와 자세한 논의는 다음 글들을 참조할 것. 饒宗頤, 〈南戲戲神咒 '囉哩嗹'之謎〉, 《梵學集》(上海: 上海古籍出版社, 1993), 85~88면 및 안상복, 〈라리련(囉哩嗹)과 아리랑 – 그 현상과 의미〉, 《중국학보》 제59집(한국중국학회, 2009), 135~140면. 이 책 〈1장. 중국의 '라라리(囉囉哩)'·'라리련(囉哩嗹)' 구음의 존재 양상〉.

다. 특히 고려속요에서는 '라라리', '라리련'과 이것들의 변이형이 중국과 동일하게 나타난다. 예를 들어, 고려속요 〈구천〉은 "리로 리런나 로리 라리 로런나 로라리 리리 로리런 나오 리런나 나리런나 로런나 로라리 로리런나"라는 구음으로 이루어진 노래이다. 〈구천〉의 '로라리'는 바로 '라라리'이고, '리리', '리로'는 '라라리'의 변이형이다. 그리고 '로리런'은 바로 '라리련(囉哩嗹)'이다. 왜냐하면 〈구천〉에서 '로'와 '라(나)'는 서로 통하고 있고, 중국에서도 '라리련'을 '로리련'으로 부르는 지방이 있기 때문이다. '리런나'는 '라리련'의 변화형인 '리련라(哩嗹囉)', '로런라'는 '라리련'의 변화형인 '라련라(囉嗹囉)'와 그대로 일치한다.[176]

본장에서는 동아시아의 인형극에 수용된 이 구음들을 집중적으로 고찰하고자 한다. 그래서 중국 복건성의 괴뢰희, 한국의 꼭두각시놀이, 일본 사도 섬에서 전승되는 〈노로마인형〉의 첫 장면에서 노래하는 구음의 성격과 기능, 이 구음들이 가진 동아시아적 보편성의 배경과 한국적 독자성을 규명하고자 한다. 이를 위해 터키의 그림자인형극인 〈카라괴즈〉도 함께 논의할 것이다.

2. 중국 인형극 구음의 전승 양상 및 그 성격과 기능

중국 복건성의 전통 인형극인 괴뢰희(傀儡戲)의 개장곡(開場曲, 연희를

---

176 이상 한국의 '라라리'와 '라리련'에 대한 자세한 논의는 이 책 〈3장. 한국의 '라라리(囉囉哩)'·'라리련(囉哩嗹)' 구음의 존재 양상〉 참조.

시작하는 노래)에서는 인형극 무대를 정화하거나 희신(戱神) 전원수(田元帥)가 무대에 등장할 때 구음 '라리련'을 노래한다. '라리련'의 범문로류로루 유래설을 제시했던 요종이는 '라리련'을 남희(南戱)의 희신주문(戱神呪文)이라고 생각했다. 이는 이미 명대 유명한 극작가 탕현조(湯顯祖: 1550~1616)가 지은 〈의황현희신청원사묘기(宜黃縣戱神淸源師廟記)〉의 "내가 들으니 청원(淸源)은 서천(西川) 지방의 관구신(灌口神, 二郞神)이다. 사람이 좋고, 유희(遊戱)로서 도를 얻어 떠돌면서 이것을 인간에게 가르쳤다. 그러나 옛날부터 지금까지 또한 사람들이 사당을 지어 희신(戱神)인 청원에게 제사 지내지 않았다. 연희자들이 연희를 시작하기 전에 희신에게 술을 바치고 제사 지내면서 '라리련(囉哩嗹)'을 합창했다."[177]라는 내용에서 확인할 수 있다.

그리고 송원대(宋元代) 이후의 제궁조(諸宮調), 남희(南戱), 잡극(雜劇), 전기(傳奇)에서 보편적으로 '라리련'으로 친사(襯詞)와 방강(帮腔) 합창을 할 뿐만 아니라, 남쪽 지방에서 지금까지 여전히 공연하는 일부 지방희, 인형극, 민요 등, 특히 소수민족의 민요와 연극은 여전히 광범위하게 '라리련' 또는 '라리련'과 유사한 친사를 화성(和聲)으로 삼는다.[178] 이와 같이 현재 중국에서는 '라리련'을 이 구음들의 대표적인 명칭으로 삼고 있는데, 송대 이후의 연희와 연극에서 '라라리'와 함께 '라리련'을 많이 사용했기 때문이다.

177 予聞淸源 西川灌口神也 爲人美好 以遊戱得道 流此教于人間. 訖無祠者 子弟開呵一醪之 唱囉哩嗹而已. 이 문장의 번역을 위해 孫子裕, 〈最早的一篇戱曲學導言 – 湯顯祖 '宜黃縣戱神淸源師廟記' 解讀〉, 《中華戱曲》 第三十集(2007)을 참조했음.

178 康保成, 〈囉哩嗹與中國戱曲的傳播〉, 《儺戱藝術源流》(廣州: 廣東高等教育出版社, 2005), 77면.

그림 2. 중국 복건성 천주 동악묘(東岳廟)에서 채쌍동(蔡雙童, 1921년생) 연희자가 줄인형을 놀리면서 '라리련(囉哩嗹)'을 노래하는 장면. 2010년 9월

송대 이래로 복건에서는 괴뢰희와 '액을 멸하고 복을 구하는' 민간 의례가 불가분의 관계에 있었다. 그래서 괴뢰희는 태생적으로 제의 문화의 요소를 갖게 되었고, 민간의 종교의례로부터 다시없는 발전 기회를 얻게 되었다. 대략 송·원·명 세 왕조를 거치면서 괴뢰희는 중국 남방 지역의 민간도교와 융합했다. 이 시기는 또 여산교(閭山教)의 발전기이기도 했다. 여산교의 한 분파인 이원교(梨園教)가 복건의 수많은 지역에서 유행하기 시작하여, 기존의 괴뢰 공연을 중심체로 삼고 도교 의례를 본체로 한 '도를 행하면서 기예도 행하는', 또 '의례이면서 연극'인 종교 예술을 이루기도 했다.

의례 연극으로서의 복건 괴뢰희의 모습은 매우 다채롭다. 예를 들어 복건성 각 지역의 괴뢰 극단들은 안녕을 기원하고 초(醮) 제사를 지내거나, 비를 바라고 해충을 몰아내거나, 중요 시기를 넘어 환원(還願)하는 등의 의례에서는 〈부인희(夫人戲)〉나 〈화광희(華光戲)〉를 공연한다. 석가탄신일이나 아들의 출생을 바랐다가 환원하는 의례에서는 〈관음희(觀音戲)〉, 화재를 진압하거나 환원하는 의식에서는 〈사왕희

그림 3. 중국 복건성 천주 동악묘 채쌍동 연희자의 줄인형들. 2010년 9월

(蛇王戲)〉를 공연한다. 보전(莆田) 등지의 무대를 제사 지내거나 크게 기원하는 의례에서는 〈전공희(田公戲)〉(〈田公下凡〉·〈愿〉·〈田公收妖〉), 복주(福州)의 5월 전염병 물리치기의 의례에서는 〈오제희(五帝戲)〉를 공연한다. 또 태산신의 신탄일 즈음 및 재앙을 없애고 장수를 기리는 의례에서는 〈태산희(泰山戲)〉, 아이의 재앙을 없애는 의례에서는 〈남북두희(南北斗戲)〉, 노인들의 장수를 구하는 의례에서는 〈팽자구수(彭子求壽)〉, 죽은 자의 혼령을 초도(超度)하는 의례에서는 〈목련희(目連戲)〉를 공연한다. 또 혼사로 기쁘고 경하하는 의례에서는 〈직금회문(織錦回文)〉을 공연한다. 이상의 의례와 연극은 때로는 도단(道壇)과 괴뢰극단이 공동으로 완성해 가거나, 때로는 괴뢰극단 단독으로 행한다.[179] (그림 2, 3)

이제 복건성의 전통 인형극 가운데 천주(泉州) 괴뢰희의 첫 장면

179 이에밍성[葉明生], 〈중국 복건 지역 민간 괴뢰희의 제의 문화적 특징〉, 《동아세아의 인형극(1)》(고려대 민족문화연구원 민속학연구소 2003년 국제학술대회논문집), (동연구소, 2003), 46~47면.

'대출소(大出蘇)', 보선(莆仙) 괴뢰희의 첫 장면 '희붕 밟기(踏棚)', 보전(莆田) · 선유(仙遊)의 〈목련희(目連戲)〉를 중심으로 '라라리', '라리련' 구음의 성격과 기능을 살펴보기로 한다.

1) 천주(泉州) 괴뢰희의 '대출소(大出蘇)'

천주 지방의 괴뢰희는 늦어도 오대(五代: 907~960)시대에 이미 유행했을 만큼 매우 오랜 역사를 갖고 있다. 명청 이래 괴뢰희는 오락성으로 말미암아 도시인들의 사랑을 받았다. 이에 연희자들은 기예의 측면에 자극받아 창작을 했다. 그래서 이 지역 괴뢰희는 매우 이른 시기에 예술화되었다. 그 영향을 받아 괴뢰사(인형극 연희자)는 '반은 도를 행하고 반은 기예를 행하는' 쪽에서 기예 쪽으로 직업을 전환했다.

천주 괴뢰희 희붕(戲棚, 인형극 무대)은 옛날에 '팔괘붕(八卦棚)'이라 불렀다. 10개의 대나무 장대와 3장의 천을 싸서 만든다. 괴뢰희의 개막 의례를 '대출소'라고 하며, 속칭 '전공의 희붕 밟기(田公踏棚)'라고도 부른다. 이 의례는 '희신(戲神) 청하기', '꽃과 향불 올리기', '신령 보내기(辭神)' 등의 세 부분으로 구성된다. '희신 청하기'는 세 단락으로 되어 있다. 앞 단락은 '신인(神人) 청하기'를 위해 괴뢰사가 신령을 청하는 주문을 외우고, 청신사(請神詞)를 읊조리고 휘부(諱符) 및 주문 '로리련(嘮哩嗹)'을 노래한다. 둘째 단락은 괴뢰사가 전공(田公) 인형을 조종하여 金 · 木 · 水 · 火 · 土의 모양을 만들며, 전공의 행적을 노래한다. 셋째 단락은 상 · 중 · 하계의 염라천자 · 성황 · 관음 · 조군(灶君) 등의 신령을 청하는데, 주로 '소의(疏意)' 한 편을 읊는다. '꽃과 향불 올리기'는 괴뢰사가 전공 인형이 춤을 추게 하며 향불 · 꽃 · 등 · 촛불 등을 올리고, 아울러 '지금당(地錦襠)' 곡조로 전공의 행적을 노래한다.

'신령 보내기' 역시 괴뢰사가 전공 인형을 들고 '지금당' 곡조로 사계절 경치를 노래하고, 마지막에 '기보사(祈保詞)' 한 단락을 노래한다. 그 내용을 보면 다음과 같다.[180]

> [지금당] (전공이 노래한다) 말을 오르고 내리며 군대를 지휘하고, 저 세상 사람들에게 권장하노니, 형제로서 부부로서 서로 아끼고 화목하게 지내시오. 오늘 아침 제자들이 나를 청해 제사를 벌이니, 제사 후에는 제자들을 보호하여 크고 작게 출진하여 자손을 좋게 하리니. 등과하고 자손을 이루면 좋은 연극을 만들 것을 바라노라. 로리련(嘮哩嗹), 로리련, 로리련…….[181]

인용문은 연희신 전공원수(田公元帥)가 관객들을 축원하는 내용인데, 마지막 부분에서 "로리련(嘮哩嗹), 로리련(嘮哩嗹), 로리련(嘮哩嗹)……" 하고 구음을 노래하고 있다. 즉 연희신 전공원수가 무대를 정화하며 부르는 비밀스러운 주술로 '로리련(嘮哩嗹)'이 있다. 이는 보통 '라리련(囉哩嗹)'이라고 하는데, 여기서는 '로리련(嘮哩嗹)'이라고 한다. 구음이기 때문에 지역에 따라 또는 채록자에 따라 한자 표기가 약간씩 차이를 보인다.

천주 괴뢰희 연희자가 괴뢰희를 개막할 때 '라리련'을 노래하는 것

---

180 같은 글, 42면.

181 [地錦襠](相公唱)上馬落馬來管軍, 勸恁世上人, 做兄弟, 做夫妻, 相邀相惜相和順. 今旦弟子請我來賽愿, 賽愿後, 保庇弟子出了大陣小陣好兒孫. 登科連枝乞人编, 编出一段好戲文. 嘮哩嗹, 嘮哩嗹, 嘮哩嗹 ……. 陳天保 · 蔡俊抄, 〈泉州提線木偶戲傳統劇本大出蘇〉, 《泉州地方戲曲》 第一期, 福建省 泉州地方戲曲研究社 編(1986年11月 內部版), 160면.

을 '정대주(淨臺呪, 무대를 정화하는 주문)'를 노래하고 읊는다고 말한다. 무대를 정화하는 목적은 당연히 벽사(辟邪)를 위한 것이다.[182]

그런데 복건성 수녕현(壽寧縣) 대양촌(岱陽村)의 〈원소복(元宵福)〉과 이원교(梨園教)의 괴뢰희 〈화광전(華光傳)〉의 첫 장면에서는 다음 인용문과 같이, '라리련(囉哩嗹)'이 "라리련(囉哩嗹), 리련라(哩嗹囉), 라리리(囉哩哩), 라라련(囉囉嗹), 라련라(囉嗹囉), 련라련(嗹囉嗹), 라라련(囉囉嗹), 리라련(哩囉嗹)"처럼 이어지면서 변이된다.

> (말로) 나 전공원수는 구령(九靈)이라고 부른다. 또한 이원자제가 이 땅에 와서 한바탕 연희하는 것을 기뻐한다. 지금 연희가 잘 끝났다. 법사도 잘 마쳤다. 사람도 흩어지고 신도 흩어졌다. 그러나 사악한 귀신들이 흩어지지 않을까 두렵다. 나는 손에 청색 실과 두 개의 비단 손수건을 들고, 요마와 귀신들을 소탕하겠다! [라리련(囉哩嗹)을 노래한다. 전공이 노래한다. : 라리련(囉哩嗹), 리련라(哩嗹囉), 라리리(囉哩哩), 라라련(囉囉嗹), 라련라(囉嗹囉), 련라련(嗹囉嗹), 라라련(囉囉嗹), 리라련(哩囉嗹)].[183]

인용문의 밑줄 친 부분을 통해서 '라리련'을 노래하는 목적이 요마와 귀신들을 소탕하는 데 있음을 알 수 있다. 그리고 〈화광전〉에서는 전공(田公)이 창을 하는 사이사이에도 "(전공이 노래한다.) 나는 하늘

182 康保成, 앞의 글, 83면.

183 (白) 本帥, 田公元帥, 號九靈. 且喜梨園子弟來到本地演了戲文一臺. 今則戲文完滿, 法事周隆, 人散神散, 恐有邪神不散. 本師手執青絲雙羅帕, 掃蕩妖魔鬼怪精呵! (唱 [囉哩嗹] 本師唱起 : 囉哩嗹, 哩嗹囉, 囉哩哩, 囉囉嗹, 囉嗹囉, 嗹囉嗹, 囉囉嗹, 哩囉嗹.) 〈田公元帥掃臺科〉, 7면. 葉明生, 〈壽寧縣岱陽村的元宵福與梨園教之傀儡戲 〈華光傳〉〉, 《民俗曲藝》 第122, 123期(台北, 財團法人 施合鄭民俗文化基金會, 2000), 156면.

의 백학선(白鶴仙)이다. 라리련. 옥황의 명령으로 인간세계에 내려왔다. 리련라련리라리련. 옥황이 나에게 세 잔의 술을 하사했다. 라리련. 옥황이 주신 세 잔의 술을 마시고 하늘문을 나선다. ……"[184]처럼 '라리련' 구음을 삽입한다.

2) 보선(莆仙) 괴뢰희의 '희붕 밟기(踏棚)'

보선 지방의 괴뢰희에서 '전공의 희붕 밟기(田公踏棚)'는 새 희대(戱臺)를 세웠거나 혹은 신년을 여는 연극을 할 때, 괴뢰반은 모두 이 의례를 행해야 한다. '답붕'의례는 세 절차로 진행된다. 첫째, 괴뢰사가 작은 병풍 뒤에서 신령을 청하는 매우 간단한 내용의 밀어(密語)를 외우는 것이다. 둘째, 전공 인형이 춤을 추는데, 그 과정에서 상사(上詞)·중사(中詞)·하사(下詞)를 한다. 상·하사는 모두 '라리련'을 반복해서 노래한다. 중사에는 읊조리는 대사와 곡문(曲文)이 있다. 그 대사는 "항주부에서 살면서 일생 동안 징과 북을 사랑했다. 어떤 이가 나를 들어 청하니 무대에 올라 춤을 춘다[家住杭州府, 一生愛鑼鼓, 有人攀請我, 登台舞一舞]"이다. 그 후 영아(靈牙)장군과 철판장군 및 불·바람의 동자 둘이서 무대에 함께 올라 춤을 춘다. 이는 요사한 분위기를 없애고 그 장소를 평안케 하려는 뜻이다.[185]

3) 보전(莆田)·선유(仙遊)의 〈목련희(目連戱)〉

경제와 문화가 발달하고 불교가 성행했던 복주·흥화(즉 보전·선

184 (田公唱) 我是上界白鶴仙, 囉哩嗹. 玉皇勅旨下凡塵, 哩嗹囉嗹哩囉哩嗹. 玉皇賜我三杯酒, 囉哩嗹. 三杯御酒出天門, 哩嗹囉嗹哩囉哩嗹. …….

185 이에밍성[葉明生], 〈중국 복건 지역 민간 괴뢰희의 제의 문화적 특징〉(2003), 43면.

유)·천주 지역은 괴뢰희 중에서 〈목련희〉가 가장 유행했던 곳이다. 복건 괴뢰희인 〈목련희〉는 늦어도 남송 말에 이미 유행했다. 지금도 이곳의 도시 외곽과 농촌에서는 죽은 사람의 혼령을 초도(超度)하는 의례가 여전히 성행하고 있다. 이와 함께 존재했던 괴뢰 〈목련희〉도 1950년대에서 1970년대까지 문화대혁명 등 역사적으로 특수했던 시기에만 중단되었을 뿐, 1980년대 후반 들어 점차 다시 일어나고 있는데, 그 중에서도 보전·선유 두 지역이 가장 활발하다.

인형극 〈목련희〉의 의례 순서는 다음과 같다. 괴뢰극단은 공연 장소에 도착해 곧바로 희붕(인형극 무대)을 설치하고, 괴뢰 희신(戲神)인 전공(田公)의 신위를 안치한 후 극단 단원과 관객들의 무사평안을 기도한다. 〈목련희〉 공연을 시작하기 전, 희붕 앞 왼쪽(혹은 오른쪽)에 '대가단(大哥壇)'을 설치한다. '大哥'는 '백무상(白無常)'으로, 민간에서는 귀신을 잡는 귀신으로 알려져 있다. 그가 희대를 진무(鎭撫)해야 오방(五方)의 10가지 고혼(孤魂)들을 진무할 수 있기 때문에, 백무상 인형 역시 대가단 한쪽에 등장한다. 신단의 이러한 배치는 〈목련희〉 의례의 종교성을 드러낸다.

징과 북이 울리기 전에, 괴뢰사는 우선 무대 뒤 작은 신감(神龕)에 위치한 전공원수에게 향불을 올리고, 극의 중요 인물인 나복(羅卜)의 인형을 조종하여 전공단 앞에서 감사의 예를 올린다. 이어 희붕을 내려가 '대가단'에 향불을 올리고 예를 행한다. 이후 연희자들이 각자 극중 인물인 부상(傅相)·유청제(劉靑提)·익리(益利)·은노(銀奴) 등의 인형을 조종하여, 역시 전공단 및 대가단에 머리를 조아리고 향불을 올린다. 이윽고 징과 북이 크게 울리면 모두가 전공의 주문인 '라리련(囉哩嗹)'을 노래하며 전공의 희붕 밟기를 행하고, 다시 검은 얼굴을

한 신(黑臉神) 무발(武魃)의 희봉 밟기를 행하여 오방 귀신을 좇아낸다. 이 의례가 끝나야 비로소 〈목련희〉를 공연할 수 있다.[186]

이상과 같이, 복건성 괴뢰희의 '라리련'에 대해 "연희신 전공원수가 무대를 정화하며 부르는 비밀스러운 주문", "무대를 정화하는 목적은 당연히 벽사(辟邪)를 위한 것", "요사한 분위기를 없애고 그 장소를 평안케 하려는 뜻", "전공의 주문인 '라리련'을 노래하고 전공의 희붕 밟기를 행하고, 다시 검은 얼굴을 한 무발의 희붕 밟기를 행하여 오방 귀신을 좇아낸다. 이 의례가 끝나야 비로소 목련희를 공연할 수 있다"라는 언급을 통해서, '라리련'의 성격과 기능을 파악할 수 있다. 즉 '라리련'은 괴뢰희의 희신(戲神)인 전공원수의 주문으로서, 괴뢰희의 개막 장면에서 인형극 무대를 정화하는 벽사적 주문인 것이다.

그리고 미국의 중문학자 버치(白之, C. Birch)는 성화본(成化本) 〈백토기(白兎記)〉의 시작 부분에 나오는 '라리련'의 기능에 대해 다음과 같이 지적했다.

> 말배역(중년남자 배역)이 연희를 시작할 때, '백설적구(白舌赤口, 함부로 말하다)' 같은 이런 강경한 말을 사용하여 그의 경고를 천상과 지하로 보내서, 재앙과 사악한 것을 좇았다. 그런 후에 북과 판의 소리가 아주 시끄러운 가운데, 그는 영신곡(迎神曲, 신을 맞이하는 노래)을 부른다. 이 노래는 신선이 듣도록 하기 위해 부르는 것이다. 단지 신선만이 이 노래가 무슨

186 이상 보전·선유의 〈목련희(目連戲)〉에 대한 내용은 이에밍성[葉明生], 〈중국 복건 지역 민간 괴뢰희의 제의 문화적 특징〉(2003), 51~52면에서 요약 인용.

> 의미인지를 안다. 왜냐하면 전체 노래 45자가 모두 '리(哩)', '라(羅)', '련(漣)'의 세 음절인데 조금도 의미가 없이 여러 차례 되풀이한다.[187]

인용문에서는 '라리련'의 성격과 기능을 "재앙과 사악한 것을 쫓고 무대를 정화하는 벽사, 그리고 신을 맞이하는 청신(請神)의 노래"로 보았다. '라리련'은 구음이기 때문에 인용문의 '리(哩)', '라(羅)', '련(漣)'처럼 그 한자 표기는 채록자마다 다를 수 있다.

그러나 영국 옥스포드대학의 밴더룬(龍彼得, Piet van der Loon)은 싱가포르 괴뢰희의 개막 장면을 다음과 같이 소개하면서, '라리련'의 성격과 기능에 대해 다른 견해를 피력한다.

> 시작은 북을 치는 것이다. 그 다음에 대표 전도원수(田都元帥)의 인형을 부른다. 이어서 괴뢰희 연희자가 닭의 피로 전도원수의 입과 다리 그리고 장막의 양끝과 희대(놀이무대)의 네 기둥에 바른다. …… 그 다음에 그는 손바닥을 가볍게 치면서 '라리련(囉哩嗹)'을 구송한다. 대표 전도원수의 인형을 시렁에서 내려놓고, 그의 의복을 정리하고, 그를 무대 위로 보내 연기할 것을 준비한다. 괴뢰희 연희자와 한 도사가 시구로써 간단하게 대화를 교환한 후 전도원수를 무대 위에 놓는다. 다시 그의 명의로 옥황상제를 향해 표문을 바친다. 맨마지막에 괴뢰희 연희자는 다시 곡을 읊조린다. 끊임없이 '라리련' 주문을 반복한다. 그때 전도원수는 무대 위에서 춤을 춘다.[188]

---

187 白之(C. Birch), 〈一个戲劇題材的演化 －〈白兎記〉諸異本比較〉, 《文藝研究》(1987年 第4期), 71면.

188 龍彼得, 〈中國戲劇源于宗教儀式考〉, 王秋桂 · 蘇友貞 譯, 《中國文學論著譯叢》(臺灣學

밴더룬은 이런 내용에 대해 "라리련은 결코 신에 대한 기구어(祈求語, 기원하는 말)가 아니다. 또한 사악한 것을 쫓아 버리는 주문도 아니다. 신이 하는 동작과 함께 나타나면서, 그 동작을 강조하는 상투어이다. 즉 신이 막 뒤에서 준비하고, 막 앞에 나와 옥황상제에게 경의를 표하는 발동작을 하면서 함께 부르는 노래이다. 전도원수는 모든 인형을 대표하여 그 경의를 행하므로, 그는 일종의 길상(吉祥)과 기쁨을 가져다주는 희신(喜神)이다."라고 주장한다. 이에 대해 강보성은 "사실 이상 두 견해는 결코 모순이 아니다. 사악한 것을 쫓아내는 것과 희신의 행위를 강조하는 합리성은 통일된 것이다."라고 지적한다.

이상의 견해를 종합하면, 결국 복건성 전통 인형극의 구음 '라리련'은 괴뢰희의 희신(戱神)인 전공원수의 주문으로서, 연희 무대를 정화하는 성격을 띠고 있으므로 개막 장면에서 벽사적 기능을 한다. 그리고 신을 청하는 청신(請神)의 기능도 있다. 또한 신이 하는 동작과 함께 나타나면서, 그 동작을 강조하는 상투어이다. 즉 신이 막 뒤에서 준비하고, 막 앞에 나와 옥황상제에게 경의를 표하는 발동작을 하면서 함께 부르는 노래이다. 그래서 신을 청하거나 신의 동작에 맞춰 신을 즐겁게 하기 위해 '라리련'을 불렀을 것이다.

3. 한국 인형극 구음의 전승 양상 및 그 성격과 기능

한국 남사당패의 인형극인 꼭두각시놀이에서는 시작 부분에서 우

生書局, 1985), 540면.

선 악사들이 이삼 분 정도 자진덩덕궁이장단으로 음악을 연주하며 흥을 돋우고 나면, 꼭두각시놀이 포장막 안에서 대잡이(인형조종사)가 부채로 막을 '툭 툭 툭' 몇 번 친다. 그러면 악사들이 연주를 중단하고 인형극이 시작된다. 이수자 김세하(金世河, 1955년생)는 현재 연희자들은 대잡이가 부채로 막을 '툭 툭 툭' 치는 것을 음악 연주를 중단하라는 뜻으로 이해하고 있는데, 이 부분은 재해석이 필요하다고 한다. 즉 자기가 보기에는 악사들이 자진덩덕궁이장단으로 음악을 연주하며 흥을 돋우는 것은 신의 강림을 기원하는 청신(請神) 장면에 해당하고, 대잡이가 포장막을 '툭 툭 툭' 치는 것은 신이 내리는 강신(降神) 장면을 표현한 듯하다고 지적한다. 실제로 자신이 대잡이보(인형조종보조자)를 담당하는데, 대잡이가 막을 '툭 툭 툭' 칠 때 막이 떨리면 강신의 분위기를 느낀다는 것이다.

이어서 현행 꼭두각시놀이에서는 "허이(헤이)~허이 허이 허허험아~헤이~", "떼이루 떼이루 띠어라 따 떼이루 떼이루 떼이루 야하", "나아 네이 나이나 리리 라라 얼수 좋다. 리리 라라 라라 라라 라라 라리라 라라 라리라 ……", "니나노 난~실 니나노 난실 나니네~에 헤헤헤~ 헤헤 난~실 나~질 나질~ 니나노 난실" 등 네 종류의 구음이 나온다.

그러면 우선 이 구음들이 꼭두각시놀이의 여러 대본에서 어떻게 나타나는지 살펴보자.

1. 김재철(金在喆) 채록본 – 박영하(朴永夏), 전광식(田光植) 구술(《조선연극사》, 학예사, 1939 수록)

이 채록본에서는 꼭두각시놀이의 주인공이자 진행자 역을 맡은 박첨지 인형이 연희의 첫 장면에서 "떼루, 떼루 떼루 떼루."라는 구음만 부른다. 그러나 이 구음에 대한 설명은 전혀 없다.

2. 최상수(崔常壽) 채록본 – 노득필(盧得弼) 구술(《한국 인형극의 연구》, 성문각, 1988 수록)

이 채록본에서는 연희의 첫 장면에서 대잡이가 "떼루 떼루 따 떼루 떼루 다(보통 調로)"라고 노래하면, 악사가 같은 노래를 조금 높은 조로 다시 부른다. 특히 이 구음을 부르면서 앞으로 등장할 인형들을 모두 미리 보여준다.

3. 심우성(沈雨晟) 채록본 – 남형우(南亨祐, 남운용과 동일인), 양도일(梁道一) 구술(《남사당패연구》, 동문선, 1989 수록)

박첨지 유람거리

대잡이(인형 조종사) : (안에서) 어허허 아 헤헤.

산받이(악사) : 어허허 아 헤헤.

대잡이 : (창) 떼이루 떼이루 띠어라 따 떼이루 떼이루 떼이루 야하.

산받이 : (창) 떼이루 떼이루 띠어라 따 떼이루 떼이루 떼이루 야하.

박첨지 : 떼이루 떼이루 떼이루 야하, 떼어헤 띠어라 따 떼이루 떼이루 떼이루 야하.

산받이 : 떼이루 떼이루 떼이루 야하, 떼어헤 띠어라 따 떼이루 떼이루 떼이루 야하.

대잡이 : (안에서 구음 무용곡) 나이니 나이니 나이니 나이나, 나이나 나이나 나이나 나이나, (박첨지의 춤)

피조리거리

박첨지 : 요것들(박첨지의 딸과 며느리로서 피조리라고 부름 – 필자 주)이 춤추러 나온다네.

산받이 : 나오라고 그러게.(박첨지 들어가고 피조리, 상좌 나와 춤춘다.)

대잡이 : (안에서) 니나니 난실 나니네 난실, 니나니 난실, 나니네 난실

이 채록본에서는 구음이 네 종류이다. 첫 장면인 '박첨지 유람거리'에서만 "어허허 아 헤헤.", "떼이루 떼이루 떼이루 야하, 떼어헤 띠어라 따 떼이루 떼이루 떼이루 야하"와 "나이니 나이니 나이니 나이나, 나이나 나이나 나이나 나이나", "니나니 난실 나니네 난실, 니나니 난실, 나니네 난실" 등 네 종류의 구음을 노래한다.

우선 대잡이(인형조종사)가 꼭두각시놀이 포장막 안에서 부채로 막을 '툭 툭 툭' 몇 번 쳐서, 악사들이 음악연주를 중단하면, 대잡이가 "어허허 아 헤헤"라는 구음을 장단 없이 1회 선창한다. 이어 산받이도 이를 1회 반복한다. 이 구음은 표기하기에 따라 다를 수 있는데, 필자가 연희자들에게 조사해 본 결과 현재는 "**허이**(또는 헤이)**～허이 허이 허허험 아～헤이～**"로 구연하는데, 이를 정간보로 표기하면 다음과 같다.

허이		허이	허이	허허험	아		헤이	

그리고 "떼이루 ……" 구음을 부르면서 앞으로 등장할 인형들을 모두 보여준다. 국립영화제작소에서 1960년대 기록영화로 제작한 남사당패의 꼭두각시놀음에서도 대잡이는 남형우(대잡이보는 최성구, 박계순, 박용태), 산받이는 양도일이었는데, "떼이루 ……" 구음을 부르면

그림 4. 박첨지와 산받이가 "떼이루 ……" 구음을 교환으로 노래하는 장면

서 앞으로 등장할 인형들을 모두 보여 줬다. 현재 남사당패에서 꼭두각시놀이의 대잡이를 맡고 있는 예능보유자 박용태와 이수자 양근수가 정리한 대본에도 "떼이루 ……" 구음 아래 "모든 인형들의 인물 소개를 하는 창"이라는 설명이 달려 있다.[189] (그림 4)

앞으로 나올 인형들을 미리 등장시켜 소개하는 장면에서, 인형들이 하나씩 나왔다가 마지막 인형이 퇴장할 때까지 계속해서 "떼이루 ……" 구음의 하청과 상청을 반복하며 노래 부른다. 먼저 대잡이(인형 조종자 모두)가 하청(낮은 곡조)으로 "떼이루 ……"를 부르면, 이어 산받이(악사 모두)가 하청으로 이를 반복한다. 다음에 대잡이가 상청(높은 곡조)으로 "떼이루 ……"를 부르면, 이어 산받이가 상청으로 이를 반복한다.[190] 이를 정간보로 표시하면 다음과 같다.

---

189 박용태 · 양근수, 《박첨지가 전하는 남사당놀이》(엠-애드, 2008), 74면.

190 하청과 상청의 차이는 상청이 첫째, 둘째 마디만 음이 조금 높고, 나머지 마디는 상, 하청의 음높이가 똑같다.

떼					이 루	떼 이	루		띠	어	라	따		떼	이 루	떼	이 루	떼		이 루	야	하	

그리고 대잡이의 구음 무용곡인 "나아 네이 나이나 ……"는 박첨지가 춤을 출 때 부르는 것이다. 이 구음은 태평소의 타령가락인데, 박첨지(대잡이)가 등장하여 구음으로 1장단을 먼저 노래 불러서, 태평소와 잽이들의 장단을 타령가락으로 유도한다. 그래서 예능보유자 박용태와 이수자 양근수가 정리한 대본에는 이 구음에 "장단법을 무대 안 음에 맞추게 하는 구음악"이라는 설명이 달려 있다. 이 구음도 표기하기에 따라 다를 수 있는데, 필자가 예능보유자 박용태에게 조사해 본 결과, 현재는 "나아 네이 나이나 리리 라라 얼수 좋다. 리리 라라(리리) 라라(리리) 라라(리리) 라라(레) 라리(이)라 라라 라리(이)라 ……"로 부른다.[191] 이를 정간보로 표시하면 다음과 같다.

나 아	네 이		나 이 나	리 리	라 라	얼 수	좋 다	리 리	라 라	라 라	라 라	라	라	라 리 라		라	라	라 리 라		…

태평소와 잽이들의 타령장단에 맞춰 박첨지가 1분 정도 흥겹게 놀다가, 다시 대잡이와 산받이가 "허이(헤이)~허이 허이 허허험 아~헤이~"를 노래하고 나서, 박첨지의 재담이 시작된다.

그리고 둘째 거리인 피조리거리의 구음 "니나니 난실 나니네 난실, 니나니 난실, 나니네 난실"은 피조리들이 춤을 출 때 부르는 것이다. 이 구음을 피조리 2명과 상좌 2명이 등장할 때까지 하청과 상청을 반

191 그런데 박용태는 이 구음을 부를 때마다 조금씩 다르게 불렀다. 이 구음을 괄호 앞처럼 부르기도 하고, 괄호 안처럼 부르기도 했다.

그림 5. 대잡이의 구음 무용곡인 "나아 네이 나이나 …"에 맞춰 피조리들과 상좌들이 춤을 추는 장면

복하며 노래 부른다. 먼저 대잡이(인형조종자 모두)가 하청으로 이 구음을 부르면, 이어 산받이(악사 모두)가 하청으로 이를 반복한다. 다음에 대잡이가 상청으로 이 구음을 부르면, 이어 산받이가 상청으로 이를 반복한다.[192] 이 구음도 표기하기에 따라 다를 수 있는데, 필자가 연희자들에게 조사해 본 결과 현재는 세마치 장단에 "니나노 난~실~ 니나노 난~실~ 나니네~ 헤~헤~헤 난~실~ 나~질 나질~ 니나노 난~실~"로 부른다. 이를 정간보로 표시하면 다음과 같다.(그림 5)

니	나	노	나		안	시	일		니	나	노	나		안	시	일	
나	니	네				헤	에		헤	에	헤	나		안	시	일	
나	아	질	나	지		일			니	나	노	나		안	시	일	

192 하청과 상청의 차이는 상청이 첫째, 둘째, 넷째, 다섯째 마디만 음이 조금 높고, 나머지 마디는 상, 하청의 음높이가 똑같다.

이상의 대본들에서 일부 차이는 있지만 꼭두각시놀이에 나오는 구음은 대체로 "허이(헤이)~허이 허이 허허험 아~헤이~", "떼이루 떼이루 띠어라 따 떼이루 떼이루 떼이루 야하", "나아 네이 나이나 리리 라라 얼수 좋다. 리리 라라(리리) 라라(리리) 라라(리리) 라라(레) 라리(이)라 라라 라리(이)라 ……", "니나노 난~실 니나노 난실 나니네~에 헤헤헤~ 헤헤 난~실 나~질 나질~ 니나노 난실"의 네 종류로 집약할 수 있다. 이 네 구음 가운데 "허이(헤이)~허이 허이 허허험 아~헤이~"와 "떼이루 떼이루 띠어라 따 떼이루 떼이루 떼이루 야하"는 꼭두각시놀이에만 나온다.

그러나 "나아 네이 나이나 리리 라라 얼수 좋다(절수)"와 "니나노 난~실 니나노 난실 나니네~에 헤헤헤~ 헤헤 난~실 나~질 나질~ 니나노 난실"과 유사한 구음은 다른 장르에서도 발견된다. 남사당패의 버나(대접돌리기)에서는 놋대야를 돌리는 장면에서 버나잡이와 매호씨(어릿광대)가 〈산염불〉 곡을 한 구절씩 주고받으며 부르는데, 이때 여음으로 "나네 난실 네나네에요"라는 구음을 노래한다.[193]

또 예전에는 장날을 따라 각처로 돌아다니면서 장난감 인형을 파는 사람들이 있었다. 이 인형장사는 먼저 자기가 인형을 가지고 놀리면서 인형이 움직이는 모양에 따라 창조(唱調)로 "허 좋다 잘 한다. 이크 한 바퀴 돈다. 두 바퀴 돌구나. 다리를 들었다. 법사를 넘는다. 나~나~나니나~얼사 좋다. 나~나~나니나 ……" 이와 같이 흥겹게 설명하면서 묘하게 인형을 놀렸다.[194] 여기서도 인형을 놀리면서 부르는

193 심우성, 《남사당패연구》(동문선, 1989), 75면.

194 최상수, 《한국 인형극의 연구》(성문각, 1988), 3면.

"나니나"를 살펴볼 수 있다. 그러므로 이는 우연의 일치가 아니고 인형과 관련하여 이런 구음이 관용구로 불렸고, 그 분포도 꽤 광범위했을 것으로 보인다.

그런데 꼭두각시놀이의 "나아 네이 나이나 리리 라라 얼수 좋다. 리리 라라(리리) 라라(리리) 라라(리리) 라라(레) 라리(이)라 라라 라리(이)라 ……"는 바로 불교 구음 '라라리'와 관련된 것이다. 불교 선승들의 시와 어록, 그리고 《금강경오가해》, 《선문염송집》 등에 자주 나오는 '라라리', '라리라', '리리 라라'가 그대로 사용되고 있는 것이다.

그러면 꼭두각시놀이에서 불리는 이 구음들은 도대체 어떤 성격과 기능을 갖고 있는 것일까? 필자가 직접 꼭두각시놀이의 대잡이 박용태(1943년생, 예능보유자)와 산받이 남기문(1958년생, 전수조교)에게 질문해 보았지만, 이 분들도 이 구음들의 뜻은 모르고 그저 옛날 연희자들이 하던 그대로 하고 있다는 대답만 들을 수 있을 뿐이었다. 다만 "나아 네이 나이나 리리 라라 ……"는 태평소의 타령가락인데, 박첨지(대잡이)가 등장하여 구음으로 1장단을 먼저 노래 불러서, 태평소와 잽이들의 장단을 타령가락으로 유도한다고 설명한다.

그러나 앞 장에서 살펴본 바와 같이, 중국 복건성의 괴뢰희에서 첫 장면의 '라리련' 구음은 놀이판을 정화하고 희신(놀이신) 전원수를 청하는 기능을 갖고 있다는 점에 주목해 보자. 그동안 꼭두각시놀음의 연희자들조차도 "떼이루 ……" 등 여러 구음의 기능이나 의미를 잘 모르고 있었다. 그런데 복건성 괴뢰희의 예를 통해, 꼭두각시놀이의 첫 부분에서 "떼이루 ……"를 부르며 앞으로 나올 인형들을 모두 등장시켜 보여 주는 장면도 바로 인형극을 시작하면서 악귀를 쫓아내어 놀이판을 정화하고, 신을 청하던 방식에서 유래했음을 짐작할 수 있다. 현재 꼭두각시놀이의 등장 인형들은 신(神)이 아닌 일반적인 배역들이지만, 옛날 제사의식에서 신을 청하던 방식대로 등장 인형들을 하나씩 청해서 무대로 나오게 하는 것으로 볼 수 있다. 이러한 해석은 연희자 김세하가 꼭두각시놀음의 첫 장면에서 악사들이 음악을 연주하며 흥을 돋우는 것은 신의 강림을 기원하는 청신 장면에 해당하고, 대잡이가 포장막을 '툭 툭 툭' 치는 것은 신이 내리는 강신 장면을 표현한 듯하다면서, 실제로 대잡이가 막을 '툭 툭 툭' 칠 때 막이 떨리면 강신의 분위기를 느낀다고 지적한 점과도 일치한다. 즉 "떼이루 ……" 구음은 악귀를 쫓아내어 놀이판을 정화하고, 옛날 제사의식에서 신을 청하던 방식대로 등장 인형들을 청해서 무대로 나오게 하는 성격과 기능을 갖고 있는 것이다.

중국 복건성의 괴뢰희가 종교(도교의 일종인 이원교 등)와 밀접한 관련 아래 전승되었고, 일본의 인형극 연희자인 구구쓰시가 13세기경부터 불교 사원이나 신사(神社)에 소속되어 활동했듯이, 꼭두각시놀이도 종교(불교)와 밀접한 관련을 갖고 있다.

도시의 장마당이나 농어촌 마을을 활동무대로 삼고 순회공연을 하던 사당패들은 유랑예인집단이었지만, 자기들의 집결처이자, 새로운 공연 종목을 준비하기 위한 연습지이고, 생활 본거지인 불교 사찰을 본산으로 삼았다. 이능화는 "항간에 전해지는 말에 의하면, 사당은 사노비(寺奴婢)에서 비롯되었는데, 안성군(安城郡)의 청룡사(青龍寺)가 그 본거지라고 한다. 그래서 남녀 사당이 중을 대하게 되면 반드시 공경하고 예(禮)를 행하여, 마치 노비가 상전을 섬기듯 한다고 한다"[195]고 하며, 사당패가 사찰과 밀접한 관련이 있음을 지적했다. 사당패는 관계를 맺고 있는 사찰에서 내준 부적을 가지고 다니며 팔고, 그 수입의 일부를 사찰에 바쳤다. 그래서 사당패들은 자기들의 수입으로 불사를 돕는다는 것을 내세웠다.[196] 그러므로 남사당패의 꼭두각시놀이 중 건사(建寺)거리에 절을 짓는 내용이 있는 것은 그들이 명분으로 내세우는 공연 목적과 일치한다. 또한 꼭두각시놀이의 첫 장면에 무대를 정화하고 신을 청하는 방식의 구음이 있는 것도 그 연희자들이 불교와 관련된 연희패였던 사실과 무관하지 않은 듯하다. '라라리'는 원래 불교 승려들이 노래하던 구음이었기 때문이다.

또한 복건성 괴뢰희에서 '라리련' 구음은 신이 하는 매 동작과 함께 나타나면서 그 동작을 강조하는 상투어인데, 신이 막 뒤에서 준비하고 막 앞에 나타나 옥황상제에게 경의를 바치는 발동작을 하며 함께 부르는 노래라는 견해가 있다. 그래서 신을 청하거나 신의 동작에 맞춰 신을 즐겁게 하기 위해 '라리련'을 불렀을 것이다. 이와 마찬가지로 꼭두각시놀이에서도 대잡이의 "나아 네이 나이나 리리 라라 ……" 구음은 태평소와 잽이들의 장단을 유도하면서, 박첨지의 춤을 맞춰 준다. 이제 제사의식으로부터 멀어진 꼭두각시놀이에서는 박첨지인형을 청하고, 그가 즐겁게 춤을 추게 하기 위해 이 구음을 부르는 것이다.[197] 피조리거리의 "니나노 난~실 니나노 난실 나니네 ……"

---

195 이능화, 《조선해어화사》(동양서원, 1927), 142면.

196 심우성, 《남사당패연구》(동문선, 1989), 27면, 32면.

197 연극학자 김청자(金淸子)는 꼭두각시놀이의 구음에 대해 "'어허 아 헤헤'로 시작하여 '떼루떼루 떼루다 떼루야하'를 반복하는 서두(序頭)는 제의적 첫 단계인 신(神) 부르기의 흔적으로 보인다. 대개 종교의식에 쓰인 시나리오는 주인공이 되는 신(神)이나 영웅의 이름이나 부가형용사(附加形容詞) 또는 제2의 이름이 가지고 있는 주술적인 힘을 믿으면서 돈호법(頓呼法)을 삽입시킨다."라고 지적했다. 꼭두각시놀

구음도 피조리 2인과 상좌 2인을 청하고, 그들의 춤을 흥겹게 하기 위해 부르는 것이다. 즉 "나아 네이 나이나 리리 라라 ……"와 "니나노 난~실 니나노 난실 나니네 ……" 구음은 반주 음악을 유도하면서 등장 인형들의 동작을 맞춰 주고 흥겹게 춤을 추게 하는 성격과 기능을 갖고 있는 것이다.

복건성의 괴뢰희에서는 주로 '라라리'와 '라리련' 구음을 사용하면서, '라리련' 이 세 글자의 순서를 바꾸어 가며 변이시켜 노래하는데, 곡조가 다양하다. 그러나 한국 꼭두각시놀이의 구음은 네 종류나 된다. 그리고 "허이(헤이)~허이 ……", "떼이루 ……", "니나노 난~실 ……"은 하청과 상청이 있어서 노래에 변화를 주고 있다. 더욱이 대잡이와 산받이가 서로 한 번씩 이 구음들을 반복하며 노래하는 것도 특징이다. 구음의 종류가 다양하며 기능도 다양한 것이다.

4. 일본 인형극 구음의 전승 양상 및 그 성격과 기능

현재 일본에 전하는 인형극 가운데 한국의 꼭두각시놀이와 유사한 것은 고요신사(古要神社)와 고효신사(古表神社)의 '구구쓰마이(くぐつ舞)',[198] 그리고 사도(佐渡) 섬의 〈노로마인형〉이다. 특히 사도 섬의 〈노

이가 제의로부터 연극으로 발전하면서 이미 전문화·연희화되었지만, 여전히 이러한 신 부르기의 흔적이 남아 있다고 보는 것이다. 김청자, 〈한국전통극 꼭두각시놀음 텍스트연구 1〉, 《한국연극학》 제8호(한국연극학회, 1996), 15면.

198 이 두 인형극에 대한 논의는 노무라 신이치, 〈제사의례와 인형희〉, 《민속학연구》 제14호(국립민속박물관, 2004.6), 91~120면 참조.

로마인형〉이라는 인형극은 한국 남사당패의 꼭두각시놀이와 매우 유사하다. 〈노로마인형〉은 18세기 전반기 사도 섬의 스다고로 자에몬[須田五郎左衛門]이 에도[江戶, 東京]에 올라가 조종법을 배운 다음 인형을 가지고 돌아와서 시작한 것으로서, 현재 광영좌(廣榮座)라는 단체가 전승하고 있다.

노로마라는 명칭은 노로마쓰(野呂松)라는 인형사의 이름에서 따온 것이다. 에도의 이즈미다유자[和泉太夫座]의 노로마쓰 간베이[野呂松勘兵衛]라는 인형사가 소극적 연희를 잘했기 때문에, 그 이름을 따서 노로마인형이라고 불렀다는 것이다. 광영좌는 〈노로마인형〉 외에 〈설경인형(說經人形)〉도 함께 전승하고 있다. 광영좌의 두 인형극은 12세기에 활동했던 구구쓰시[傀儡子]의 전승 맥락 속에서 성립된 전통 인형극이다.

사도 섬은 오키나와를 제외하면 일본에서 가장 큰 섬으로서 현재는 인구가 6만 명이지만, 예전에는 훨씬 많은 사람들이 살았다. 일본 최대의 금광이 이곳에 있었기 때문에 막부의 쇼군[將軍]이 직접 다스리는 직할령이었다. 그래서 사람들이 많이 몰려들었고 경제력이 있었던 곳이다. 더구나 이곳은 에도시대[江戶時代: 1603~1867]에 귀족들의 유배지였기 때문에 에도와 교토의 문화가 잘 전해진 곳이기도 하다. 노[能]를 완성한 제아미[世阿彌: 1363~1443]도 이곳에 유배되어 말년을 보냈다. 그래서 사도 섬에는 여러 신사와 절에 매우 훌륭한 노 무대가 설치되어 있다. 이런 경제적·문화적 배경 아래 사도 섬에서는 노가 잘 전승되었고, 인형극 단체도 7개나 있다.

〈노로마인형〉의 무대는 한국 꼭두각시놀이의 무대와 대동소이하며, 네 면 내지는 세 면을 천막으로 싸고, 그 안에서 장단을 치고 인

그림 6.
〈노로마인형〉의 연희 장면

그림 7. 꼭두각시놀이의 홍동지가 오줌을 누는 장면

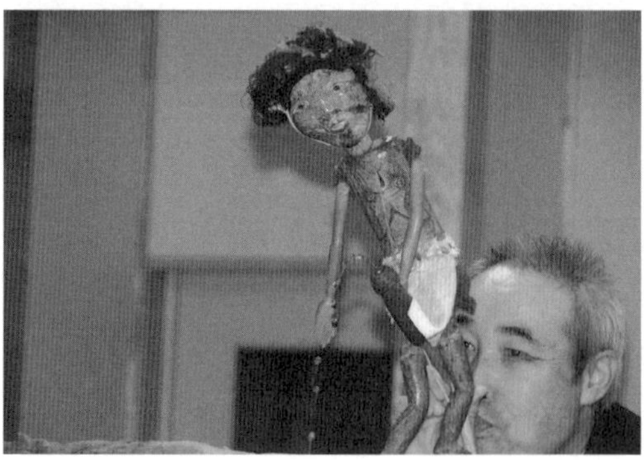

그림 8. 〈노로마인형〉의 기노스케가 오줌을 누는 장면

형을 조종한다. 인형의 구조도 꼭두각시놀이의 인형과 같다. 인형 하나에 인형사 한 사람이 원칙이며, 인형을 잡은 인형사가 자기 인형의 대사를 천막 안에서 읊는다. 음악은 피리와 북을 중심으로 한다. 그래서 샤미센[三味線]을 반주 악기로 하고, 대사는 기다유[義太夫]라는 사람이 전문적으로 노래하는 〈닌교조루리[人形淨瑠璃]〉와 전혀 다르다.

이 인형극에 등장하는 익살쟁이 기노스케[木之助, 이 지방 사투리로 바보라는 뜻]는 꼭두각시놀이의 홍동지와 매우 유사하다. 기노스케는 좀 바보스러운 사람이다. 불상 조각쟁이의 부탁을 받고 임시로 불상으로 변하여 앉아 있다. 그 앞에 장안 부자인 시모노초자[下の長者]가 나타나서 기도하면서 "부처님은 무엇을 좋아하십니까?"라고 물어본다. 그 말을 듣고 기노스케는 "떡을 좋아한다", "십칠팔 세의 처녀와 잠자는 것을 좋아한다." 등등 불상답지 않은 답을 연발한다. 그 말에 의심이 생긴 시모노초자가 불상이 입고 있는 옷을 벗겨 보니, 신체에 비해 매우 과장되게 큰 남근이 달려 있다. 이때 인형조종사는 입에 물을 머금고 있다가 남근에 연결된 대롱을 통해서 관객석을 향해 물을 뿜는다. 꼭두각시놀이의 홍동지와 똑같은 방뇨를 하는 것이다. 두 인형극은 인형의 형태와 조종법이 매우 유사하다. 인형들은 대부분 나무로 만든 장두괴뢰이다. 그리고 〈노로마인형〉과 꼭두각시놀이는 고정된 대본이 없이 구전되어 왔고 즉흥성이 강하다.(그림 6~8)

김양기는 다음과 같이 한국 꼭두각시놀이와 일본 〈노로마인형〉의 첫 부분을 제시하고, 양자의 공통점을 지적한 바 있다.

꼭두각시놀이

서곡 음악 : 떼루 떼루 떼떼루 – 악기 소리 시작된다.(장고, 북, 꽹과리, 호적)

박첨지 : (창) 에헤 에헤 아 – 헤헤 ……

받는 소리 : 에헤 에 헤헤 아 – 헤헤 …… (중략)……

박첨지 : 엇다 아닌 밤중 가운데 사람 많이 모였구나. …… (중략)……

박첨지 : 내가 웬 영감이 아니라, 내가 살기는 저 – 웃녘 산다. (南雲龍 口述, 朴憲鳳 採錄, 1964년)

노로마인형 기노스케 이키지조〔木之助生地藏〕

피–야루루루 피–야루 루루 루우루 루루루…… 데코 덴데코 데덴 데코 데코 데코 덴데코 (피리와 북의 풍악으로 시모노초자가 등장. 이 소리들은 구음이 아니고, 피리와 북 소리를 채록자가 표기한 것 – 필자 주)

시모노초자 : 누라리 누라리 누우토 토오자이[東西] 토오자이[東西]. 자 여러분들 다 잘 오셨습니다. 그러나 저러나 나는 여러분이 아는 바와 같이 시모노초자(아랫녘 장안이라는 뜻)의 은거노인이요.(一度照造 口述 山本修之助 採錄)

이상 첫 대목에서 양자의 공통점은 다음과 같다. 1) 악기 연주로 시작한다. 2) 노인이 처음에 등장하여 관객들에게 정중하게 말한다. 3) 그는 스스로 영감이라든가, 은거 노인이라고 말하면서 자신이 노인인 것을 밝힌다. 4) 노인들은 자신이 살고 있는 곳을 밝힌다. 5) 박첨지는 각지를 유랑하고 있는 노인인데, 시모노초자도 역시 극중에서 오사카까지 여행한다. 박첨지와 시모노초자 모두 집을 떠나 떠도는 사람이다. 이것은 이 인형극들을 전승했던 유랑예인집단의 표박

생활의 유습일 것이다.[199]

필자는 여기에 하나를 더 추가하고자 한다. 즉 두 인형극은 모두 인용한 대본처럼 첫 부분에서 구음을 노래한다는 것이다. 그것도 너무나 유사한 구음을 노래한다. 현재 남사당패 꼭두각시놀이의 구음은 첫 장면에 ㉮"허이(헤이)~허이 허이 허허험 아~헤이~", ㉯"떼이루 떼이루 띠어라 따 떼이루 떼이루 떼이루 야하"와 ㉰"나아 네이 나이나 리리 라라 얼수 좋다. 리리 라라(리리) 라라(리리) 라라(리리) 라라(레) 라리(이)라 라라 라리(이)라 ……"라는 구음이 있고, 둘째 피조리 상좌춤거리에 ㉱"니나노 난~실 니나노 난실 나니네~에 헤헤헤~ 헤헤 난~실 나~질 나질~ 니나노 난실"이라는 구음이 있다.

그런데 일본 사도 섬의 〈노로마인형〉에서도 첫 장면에서 ⓐ"누라리 누라리 누우토 토오자이[東西] 토오자이[東西]"라는 구음을 노래한다.

〈노로마인형〉의 구음 ⓐ는 중국 복건성 괴뢰희의 '라리련' 구음 및 한국 꼭두각시놀이의 ㉰와 유사하다. 즉 ⓐ의 '누라리'는 한중일의 불교 승려들이 즐겨 노래한 '라라리'와 유사한데, ㉰의 '리리 라라', '라리 라리라' 및 복건성 괴뢰희의 '라리련(囉哩嗹)', '라리리(囉哩哩)'와 친연성을 보인다. 그러므로 일본 〈노로마인형〉의 구음을 통해서 동아시아 전통 인형극의 보편성을 살펴볼 수 있다. 더욱이 일본 노[能]의 〈오키나[翁]〉에 나오는 구음까지 고려하면, '라라리' 계통 구음의 보편성이 주목된다. 일본 노 가면극의 레퍼토리 가운데 〈오키나〉는 단순한 춤을 주술적으로 반복하는데, 오키나는 등장할 때 "토우토우

---

199 이상 〈노로마인형〉에 대한 내용은 다음 논저를 참조하여 정리했음. 김양기, 〈동일 계통의 민속 인형극〉, 《전통문화》 통권155호(1985.8), 72~73면. 金兩基, 《韓國 假面劇の世界》(新人物往來社, 1987), 198~203면.

타라리 타라리라. 타라리 아가리 라라리 도우"라는 구음을 노래한다. 여기서도 '라라리'과 관련된 '라라리', '타라리', '아가리'를 발견할 수 있다.

그리고 〈노로마인형〉의 첫 장면에서 이 구음들을 노래하는 점으로 볼 때, 이 구음들도 인형극을 시작하면서 악귀를 쫓아내어 무대를 정화하는 벽사적 기능을 하고 있다. 현재 〈노로마인형〉의 등장 인형들은 신이 아닌 일반적인 배역들이지만, 옛날 제사의식에서 신을 청하던 방식대로 등장 인형을 청해서 무대로 나오게 하는 성격과 기능을 갖고 있는 것이다.

〈노로마인형〉은 교토나 오사카 지방에서 〈닌교조루리〉의 막간(幕間)에 상연되었으며, 후일에는 에도에서도 잠시 상연된 일이 있었으나, 지금은 사도와 미야자키현[宮崎縣] 미야코노조시[都城市] 그리고 이시카와현[石川縣]에서만 전승되고 있다. 특히 사도의 인형극이 널리 알려져 있다.[200]

주목되는 점은 원래 〈닌교조루리〉의 중간에 〈노로마인형〉을 공연했다는 것이다. 마치 진지한 고급예술인 〈노[能]〉의 공연 중간에 해학적인 〈교겐[狂言]〉을 공연하듯이, 서사적 창과 인형극이 어우러지는 〈닌교조루리〉의 중간에 해학적 인형극인 〈노로마인형〉을 연행했던 것이다. 그러므로 예전에는 일본 본토의 많은 지방에서 이 인형극이 공연되었을 것이고, 〈닌교조루리〉 등 전문적인 인형극의 연희자들도 대부분 〈노로마인형〉을 연희할 수 있었을 것이다. 또한 이들에게 이러한 구음들이 잘 알려져 있었을 것이다.

---

200 김양기, 〈동일 계통의 민속 인형극〉, 71면.

다음 사례는 이상의 추정을 구체적으로 뒷받침해 준다. 1976년 사도 섬의 향토사학자인 야마모토 슈노스케[山本修之助]가 편찬한《佐渡の人形芝居臺本》에 〈노로마인형〉의 대본도 수록되어 있는데, 구술자는 잇타쿠 데루조[一度照造]이다. 그는 원래 분야[文彌] 인형극의 연희자인데, 이는 샤미센의 반주에 맞춰 노래하며 공연하는 〈닌교조루리〉에 해당하는 인형극이다. 위에서 밝힌 바와 같이, 일본 본토에서부터 〈노로마인형〉을 〈닌교조루리〉의 중간에 연행했었기 때문에, 전문적 인형극 연희자는 노로마인형을 연행할 수 있었다. 그러므로 분야 인형극의 연희자인 잇타쿠 데루조도 노로마인형을 연행할 수 있었고, 그 대본을 구술할 수 있었던 것이다.

또한 이시카와현[石川縣] 히가시후타쿠치[東二口]의 〈가가분야[加賀文彌]〉 인형극에서는 개막 전에 '하나보메[花ぼめ]'라는 축의(祝儀)인형을 공연한다. 이는 〈산바소[三番叟]〉에 해당된다.[201] 인형 조작법은 간단하며 좌우로 움직여 관중에게 머리를 숙이는 정도이다. 가사는 몇 종류가 있는데 토속적이며 음란한 익살도 있다. 모두 인형 조종사가 이야기한다. 악기는 사용하지 않는다. 그런데 '하나보메[花ぼめ]'는 산바소 즉 〈노〉의 〈오키나〉를 인형극으로 연출한 것이다. 그래서 개막

201 일본 노[能] 가면극의 레퍼토리인 〈오키나[翁]〉를 시키산바[式三番]라고도 부른다. 시키산바는 '예식(例式)의 3번 공연종목'이라는 뜻으로 〈치치노조[父尉]〉, 〈오키나〉, 〈산바사루가쿠[三番猿楽]의 세 종목을 가리킨다. 모두 늙은 신이 축언·축무를 행하는 것으로 3자간에 직접적인 관계는 없으나, 노나 교겐과는 달리 이 중에서 공연종목을 고르는 것이 아니라 세 개를 한 묶음으로 연행한다. 늦어도 가마쿠라[鎌倉]시대 중기에는 〈시키산바〉의 형식이 정착된 것으로 추정된다. 오늘날의 오키나춤은 센자이[千歲]·오키나·산바소[三番叟]이다.

장면에서 〈오키나〉의 오키나와 지우타이[地謡][202]가 부르는 "토우토우 타라리 타라리라. 타라리 아가리 라라리 도우", "치리야 타라리 타라리라. 타라리 아가리 라라리 도우"라는 구음을 똑같이 반복한다는 사실이다. 이런 산바소 인형극은 효고현[兵庫県] 아와지섬[淡路島]의 〈아와지인형[淡路人形]〉, 나가노현[長野県]의 〈신슈오야사와인형[信州親沢人形]〉, 나가노현[長野県]의 〈신슈후루타인형[信州古田人形]〉 등에서 전승되고 있는데, 모두 개막 장면에서 앞의 구음을 노래한다.[203] 이를 통해 일본 전통 인형극의 개막 장면에서 구음을 노래하는 것은 희귀한 현상이 아니었음을 알 수 있다. 그리고 분야[文彌] 인형극처럼 〈닌교조루리〉에 해당하는 인형극의 연희자들도 이런 구음을 노래할 수 있었던 사실을 알 수 있다.

현재는 사도 섬의 광영좌라는 단체가 〈설경인형〉과 함께 〈노로마인형〉을 공연한다. 사도 섬의 광영좌는 〈노로마인형〉의 레퍼토리로 (1) 이키지조[生地藏, 살아 있는 지장], (2) 사토가에리[里歸り, 오하나[お花]의 귀향], (3) 소바바다케[そば畑, 메밀밭], (4) 고린보도케[五輪佛, 오륜불], (5) 기노스케자젠[木之助座禪] 등 7종목이 있었다. 지금은 (1)~(4)의 4종목만 연행할 수 있다. 그리고 〈노로마인형〉 외에 샤미센 반주에 맞춰 공연하는 설경인형도 전승하고 있다.

광영좌의 연희자 쓰루마 가즈오[霍間和夫, 1934년생]의 제보에 의하면, 조부 때부터 〈노로마인형〉을 전승했는데, 부친은 농사를 지으면서 〈노로마인형〉을 전승하고 있었다. 부친이 1940년대에 전쟁에 참

202 지우타이[地謡]는 노 또는 교겐에서 등장인물 외의 연기자들이 제창하는 노래.

203 永田衡吉,《日本の人形芝居》下卷(錦正社, 1969), 438~446면.

전하러 중국에 갔다가 2년 후 귀향했는데, 부친이 중국에 갈 때 연필로 써 놓은 대본이 있었다. 1953년 일본의 유명한 민속학자 야나기다 구니오가 민속예술대회를 개최했을 때, 쓰루마 가즈오가 대표가 되어 4명이 동경에 가서 노로마인형을 공연했다.

그런데 (1) 잇타쿠 데루조[一度照造]의 구술본과 (2) 현재 공연하고 있는 대본은 첫 부분에서 시모노초자가 하는 구음이 약간 차이를 보인다. (1)에는 구음이 "누라리 누라리 누우토 토오자이[東西] 토오자이", (2)에는 구음이 "토오자이 토오자이 누라리 누우토 토오자이"로 되어 있다. 토오자이는 "시작합니다" 정도의 뜻이다. 그러므로 (1)이 공연의 시작 구음으로 더 적당하다. "누라리 누라리 누우토"라는 구음을 왼 후 "시작합니다. 시작합니다." 하고 인형극을 시작하기 때문이다.[204] 그런데 (2)는 "시작합니다. 시작합니다."라고 말한 후 "누라리 누우토"라는 구음을 외우고 다시 "시작합니다." 하고 인형극을 시작한다.

그리고 (2)는 (1)에 비해 구음을 줄여서 연행한다. (1)은 "누라리 누라리 누우토"이지만, (2)는 "누라리 누우토"이다. 예전에는 "누라리"를 더 많이 반복했을 가능성이 크다. 구음은 대체로 여러 번 반복하는 것이기 때문이다. 한국 남사당의 꼭두각시놀이에서도 원래는 "나아 네이 나이나 리리 라라 얼수 좋다. 리리 라라(리리) 라라(리리) 라라(리리) 라라(레) 라리(이)라 라라 라리(이)라 ……"로 부르지만, 현재는 공연시간의 제약으로 인해 "나아 네이 나이나 리리 라라 얼수

204 "토오자이[東西] 토오자이[東西]"는 인형극, 가부키 등 민중적 연극을 시작할 때 "이제부터 시작입니다"라는 뜻으로 하는 말이다.

좋다"까지만 노래하는 것과 마찬가지이다. 일본 노[能] 가면극의 오키나[翁]도 등장할 때 "토우토우 타라리 타라리라. 타라리 아가리 라라리 도우"라며 '타라리', '아가리', '라라리'를 반복한다.

연희자인 쓰루마 가즈오에게 이 구음의 의미를 질문했더니, 자신이 이 인형극을 전승하고 있지만 이 구음의 의미는 모르겠다고 대답했다. 더 거슬러 올라가면 고요신사[古要神社]와 고효신사[古表神社]의 인형극 〈구구쓰마이[くぐつ舞]〉, 그리고 사도[佐渡]섬의 〈노로마인형〉 등 옛 모습을 간직한—〈닌교조루리〉처럼 창작되고 세련된 인형극이 아니고—전통적 양식의 인형극은 오에노 마사후사[大江匡房]의 《괴뢰자기[傀儡子記]》에서 소개한 구구쓰시[傀儡子]라는 유랑예인집단의 인형극인 괴뢰희에 연결된다. 그래서 구구쓰시의 괴뢰희에서도 인형극을 공연하면서 첫 장면에서 〈노로마인형〉과 같은 구음을 노래했을 것으로 보인다.

일본에서는 역사적으로 늦어도 헤이안시대[平安時代: 794(781)~1185(1184)]에는 인형을 놀리는 것을 생업으로 삼는 유랑예인집단이 있었고, 이곳저곳을 돌아다니면서 인형을 놀렸다고 한다. 12세기 초에 쓰인 것으로 알려진 오에노 마사후사의 《괴뢰자기》에서 구구쓰시라는 유랑예인집단을 소개하고 있는데, 한국의 양수척과 매우 흡사하다.

> 괴뢰자(傀儡子, 구구쓰시)는 일정한 주거도 머무르는 집도 없다. 그저 포장을 두른 천막집에서 살고 수초(水草)를 따라 이동하는데, 북방인[北狄]의 풍습과 유사하다. 남자들은 모두 활과 말로 수렵생활을 하고, 어떤 이들은 쌍검(雙劍)을 던졌다가 받기와 일곱 개의 방울(공) 놀리기를 하며, 어떤 이는 나무인형을 춤추게 하거나 도경(桃梗, 인형의 일종)을 싸우게 했

는데 살아 있는 사람처럼 보였다. 마치 어룡만연(魚龍曼蜒)의 연희와 같았다. 요술을 통해 모래와 돌을 금전으로 바꾸거나, 풀이나 나무를 새나 짐승으로 변화시켜서 사람들의 이목을 끌었다. 여성의 경우, 눈썹을 찡그리거나 슬픈 표정을 짓거나 허리를 꼬거나 흰 이를 내보이거나, 짙게 화장을 하고 음란한 음악으로 남자들을 유혹했다. 부모가 알아도 경계하지 않았다. …… 한 뙈기의 밭도 경작하지 않았고 한 가지의 풀도 따지 않았다. 그래서 관(官)에 소속되지 않았다. 모두 토착민이 아니고 떠돌이들이었다. …… 밤이면 온갖 신들에게 제사 지내며 북을 치고 춤추고 떠들면서 복을 빌었다.[205]

이와 같이, 괴뢰자는 수초를 따라 유랑했고, 남자들은 활과 말로 수렵생활을 했으며, 쌍칼을 던졌다가 받기, 일곱 개의 방울 받기, 인형극, 환술 등의 연희도 연행했다. 여자들은 춤과 노래를 공연하고 몸을 팔았다. 그리고 밤이면 온갖 신들에게 제사 지내며 북을 치고 춤추고 떠들면서 복을 빌었다는 내용은 이들이 종교활동도 했음을 의미한다.

여기서 한국의 양수척이 북방 민족으로서 수초를 따라 유랑하며 사냥을 일삼고 여러 가지 연희를 연행한 것이나, 일본의 괴뢰자 집단이 북방인의 풍습과 유사하게 수초를 따라 이동하며 사냥을 하고 인

205 傀儡子者 無定居 無當家. 穹廬氈帳 逐水草以移徙. 頗類北狄之俗. 男則皆使弓馬 以狩獵爲事. 或跳雙劍弄七丸 或舞木人鬪桃梗. 能生人之態 殆近魚龍曼蜒之戲. 變沙石爲金錢 化草木爲鳥獸 能ㅁ人目. 女則爲愁眉啼粧折腰步齲齒咲 施朱傅粉 倡歌淫樂 以求妖媚. 父母夫知不誡ㅁ. 丞雖逢行人旅客 不嫌一宵之佳會. …… 不耕一畝田 不採一枝葉. 故不屬縣官 皆非土民 自限浪人. …… 夜則祭百神 鼓舞喧嘩 以祈福助.

형극 등 여러 가지 연희를 연행한 것이 매우 흡사하다는 사실은 주목할 만하다.[206] 일본에서는 이미 스기야마 지로[杉山二郞] 등 여러 학자들이 일본의 구구쓰시[傀儡子]와 한국의 양수척이 동일 계통의 사람들임을 지적한 바 있다.[207]

13세기경이 되면, 구구쓰시는 유랑생활에서 정주생활로 변해 갔고, 중세 무로마치[室町: 1338~1573]로 접어들면서 구구쓰가 많아졌다. 이 시대부터 이들은 사원(寺院)이나 신사(神社)에 소속되어 데쿠구쓰(てくぐつ)라고 불리었다. 남북조(1336~1392)시대 초기에 지어진《정훈왕래(庭訓往來)》[208]에서는 구구쓰시를 비파법사나 사자무(獅子舞) 등과 함께 언급하고 있다.《간문일기(看聞日記)》에는 아야쓰리닌교[操人形]에 대한 기록이 있는데, 나라 지방의 대승원(大乘院)이란 사원의 기록에는 사자무, 사루가쿠[猿樂, 散樂] 사이에 인형극이 들어 있으며, 데쿠구쓰가 오자 돈을 주었다고 기록했다. 아야쓰리닌교가 유랑집단의

---

206 야나기다 구니오[柳田國男]는 구구쓰(クグツ)는 원래 인형을 가리키는 말인 傀儡와 상관이 없다고 한다.《만엽집(萬葉集)》 등에 의하면, 구구쓰는 원래 가는 줄로 짠 주머니[袋]를 말한다는 것이다. 원래 산의 늪지대나 습지에 자생하는 *莎草*[쿠구, クグ, 물가 모래사장에 나는 풀]라는 식물로 만든 주머니를 구구쓰라고 했다는 설명이다. 예전에 구구쓰시[傀儡子]라는 유랑민들이 구구쓰라고 불리게 된 이유는 아마도 그들이 특수한 주머니를 휴대했기 때문이거나, 그들이 이 주머니를 만들었기 때문이라고 한다. 이 유랑민들은 수렵·잡희 외에 넝쿨이나 대나무로 제품을 만들어 생계를 유지했을 것으로 생각되는데, 무녀(巫女)와 유녀(遊女)도 이 집단으로부터 나왔다고 한다. 柳田國男,〈巫女考〉,《柳田國男全集》11(筑摩書房, 1990), 402~405면. 이는 한국의 양수척으로부터 기생과 연희자가 나왔고, 양수척이 소의 도살 및 고리짝·키 등 고리버들 제품을 제조·판매했던 사실과 통한다. 전경욱,〈새 자료를 통해서 본 연희자로서의 수척과 반인〉,《한국민속학》60집(한국민속학회, 2014.12) 참조.

207 杉山二郞,《遊民の系譜》(青土社, 1988), 184~185면.
喜田貞吉,〈朝鮮の白丁と我が傀儡子〉,《史林》9卷 9号(1918.7).

208 일본말로 된 서한문(書翰文)을 모아 엮은 책. 일본 승려 현해(玄惠) 저작.

연희로서 전승된 것이다. 당시 구구쓰[傀儡]는 종교 선전용으로도 이용되었는데, 정토종의 행자(行者)에게 전해진 듯하다. 즉 구구쓰시[傀儡子]가 행자가 된 것이다. 행자는 본래 선종(禪宗)에서 머리를 기르고 아내를 취하는 잡부[使役人]를 이르는 말인데, 정토종에서도 이를 사용했다. 그 행자 중에는 인형을 놀리는 자도 있었다. 유랑하던 구구쓰시는 정토종의 사원노비가 되었고, 유승(遊僧)과 같이 가무를 업으로 삼았으며, 사찰에 남아 있던 자는 나와서 염불종 선전에 종사하게 되었는데, 그들의 특기인 인형놀리기로 한층 교화의 효과를 보게 되었다. 이것이 불보살의 본연(本緣)이나 사원과 신사의 기연(起緣), 부처의 화신을 이야기하는 설경(說經)과 결합했다.[209]

또한 구구쓰가 정주생활을 하면서 효고현[兵庫縣] 니시노미야[西宮]에 있는 에비스신사[夷神社]에 인형놀이를 전문으로 하는 연희집단이 형성되었다. 이 연희패는 에비스신[夷神, 惠比須神][210]을 본떠 만든 인형을 상자에 넣어 짊어지고 다녔다. 그래서 이들을 에비스카키[夷舁き]라고 불렀는데, 이 상자는 인형을 놀리는 무대가 되었으며, 오늘날 인형극 극장 형태의 기원이 되었다. 이들은 이미 16세기 중반에 교토에서 활약했고, 종종 궁정에서도 공연했다. 특히 1580년대에는 매우 빈번하게 교토를 방문하여 거리마다 활동했다. 이 무렵부터 교토에서는 인형놀리기가 매우 유행했다. 에비스카키는 충분히 도시인의

---

209 高野辰之,《日本演劇史》第三卷(東京堂, 1949), 54~62면.

210 에비스는 칠복신(七福神)의 하나로서 상업 번창, 복신으로 널리 신앙된다. 효고현[兵庫縣] 니시노미야[西宮]신사에서 모시는 신이다. 옛날에는 풍어의 신으로서 어민들의 신앙의 대상이 되었고, 나아가 농업의 신으로도 신앙되었다. 사냥꾼 복장, 뾰족한 모자를 쓴 모습으로 오른손에 낚싯대, 왼손에 도미를 안고 있는 모습으로 나타난다.

이목을 끌었으며, 괴뢰사(傀儡師) 무리 가운데 대표적인 집단이 되었다.[211]

에도시대[江戶時代: 1603~1867]가 되면, 에비스카키는 집집마다 찾아가서 축복하는 걸립예인인 카도즈케게[門付藝]가 되어, 목에 건 상자에서 인형을 꺼내 놀렸다. 에비스카키의 인형극은 후에 조루리[淨瑠璃][212]와 결합되어 〈닌교조루리〉로 발전했다. 즉 에비스카키 가운데 한 사람인 히키다 아와지노조[引田淡路掾]가 게초[慶長: 1596~1615] 초기에 교토의 시조가와라[四条河原]에서 메누키야 초자부로[目貫屋長三郞]가 노래하는 조루리에 맞추어서 인형을 조종한 것이 〈닌교조루리〉의 시초이다.[213]

사도 섬에는 광영좌 외에 7개의 인형극단이 더 있지만, 이 극단들은 〈닌교조루리〉 같은 발전된 양식의 창작인형극이다. 그러나 광영좌는 전통적 양식의 막대인형 즉 장두괴뢰를 사용하여 공연하는데, 레퍼토리는 〈노로마인형〉과 〈설경인형〉이다. 이 둘 모두 구구쓰시가 연희하던 인형극의 후예인 것으로 보인다. 구구쓰시가 정토종의 행자가 되어 그들의 특기인 인형놀리기를 불보살의 본연(本緣)이나 사원과 신사의 기연(起緣), 부처의 화신을 이야기하는 설경(說經)과 결합한 것이 바로 〈설경인형〉이다. 그리고 〈노로마인형〉은 신사에서 인형극을 공연하던 에비스카키의 연희로부터 유래한 것으로 보인다. 즉 〈노로마인형〉은 한국의 꼭두각시놀이와 인형, 무대, 연출방식 등 여러 면에서 매우 유사하고, 이처럼 옛 모습을 간직한 전통적 양식의

211 盛田嘉德,《中世賤民と雜藝能の硏究》(雄山閣, 1995), 190~192면.

212 샤미센[三味線]의 곡조에 맞추어 낭창하는 옛이야기의 음곡.

213 이응수 외,《이야기 일본연극사》(세종대출판부, 2011), 79~80면.

인형극은 당연히 구구쓰시의 인형극인 괴뢰희에서 비롯되었을 것인데, 이것이 에비스카키의 인형극을 거쳐 현재의 모습을 갖게 되었을 것이다. 그러므로 오에노 마사후사의 《괴뢰자기》에서 소개한 구구쓰시[傀儡子]라는 유랑예인집단의 괴뢰희에서도 인형극을 공연하면서 첫 장면에서 〈노로마인형〉처럼 구음을 노래했을 것으로 보인다.

5. '라라리', '라리련' 관련 구음의 동아시아적 보편성의 배경

한국 인형극 연구의 초창기에 김재철이 꼭두각시놀이는 인도에서 서역과 중국을 거쳐 한국에 전래되었고, 한국을 통해 그것이 일본으로 전해졌다는 견해를 제시한 후 여러 학자들의 지지를 받았다. 우선 꼭두각시놀음의 꼭두는 인형의 뜻으로서 중국의 곽독(郭禿)에서 온 말이라고 보고, 일본에서는 인형극의 인형을 傀儡라고 쓰고 그 발음을 '구구쓰(くぐつ)'라고 하는 점에 주목했다. 그래서 한국의 꼭두는 중국의 郭禿(kok-touk)에서 온 말이고, 일본의 '구구쓰(くぐつ)'는 한국의 꼭두가 건너가서 된 말이라고 보았다.[214] 또한 무대의 구조, 연출방식, 명칭의 유사성으로 볼 때, 인형극은 중앙아시아에서 유랑예인들의 이동으로 인해 그 일부분이 한(漢)나라 때 중국으로 들어온 뒤, 다시 한국을 거쳐 일본으로 들어갔다고 지적했다. 그러면서 유랑예인의 예로 중국의 서역예인(집시 포함), 한국의 양수척, 일본의 구구쓰시

214 김재철은 일본에서 'くぐつ'의 名義에 대하여 안도 마사쓰구[安藤正次]의 한국어 '광대'에서 왔다는 설과 다카기[高木]의 한국어 '꼭두'에서 왔다는 설이 있지만, 꼭두설이 더 설득력이 있다고 보았다. 김재철, 《조선연극사》(학예사, 1939), 159면.

[傀儡子]를 들었다.[215]

일본 학자 다카노 다쓰유키[高野辰之]도 "구구쓰[傀儡]의 선조는 지고이네르 즉 집시일지도 모른다. 이 유목민이 인도의 북쪽 서부에서 서역을 거쳐, 중국의 북서부를 지나서, 조선을 거쳐 일본에까지 오게 되었다고 생각할 수 있다"고 지적했다.[216]

앞서 살펴본 바와 같이, 일본 헤이안시대 말기(12세기 초)의 기록인 오에노 마사후사의 《괴뢰자기》에서 구구쓰시라는 유랑예인집단을 소개하고 있는데, 한국의 양수척과 매우 흡사하다. 그래서 일본에서는 이미 기다 사다키치[喜田貞吉], 스기야마 지로[杉山二郞] 등 여러 학자들이 일본의 구구쓰시와 한국의 양수척이 동일 계통의 사람들임을 지적한 바 있다.

송석하는 "…… 서역의 표류 민족의 인형극 및 인형극 조종자가 조선의 광대와 사당패까지 연결이 되는 셈이다."라고 하면서, 꼭두각시놀이와 남사당패의 유랑예인집단으로서의 유래를 중국에 들어왔던 서역 인형극 및 서역 유랑예인집단과 관련시켜 설명했다.[217]

최상수는 김재철이 제시한 학설을 지지하면서 보완했다. 즉 지금 중국 관화(官話)로는 郭禿을 '꿔투' 하고 발음하지만 황하를 중심으로 한 한족(漢族)들의 발음으로는 郭(kok) 禿(touk)=韻鏡=즉 곡독이라고 하였음을 보아, 꼭두각시놀음의 꼭두는 인형극의 인형의 뜻으로서

215 같은 책, 111~118면, 155~163면.

216 高野辰之,《歌舞伎》 제4호(1925.8). 高野辰之,《日本演劇史》 第三卷(東京堂, 1949), 56면에 재수록.

217 송석하, 〈전승음악과 광대〉,《한국민속고》(일신사, 1960), 163~164면.

중국의 郭禿(곽독)에서 온 말이 분명하다고 주장했다.[218]

이상의 견해들은 중국·한국·일본의 전통 인형극은 무대구조·연출방식·인형조종법이 거의 같고, 인형극의 주역들이 모두 해학적·풍자적·희극적 성격의 인물이라는 공통점과 외양의 유사성이 있고, 원시종교나 불교와 깊은 관련이 있으며, 유랑예인집단에 의해 공연되었다는 점에서 상당한 설득력을 가진 기원설이다.[219]

심우성과 서연호는 꼭두각시놀이의 기원에 대해 외래기원설과 자생설을 절충한 견해를 제시했다.[220] 서연호는 한국의 꼭둑(kok tuk)이 중국의 곽독(kwak tuk), 인도의 쿠쿨라(kukula), 집시어의 쿠크리(kukli), 셈족어 구스(gdš) 등과 동일어원의 명칭을 사용하고, 아울러 인형극 무대나 조정법이 서로 유사하다 해도, 이러한 외래적인 방식은 자생적인 기반과의 복합·조화 가운데서 꼭두각시놀음을 성립시킨 것으로 여겨진다고 주장했다.[221]

중국 학자 강보성은 '라리라(羅犁羅)' 구음의 전승자인 라리(집시)에 주목하여 동아시아 인형극의 전파 문제를 간단히 언급했다. 그는 '라리련(囉哩嗹)' 구음이 '라리라(羅犁羅)'로부터 왔다고 보았다. 서역 출신의 유랑예인들이 전승하던 연희에 '라리라'라는 구음이 있었고, 이것이 중국 전역으로 퍼졌으며, 오에노 마사후사의 《괴뢰자기》(12세기 초)에 기록된 일본의 유랑예인집단 구구쓰시[傀儡子]도 이들과 관련이 있다고 보았다. 그리고 여러 증거를 들어 라리(집시)가 바로 송원(宋元)

218 최상수, 앞의 책, 10~14면.

219 유민영, 〈한국인형극의 유래〉, 《예술논문집》 14(예술원, 1975).

220 심우성, 《남사당놀이》(화산문화, 2000), 185면.

221 서연호, 《꼭두각시놀음의 역사와 원리》(연극과 인간, 2001), 28~57면.

시대의 유랑예인인 노기(路岐)라고 보았다. 그래서 결국 중국에서 '라리련' 구음의 전국적 전파는 불교 승려들의 탁발과 라리인(집시)들의 연문축역(沿門逐疫) 등을 통해 이루어졌다는 견해를 제시했다.[222] 이는 한중일 및 터키의 전통 인형극에서 노래하는 구음의 유사성이나 그 기능과 성격을 생각할 때 매우 주목되는 견해이다.[223]

안상복은 한국에서도 '라리라'와 '라리련'의 전파자는 불교 승려들과 호인(양수척) 계통의 예인들이라고 보았다.[224]

본절에서는 2~4절에서 살펴본 중국 인형극, 한국 인형극, 일본 인형극의 구음에 터키 인형극의 구음을 추가하여 그 전승 양상을 바탕으로 논의를 진행하고자 한다. 중국 · 한국 · 일본의 전통 인형극에 나오는 구음이 '라라리', '라리련'과 관련이 있음은 이미 살펴보았다. 그런데 이 인형극들의 전승과 라리련 구음의 전파에 불교 승려들과 유랑예인집단(집시 포함)의 활동이 중요한 역할을 했던 것으로 보인다.

남사당패와 같이 불교와 관련된 유랑예인집단은 이미 고려시대에도 존재했다. 《고려사》 권7 세가 7, 문종 10년(1056) 9월 병신(丙申)일조에 의하면, 고려시대에도 절을 짓는다는 명목으로 돈을 거두면서,

---

222 康保成, 앞의 글.

223 필자는 강보성의 견해에서 불교 승려들의 탁발과 유랑예인집단(집시 포함)의 '라라리', '라리련' 구음의 전파설에 동의하지만, '라라리'와 '라리련'의 유래에 대해서는 견해를 달리 한다. 강보성은 '라리련'의 범곡 '라리라(羅犁羅)' 유래설을 주장하지만, 중국에서도 이에 동조하는 학자는 없는 듯하다. 대부분의 학자들은 '라리련'의 유래에 대해 요종이(饒宗頤)의 범문(梵文) 로류로루(魯流盧樓) 유래설을 지지하고 있다. 이는 필자도 마찬가지인데, '로류로루'로부터 불교 구음 '라라리'가 나오고, '라라리'가 연극 속에 수용되면서 '라리련'이 생겨났다고 보는 입장이다. 이에 대해서는 이 책 〈1장. 중국의 '라라리(囉囉哩)' · '라리련(囉哩嗹)' 구음의 존재 양상〉 참조.

224 안상복, 앞의 글.

노래하고 악기를 연주하며 떠돌아다니는 유랑예인집단이 있었다.

> 지금은 나라의 역사를 기피하는 무리들(避役之徒)이 불교에 이름을 걸어 놓고 재부를 축적하여 사생활에 마음을 팔고 있다. 그래서 농업과 축산으로 직업을 삼고 상업이 예사로 되어 있다. 밖에 나가서는 계율(戒律)의 조문을 위반하고, 집에 들어와서는 청정의 결심이 없으며, 몸에 입는 장삼은 술독 덮개로 굴러떨어지고, 불경을 강독하는 장소는 채소밭으로 변했다. 장사치들과 결탁하여 물건을 매매하고, 잡인들과 어울려서 술주정을 하며, 기생들과 시끄럽게 섞여서 우란분을 모독하고 있다. 속인의 관을 쓰고 속인의 옷을 입으며, 사원을 짓는다는 명목으로 돈을 거두어서 북장구와 깃발을 갖추어 노래하고 악기를 불며 촌락과 시정으로 다니면서 사람들과 난투하여 피투성이가 된다.[225]
>
> (《고려사》권7 세가 7, 문종 10년(1056) 9월 병신(丙申)일 조)

이들은 불교와 관련된 척하면서도 속인의 복장을 하고, 장사치들과 결탁하여 물건을 매매하고, 잡인들과 어울려서 술주정을 하며, 기생들과 시끄럽게 섞여서 우란분을 모독하고 있다. 이들이 바로 고려시대의 승광대, 즉 재승(才僧)일 것이다.[226] 이들은 불교와 관련이 있는 것처럼 보이기 위해 불교의 다라니도 낭송하면서 돌아다녔을 것이

225 釋迦闡敎淸淨爲先 遠離垢陋 斷除貪欲. 今有避役之徒 托號沙門 殖貨營生耕畜爲業 估販爲風. 進違戒律之文 退無淸淨之約 袒肩之袍任爲酒甕之覆 講唄之場割爲葱蒜之疇. 通商買賣 結客醉娛喧雜花院 穢臭蘭盆. 冠俗之冠 服俗之服 憑托修營寺院 以備旗鼓歌吹 出入閭閻 搪突市井與人相鬪以致血傷.

226 이에 대한 자세한 논의는 졸저,《한국의 전통연희》(학고재, 2004), 329~338면 참조.

다. 또한 탁발승들이 민간에서 탁발하고 다닐 때 등 불교 승려들이 다라니를 통해 이런 구음들을 낭송했기 때문에, 이런 구음들이 자연스럽게 민간에서 회자되었을 것이다.

고려시대의 전문적인 연희자로는 북방민족 계통 연희자, 재승 계통 연희자, 서역 계통 연희자 등이 있었다. 여기서 주목되는 것이 서역인 연희자이다. 서역인들은 연희에 뛰어났기 때문에 당나라 이전부터 중국에 들어와 활동하고 있었다. 한국에서는 이미 고구려 고분의 벽화에서부터 서역 계통 연희자가 발견된다. 그리고《고려사》권 제72 지(志) 제26 가운데 고려 의종(毅宗: 1147~1170) 때 규정된 법가위장(法駕衛仗)과 연등위장(燃燈衛仗)에 서역악인 안국기(사마르칸트, 40명), 고창기(투르판, 16명), 천축기(인도, 18명)가 나온다. 이 지역들은 바로 서역 및 중앙아시아인데, 그 인원이 상당히 많았다는 사실에 주목하면, 서역악에 속하는 음악과 연희가 매우 다채로웠을 것으로 짐작된다. 이런 서역악을 연행하려면 서역 출신 음악인과 연희자가 필요했을 것이다. 우리는 고려가요〈쌍화점(雙花店)〉에 나오는 회회(回回)아비를 통해서도 그 사실을 확인할 수 있다. 이 회회아비는 어른 광대, 즉 연희자로 간주된다.[227] 유랑예인집단들은 서로 교류하면서, 새로운 연희를 수용하여 자신들의 연희를 다채롭게 구성했을 것이다. 이때 '라라리', '라리련' 관련 구음도 받아들여 활용했을 것이다. 그 결과 지금까지 남사당패의 꼭두각시놀이에서 이 구음들이 불리고 있는 것이다.

---

227 이병기,〈시용향악보의 한 고찰〉,《고려가요연구》, 국문학연구총서 2(백문사, 1979), 20면.

또한《고려사》권 제29 세가 제29 중 충렬왕 9년(1283)조에 "원나라의 연희자[倡優] 남녀들이 왔는데, 왕이 그들에게 쌀 3석을 주었다. …… 대전(大殿)에서 연회가 있었는데 원나라의 연희자들이 백희를 연행했다"라는 내용도 보인다.

이수광의《지봉유설(芝峰類說)》에 "우리나라 연희자는 본래 중국의 배우 환술자류인데, 고려 말 노국대장공주가 올 때 따라온 것이라고 전한다"[228]라는 내용이 보인다. 중국에서는 한대 이후 계속 서역 출신 연희자들이 많이 활동하고 있었으므로, 여기서 말하는 중국(원나라)의 배우 환술자 중에는 서역 계통 사람도 있었을 것이다.[229]

이상과 같이, 고려시대에 서역 출신의 연희자들이 다수 존재했던 것으로 생각된다. 그리고 이 중에는 중국에서 라리회회라고 불리던 집시들, 또는 서역 출신 유랑예인집단도 있었을 것이다. 이들은 한국을 거쳐 일본에까지 건너갔던 것으로 보인다. 이미 지적한 바와 같이, 다카노 다쓰유키[高野辰之]는 오에노 마사후사의《괴뢰자기》(12세기 초)에 기록된 일본의 유랑예인집단 구구쓰시[傀儡子]를 집시로 보았다. 즉 집시가 인도 북부에서 서역, 중국, 한국을 거쳐 일본까지 왔을 것으로 추정했다.

그동안 한국에서는 고려의 유랑예인집단들을 논의할 때 주로 양수척(楊水尺)·거란족(契丹族)·달단(韃靼, 동몽골족, 타타르인) 등 북방민족을 예로 들었다. 이들은 도살·수렵·유기장·잡희 등으로 생계를 유지했으며, 기생도 이들 가운데서 나왔다.

228 我國呈才人 本中國之俳優幻術者流 世傳麗末魯國大長公主來時隨來.

229 이상 서역 출신 연희자들에 대한 자세한 논의는 졸저, 앞의 책, 226~228면 참조.

조선조《예종실록》1년 6월 29일조 양성지(梁誠之: 1415~1482)의 상소문에 양수척의 후예인 재인과 백정들이 당시까지도 고려시대의 양수척이 하던 "악기를 연주하며 노래하는 풍습과 짐승을 도살하는 일"을 계속하고 있다는 기록이 보인다. 그래서 고려시대 연희집단의 하나인 북방민족의 후예들이 조선시대에도 연희자로 활동하고 있었음을 알 수 있다.

반면에 조선시대의 기록에서는 서역 계통 연희자들에 대한 언급을 찾아볼 수 없다. 조선의 건국과 함께 서역 계통 연희자들이 갑자기 사라지지는 않았을 것이다. 그렇다면 서역 계통 연희자들이 북방민족에 포함되어 언급되었을 가능성이 있고, 이들 가운데 집시들도 포함되어 있었을 가능성이 있지만, 그동안 이에 대한 지적은 없었다.

필자는 다음 기록들을 주목한다.《세조실록》권3, 2년 3월 정유(丁酉)조에 "백정을 혹은 화척, 혹은 재인, 혹은 달단이라 부르는데, 그 종류가 하나가 아니다. …… 본래 우리 민족이 아니다[白丁 或稱禾尺 或稱才人 或稱韃靼 其種類非一 …… 本非我類]"라 하여, 이들이 본래 우리 민족이 아니었고, 그 종류가 하나가 아님을 분명히 밝히고 있다. 그 종류가 하나가 아니라는 말은 이들이 동일한 민족이 아니라는 의미를 내포하고 있다. 또《성종실록》권 252, 22년 4월 무진(戊辰)조에 "우리나라의 재인과 백정은 그 선조가 호종이다[我國才人白丁 其先胡種也]"라고 하여, 재인과 백정이 호종의 후예임을 밝히고 있다. 우리말에서 호인(胡人)은 만주인이나 야만인을 가리키고, 호종은 야만족 또는 오랑캐를 가리키는 말이다. 우리 기록에서 말하는 호인과 호종의 범주에는 만주족, 몽골족, 거란족, 서역인(회회) 등이 모두 포함된다. 그러므로 이 호인과 호종 속에 서역인(회회)의 한 부류인 집시(라리회회)도 있었

을 가능성을 배제할 수 없다.[230]

한편 터키의 그림자인형극인 카라괴즈(Karagöz)에서도 "야레리(yaleli) 야레리 아만 아만"이라는 구음을 사용하고, 터키 키르 클라 렐리(Kirklareli) 지방의 민요에서는 "야레리 야레리 야레리 아만(aman) 야레리 야레리 야레리"라는 구음을 노래 중간에 계속 여음으로 삽입한다. 또 터키 가수 자라(Z, Zara)의 〈Yalelli Sözleri〉라는 제목의 노래에서도 "야레리 야레리 야레리 야레리 아만 아만"이라는 구음을 네 번이나 삽입하고 있다. 그러므로 "야레리 야레리"가 터키에서 매우 보편적 구음임을 알 수 있다.

〈거지와 카라괴즈〉

(어느날 절뚝거리는 거지가 카라괴즈를 찾아 왔다.)

거지: 야레리 야레리, 야레리 야레리, 아만! 아만!

카라괴즈: 이런……

거지: 너이든 나이든 누구나, 안녕들 하세요!

---

230 더욱이 달단 즉 타타르는 원래 동몽골족이나 몽골족을 가리키는 말인데, 북구와 북독일에서는 집시도 타타르라고 불렀다. 또한 루마니아 도브루자 지방의 집시들은 생활방식이 똑같았던 타타르인들과 오래전부터 뒤섞였고, 두 종족 간에는 결혼도 빈번히 이루어졌다고 한다. 집시를 타타르라고도 부른 것은 이들의 생활방식이 유랑, 유목, 바구니 제조, 연희자, 악사, 대장장이, 매춘 등 거의 동일했기 때문에, 양자를 구별하지 못했던 데서 기인한 듯하다. 또 루마니아 도브루자의 경우처럼 집시와 타타르인들이 뒤섞여 살면서 결혼도 했기 때문에 잘 구별할 수 없었을 것이다. 콘라드 베르코비치 지음, 조윤정 옮김, 《집시 — 바람의 노래를 들어라》(파스칼북스, 2003), 101~102면 참조.
이러한 현상은 바로 우리의 경우도 마찬가지였던 것으로 보인다. 집시의 생활방식이 달단(타타르), 몽골족, 거란족 등을 범칭하는 양수척과 같았기 때문에, 굳이 구별하지 않고 양수척 또는 호종이라고 불렀을 것으로 추정된다.

카라괴즈: 나머지 사람들이여! 안녕들 하세요

거지: 나는 가난한 사람입니다. 당신이 나한테 동전을 준다면, 나는 당신을 위해 기도를 할 겁니다. 그리고 당신이 '아멘'이라고 답을 하면, 당신은 크게 부자가 될 겁니다.

이상과 같이, 그림자인형극 〈거지와 카라괴즈〉의 첫 장면에서 "야레리 야레리"라는 구음을 반복하여 사용하고 있다.

그런데 그림자인형극인 카라괴즈는 아시아로부터 서쪽으로 전파되었다는 것이 정설이다. 그림자인형극 역사 분야의 저명한 학자인 게오르그 야콥(Georg Jacob)은 리하르트 피셸(Richard Pischel)의 인형극 이론을 더욱 확장하여, 대략 수천 년 전에 인도 북서부에서 생겨난 집시들이 아시아와 유럽을 가로지르는 통로를 개척했다는 사실의 개연성이 매우 높다고 주장했다. 이 집시들이 인도의 그림자인형극을 가지고 이주한 것으로 보이는데, 그들이 소아시아에 머무를 무렵 그림자인형극을 터키에 대중화시켰다는 것이다. 이 집시 이론은 개연성이 매우 높다. 그 이유는 그림자인형극에 집시적 요소가 주조를 이루고 있는 사실을 보여 주는 많은 문헌이 있으며, 가끔 대장장이로 등장하는 주인공 카라괴즈 자신도 집시이기 때문이다. 극중에서 그는 석쇠와 집게를 팔기도 하는데, 석쇠와 집게를 파는 것은 집시들의 주요 직업 가운데 하나였다.[231] 그러므로 카라괴즈에 나오는 "야레리 야레리"도 집시들이 퍼뜨린 구음일 가능성이 크다.[232]

---

231 Metin And, *Karagöz – Turkish Shadow Theatre*(Istanbul: Dost Yayinlari, 2005), pp.21~22.

232 카라괴즈와 터키 민요에 나오는 "야레리 야레리"는 고려속요 〈청산별곡〉과 〈대국1〉, 〈대국2〉, 〈대국3〉의 "얄리얄리 얄라셩 얄라리 얄라"의 '얄라리'와 너무 유사하

이상과 같이, '라라리', '라리련'과 관련되는 구음은 페르시아의 집시와 같은 유랑예인집단 또는 불교 승려들이 세계 여러 나라에 퍼뜨렸던 것으로 보인다. 그래서 중국 복건성의 괴뢰희, 한국 남사당패의 꼭두각시놀음, 일본 사도 섬의 〈노로마인형〉, 터키의 그림자인형극은 모두 첫 부분에서 구음을 노래하는데, 그 기능과 성격이 일치하며, '라라리'와의 관련성을 살펴볼 수 있다. 이 네 인형극은 모두 원래 유랑예인집단의 인형극이었고, 원시종교·도교·불교·신도(神道) 등 종교와 관련된 연희자들이 전승했다는 공통점도 있다.

6. 소결

한국 인형극 연구의 초창기에 김재철이 꼭두각시놀이는 유랑예인집단들에 의해 인도에서 서역과 중국을 거쳐 한국에 전래되었고, 한

고, '아라리'와도 친연성을 보인다. 그런데 고려속요 〈청산별곡〉과 〈대국1〉~〈대국3〉에 삽입된 구음 '얄리', '얄라리', '얄라셩'은 현전 민요 〈아리랑〉과 〈아라리〉에서 '아리', '아라리', '아라성'으로 나타난다. 중세 국어에서는 줄질(줄타기) → 주질처럼 ㄹ탈락이 흔한 현상이었다. ㄹ은 유음(流音)이기 때문에 현대 국어에서도 '사월초팔일' → '사월초파일', '살다' → '사니'처럼 흔히 생략된다. 그러므로 '얄리', '얄라리', '얄라셩'이 '아리', '아라리', '아라성'으로 변했을 가능성은 충분히 인정된다. 주목되는 점은 아리, 아라리, 얄리, 얄라리는 불교 구음 '라라리'와 거기서 파생된 '라리', '라리리', '리라리', '라리라'와 친연성을 갖고 있다는 것이다. 아리, 아라리, 얄리, 얄라리의 초성에 ㄹ만 넣어 보면 '라리', '라라리'로서, 이 구음들이 동일 계통이라는 사실이 드러난다. 결국 아리, 아라리, 얄리, 얄라리는 〈구천〉, 〈군마대왕〉, 〈별대왕〉, 〈나례가〉에 나오는 '로리(라리)', '로라리(라라리)', '리라리', '나리나(라리라)' 등의 구음과도 동일 계통인 것이다. 이에 대한 자세한 논의는 이 책 〈4장. 고려속요의 구음과 '라라리'·'라리련'의 관련 양상〉 참조.

국을 통해 일본으로 전해졌다는 견해를 제시한 후 여러 학자들의 지지를 받았다. 본고에서는 동아시아 전통 인형극들의 첫 장면에서 노래하는 구음과 그 연희집단에 대한 고찰을 통해 이를 더 구체적으로 논의했다.

당나라 때《열반경》,〈실담장〉중의 로류로루(魯流盧樓) 네 글자를 화음으로 삼았는데, 후세에 점차 아주 복잡한 변화가 일어났다. 이후 로류로루는 중국 당송대의 불교 승려들에 의해 선시와 어록에서 '라라리 리라라'와 여기에서 파생된 '리리라', '라리라' 등의 구음을 중심으로 전승되었다. 그리고 이 구음은 한국과 일본 승려들의 선시와 어록에서도 자주 사용되었다. 그리고 남송대 남희 등의 희곡 작품에서는 처음에 '라라리', '리라라'와 여기에서 파생된 '리리라', '라리라' 등의 구음을 중심으로 전승되다가, 점차 '라리련'과 여기에서 파생된 '리라련', '라련리', '련리련' 등이 섞여 사용되었다.

중국 복건성 괴뢰희에서는 불교 구음 '라라리'와 여기에서 파생된 '라리련'이 "라리련(囉哩嗹), 리련라(哩嗹囉), 라리리(囉哩哩), 라라련(囉囉嗹), 라련라(囉嗹囉), 련라련(嗹囉嗹), 라라련(囉囉嗹), 리라련(哩囉嗹)"처럼 불리고 있다.

한국 꼭두각시놀이의 첫 부분에서는 "떼이루 …… ", "나아 네이 나이나 리리 라라 ……", 피조리거리에서는 "니나노 난~실 니나노 난실 나니네 ……" 등의 구음을 노래한다.

일본 사도 섬〈노로마인형〉의 구음인 "누라리 누라리 누우토 토오자이[東西] 토오자이"는 중국 복건성 괴뢰희의 구음인 '라라리' 및 한국 꼭두각시놀이의 '라리 라리라'와 유사하다.

터키의 그림자인형극인 카라괴즈(Karagöz)에서도 "야레리(yaleli) 야레리 아만(aman) 아만"이라는 구음을 사용한다.

동아시아 전통 인형극의 첫 장면에서 부르는 구음은 인형극을 시작하면서 악귀를 쫓아내어 놀이판을 정화하고, 신을 청하던 방식에서 유래했던 것으로 나타난다. 그리고 반주음악을 유도하면서 등장인형들의 동작을 맞춰 주고 흥겹게 춤을 추게 하는 성격과 기능을 갖고 있는 구음도 발견된다.

중국 복건성의 괴뢰희는 이원교(도교의 일종), 한국 남사당패의 꼭두각시놀이는 불교와 밀접한 관련을 갖고 있다. 그리고 일본 사도 섬 〈노로마인형〉의 선조격인 구구쓰는 밤이면 온갖 신들에게 제사 지내며 북을 치고 춤추고 떠들면서 복을 빌었으므로, 역시 종교활동과 관련이 있다. 그리고 구구쓰시들이 정착생활을 하면서부터는 불교 사원이나 신사와 관련을 맺고 있었으므로, 일본의 전통 인형극은 계속 종교와의 밀접한 연관 아래 전승되었다. 동아시아 전통 인형극의 첫 장면에 무대를 정화하고 신을 청하는 방식의 구음이 있는 것은 그 연희자들이 종교와 관련된 연희패였기 때문이다. 그리고 이 인형극들의 연희자는 유랑예인집단이었다는 공통점도 있는데, 특히 집시와의 관련성을 살펴볼 수 있다.

이상과 같이, 한중일의 전통 인형극들은 공통되는 내용을 갖고 있어서 동아시아적 보편성을 띠기도 하지만, 꼭두각시놀이는 한국적 독자성도 갖고 있다. 첫째, 복건성의 괴뢰희에서는 주로 '라리련'과 '라라리' 구음을 사용하면서, '라리련' 이 세 글자의 순서를 바꾸어 가며 변이시켜 노래하는데, 곡조가 다양하다. 그러나 꼭두각시놀이의 구음은 네 종류나 된다. 그리고 "허이(헤이)~허이 ……", "떼이루 ……", "니나노 난~실 ……"은 하청과 상청이 있어서 노래에 변화를 주고 있다. 더욱이 대잡이와 산받이가 서로 한 번씩 이 구음들을 반복하며 노래하는 것도 특징이다. 구음의 종류가 다양하며 기능도 다양한 것이다.

둘째, 중국 복건성의 괴뢰희는 주로 도교와 관련된 연희자들이 전승했고, 일본의 구구쓰는 원시적 종교활동을 행하는 연희자(傀儡子)들이 전승하다가 후대에는 불교 및 신도(神道)와 관련된 연희자들이 전승했다. 반면에 한국의 꼭두각시놀이는 주로 불교와 관련된 남사당패에 의해 전승되었다. 그래서 그 연희 내용에 절을 짓는 장면, 즉 건사(建寺)거리가 있다.

6장
'아라리'구음의 보편성과 한국적 독자성

1. 머리말

그동안 한국 사람이라면 누구나 민요 〈아리랑〉을 불러 왔고, 우리의 대표적 민요로 〈아리랑〉을 꼽고 있다. 가장 오래된 아리랑으로 간주되는 정선의 아리랑은 그 지역에서 〈아라리〉라고 불러왔고,[233] 그래서 정선의 경우는 이 노래를 〈정선아라리〉라고 칭한다. 그러나 정작 '아리랑', '아라리', 그리고 "아리 아리랑"의 '아리', 여주와 충주아리랑의 '아라성', 이 외에 여러 기록에 보이는 '아르랑'과 '아르렁'이라는 구음이 무슨 뜻인지, 어디에서 온 말인지에 대해서는 구체적인

233 대부분의 학자들은 아리랑의 원형을 강원도의 아라리로 본다. 이보형은 가창행위에 나타난 전승문화적 특성이나 음악문법으로 볼 때, 아리랑소리의 근원은 강원도 아라리에 있다고 밝혔다. 또한 아리랑이라는 이름도 아리리에서 나온 것이고, 여러 지방의 아리랑도 결국 강원도 아라리에서 파생되었다고 지적했다. 이보형, 〈아리랑소리의 근원과 그 변천에 대한 음악적 연구〉, 《한국민요학》 제5집(한국민요학회, 1997).

논의가 매우 미진했다.[234]

이는 그동안 주로 '아리랑'이라는 구음을 중심으로 논의를 펼쳤기 때문이다. 필자는 '아리랑'보다는 '아리'와 '아라리'라는 구음에 더 주목하고자 한다. 가장 오래된 아리랑으로 간주되는 정선아라리도 그렇지만, 최영년(崔永年: 1856~1935)의 《속악유희(俗樂遊戲)》(1921)에서도 아리랑을 아라리로 칭했고, 민요 아리랑의 구음에도 "아리랑 아리랑 아라리요"처럼 아라리가 사용되고 있는 점을 생각해 보자. 그리고 '아리', '아라리'와 함께 '아라성'을 고려하면, 새로운 논의의 실마리를 찾을 수 있을 듯하다. 왜냐하면 이 구음들은 이미 고려가요 〈청산별곡〉의 "얄리얄리 얄라셩 얄라리 얄라"에서 '얄리', '얄라리', '얄라셩'으로 나타난 바 있기 때문이다.[235] 중세 국어에서는 줄질(줄타기) →

---

234 여음의 대표적 어휘인 '아리랑'의 어원에 대해서는 '아리랑(我離郞)'을 비롯해서 신라의 '알영비(閼英妃)', 밀양의 전설의 인물인 '아랑(阿娘)' 등에서 유래되었다는 설이 있으나 의미 없는 사설(non-sense verse)로 흥을 돕고 음조를 메워 나가는 구실을 할 뿐이다. 즉, 아리랑의 여음은 여러 가지이며 그 쓰임새 또한 다양하다. 노래의 머리에서 앞소리 또는 내드름 소리로 쓰이는가 하면, 노래의 꼬리에서 뒷소리 또는 받음소리로도 쓰이고 있다.《한국민족문화대백과사전》 아리랑 조.
그리고 김연갑의 《아리랑시원설연구》(명상, 2006), 54~79면에서도 아리랑의 시원설과 어원설을 다양하게 소개했지만, 아직까지 아리랑의 어원에 대한 유력한 학설은 제시되지 못한 형편이다.

235 정익섭도 이미 "얄리얄리"는 "알리알리~아리아리"로 변모될 가능성이 짙고, "얄랑셩"은 '셩'음 탈락의 "야랑~아랑" 등의 음조적(音調的)인 비음(鼻音)으로 축음(縮音)될 가능성이 많다고 하면서, "아리랑"은 "아리아리 아랑"이 다시 압축되어 "아리랑"으로 변한 것이라는 견해를 제시했다. 정익섭, 〈진도지방의 민요고〉, 《한국시가문학논고》(전남대학교 출판부, 1989), 786면.
그러나 아라리는 고려하지 않고 아리랑만 주목했기 때문에, '얄리', '얄라리', '얄라셩'이 현재도 '아리', '아라리', '아라성'으로 살아 있음을 논의하지 않았다. 다만 얄리와 얄라셩에서 아리랑이 생겨난 것으로 보았다.

주질처럼 ㄹ탈락이 흔한 현상이었다.[236] ㄹ은 유음(流音)이기 때문에 현대 국어에서도 '사월초팔일' → '사월초파일', '살다' → '사니'처럼 흔히 생략된다. 그러므로 '얄리', '얄라리', '얄라셩'이 '아리','아라리', '아라성'으로 변했을 가능성은 충분히 인정된다.

또한 세계 여러 나라에서 '아리', '아라리'와 유사한 구음들이 발견된다. 조지아와 아르메니아에는 "아리 아라리"를 계속 반복하는 민요가 있다. 터키의 민요와 그림자인형극에는 '야레리 야레리'를 반복하는 구음이 있다. 일본의 전통 인형극에는 '누라리 누라리'를 반복하는 구음, 일본의 전통 가면극 노[能]에는 '타라리', '아가리', '라라리'를 반복하는 구음이 있다. 중국의 민요, 전통 연극, 가면극, 인형극 등에는 '라리', '라리리', '리라리', '라라리', '나라리' 등을 반복하는 구음이 있다.

중문학자 안상복은 중국의 '라리련(囉哩嗹)'을 처음으로 국내에 소개하면서 아리랑과 비교 고찰했다. 우선 라리련은 불교 승려들이 부른 것, 전진교(全眞教)의 도사들이 부른 것, 민간의 무격(巫覡)들이 부른 것 등 종교적 노래로 나타난다면서, 이와 관련된 기록들을 제시했다. 그리고 당대(唐代)부터 현대에 이르기까지 사(詞), 소령(小令), 금곡(琴曲), 민가(民歌)뿐만 아니라, 남희, 잡극, 전기, 지방희, 나희(儺戲, 가면극), 괴뢰희(傀儡戲, 인형극) 등 다양한 문학예술 장르 속에서 여러 가지

---

236 주질(注叱)은 '줄질'의 이두식 표기인데, 줄질은 줄타기이다.《韓國漢字語辭典》권3(단국대 동양학연구소, 1997), 132면의 주질(注叱) 조항 참조. 그러면 '줄질'에서 왜 '줄'의 'ㄹ'을 탈락시켜 주질(注叱)로 표기했을까? 줄질을 이두식으로 정확하게 표기하면 注乙叱이지만, 중세 국어에서는 줄질의 '줄'처럼 뒤에 오는 소리가 'ㄴ, ㅅ, ㅈ, ㅊ'인 경우에 'ㄹ'을 탈락시켜 주질로 하는 것이 보편적인 현상이었다. 그러므로 注乙叱에서 'ㄹ'에 해당하는 '乙'을 탈락시켜 주질(注叱)로 적은 것이다.

유형의 '라리련' 소리를 발견할 수 있다고 하면서, 이와 관련된 자료들을 소개했다.

그 결과 '라리련(囉哩嗹)'과 아리랑은 음운과 조어적 측면에서 유사성이 있고, 양자 모두 변화적 반복률의 관용구로 구사되고 있음을 지적했다. 그리고 노랫말 속에서 가사의 앞 초렴(初斂)의 1, 2구로 구사되는 경우, 가사의 끝에서 후렴으로 구사되는 경우, 가사의 일부로 중간에 구사되는 경우 등 노랫말 속의 위치가 동일하며, 양자의 키워드는 남녀의 애정 그리고 유랑으로서 서로 부합되고 있다고 보았다. 또한 불교가 전래된 삼국시대 이후 통일신라를 거쳐 고려시대에 이르기까지 불교의 위상이나 불교도들의 빈번한 대외 왕래를 고려할 때, 범곡 '라리라' 혹은 '라리련'과 관련된 소리가 승려들을 통하여 한반도로 전래되었을 가능성을 제시했다. 그리고 중국에서 '라리련' 소리가 중국 전역에 전파될 수 있었던 중요한 원인을 'Luli나 Loli~라리회회(囉哩回回)~로기(路岐)'로 이어지는 전파자(유랑예인집단)의 맥락에서 찾을 수 있다면, 아리랑의 전파에서도 대외 왕래가 빈번했던 불승(佛僧) 집단과 '양수척~백정'으로 이어지는 호인 계통의 예인들을 전파자로 볼 수 있다고 논의했다.[237] 이는 중국의 사례와도 유사한 견해로서 탁견이라고 생각된다.

그러나 안상복도 지적하고 있는 바와 같이, 아리랑에 대한 자료는 주로 근대 이후에 나타나고, 아리랑이 근대 민요일 가능성이 있으므로 라리련과 아리랑을 관련시키는 것은 다소 문제점을 안고 있다. 그

237 안상복, 〈라리련(囉哩嗹)과 아리랑—그 현상과 의미〉, 《중국학보》 제59집(한국중국학회, 2009.6).

리고 '라리련'과 거기서 파생된 '라리', '라리리', '리라리', '라라리', '라리라', '나라리'는 '아리랑'보다는 오히려 '아리', '아라리'와 친연성이 있는데, 이를 다루지 않았다. 그럼에도 불구하고 아리랑이라는 관용구 자체의 역사 소원(溯源)을 라리련과 관련시켜 논의한 것은 상당한 의의를 갖고 있다.

이진원은 중국 운남성 여강(麗江)의 소수민족인 납서족(納西族)의 무도곡인 '아리리(阿里里)'를 소개했는데, '아리리'는 '하려리', '하아려', '하합리', '가리하리', '하리' 등으로도 불린다고 한다. 중전(中甸) 지역의 '하리리'는 노래에 따라 "야리리 야리리 아나야따아 그어라 리리야 아나야따아 그어라 리리야", "야리라 야리라리 야하야하빠라 야리라리", "아리리 아리리 아웨이리"라는 후렴구를 가지고 있다고 한다.[238]

이상과 같이, '아리', '아라리'는 고려시대까지 거슬러 올라가는 매우 오래된 구음이고, 세계 여러 지역에서 발견되는 구음임에도 불구하고 아직까지 이에 대한 연구가 충분히 이루어지지 못했다. 그러므로 이 장에서는 '아리', '아라리' 구음의 원천이 무엇이고, 그것이 어떻게 세계의 여러 지역에 분포하게 되었으며, 이 구음의 한국적 독자성은 무엇인지를 살펴보고자 한다.

즉 이 장에서는 민요 아리랑의 유래를 고찰하는 것이 아니고, 여러 지방의 민요 〈아리랑〉에서 나타나는 '아리', '아라리'라는 구음의 유래를 밝히고자 한다. 이는 '아라리'라는 구음에서 〈아리랑〉이라는 민요가 생겼다는 뜻이 아니고, 민요 〈아리랑〉이 성립될 때 기존에 존재하던 '아리',

---

238 이진원, 〈중국 소수민족 민가와 아리랑〉, 《한국 고대음악사의 재조명》(민속원, 2007), 379~383면.

'아라리'라는 구음을 수용하여 노래했다는 점을 강조하려는 것이다.

이를 위해 우선 조지아, 아르메니아, 터키, 중국, 일본 등 세계 여러 지역에서 발견되는 '아라리' 구음의 사례를 발굴하고, 이미 다른 나라에서 이루어진 이 구음들에 대한 연구성과들을 수집하여 제시할 것이다. 특히 중국의 '라리련' 구음과 관련된 연구성과들을 자세하게 검토할 것이다. 그리고 이를 바탕으로 고려가요 〈청산별곡〉의 "얄리 얄리 얄라셩 얄라리 얄라"의 성립 시기와 조지아, 아르메니아, 터키, 중국, 일본에서 이 구음의 성립 시기를 살펴보고자 한다.

2. 한국의 '아라리' 관련 구음 사례

현전하는 각 지방의 민요 〈아리랑〉과 관련된 구음은 다음과 같다.

아리랑 아리랑 아라리요
아리랑 고개고개로 나를 넘겨주소. (정선아라리)

아리 아리랑 쓰리쓰리랑 아라리가 났네.
아리랑 어절시구 날 넘겨주소. (밀양아리랑)

아리 당다중 쓰리 당다중 아라리가 났네.
아리랑 어절시구 잘 넘어간다. (밀양아리랑)

아리 아리랑 쓰리 쓰리랑 아라리가 났네

아리랑 응응응 아라리가 났네. (진도아리랑)

아리아리 쓰리쓰리 아라리요
아리아리 고개로 넘어간다. (강원도아리랑)

아라리요 아라리요 아리랑
어헐사 아라성아. (여주아리랑)

아라성아 아라성아아 아리랑
얼싸 아라성아. (아라성소리, 충북 충주 일대 모심는 소리)

아리랑 아리랑 아라리요
아리랑 고개로 넘어간다. (경기아리랑, 본조아리랑)

아르렁 아르렁 아라리로구나
아르렁 얼시고 아라리로구나.
(아르렁 타령, 《한국민요집》Ⅵ~992, 義州公立普通學校, 1912년)

이상과 같이, 현전 민요 〈아리랑〉에서는 아리랑과 관련된 구음이 '아리', '아라리', '아라성', '아리랑', '아르렁'으로 나타난다.

단국대학교 율곡기념도서관 나손문고(羅孫文庫) 소장 〈쥬공츄전〉의 부록에 '을축삼월경복궁창건시가(乙丑三月景福宮刱建時歌)'라는 제목 아래 많은 민요 가사가 수록되어 있다. 그 중 〈아리랑가라〉라는 노래 가사는 다음과 같다.

문경식지 박달나무는 홍두기 박망치로 다 나간다.
아르랑 아르랑 아라리요 아르랑 둥덩실 노다가게.
팔낭팔낭 수갑(갑—필자 주)사당기 쩌젹문 안의셔 야난한다.
사르랑 사르랑 알알이요 사르랑 둥덩실 노다가소.
쳥사쵸롱 불발켜들고 임의 방의 놀너가자.
사르랑 사르랑 사라리요 사르랑 둥덩실 놀다가게.
인제 가면 언제나 올가 언제 올 줄 내 몰나라.

이 노래는 경복궁 중건(1865~1868) 당시 불리던 것으로 노래 제목은 '아리랑'이지만 여음으로는 '아르랑', '아라리', '사르랑', '사라리'가 사용되고 있다.

1896년 당시 선교사로 활동하던 미국인 헐버트(Homer B Hulbert: 1863~1949)는 *Korea Repository*라는 잡지에 'Korea Vocal Music'이란 제목으로 아리랑을 서양식 기보법으로 채보하고, 아리랑의 영문 가사를 실었다. 한글로는 '아르랑', 영어로는 'a~ra~rung'이라 표기했다.

황현(黃玹)의 《매천야록(梅泉野錄)》(1900)에 아리랑이 궁궐 안에서까지 불렸다는 기록이 보인다.

고종은 매일 밤 전등을 켜 놓고 배우들을 불러 새로운 노래를 부르라고 했다. 이를 '아리랑타령(阿里娘打令)'이라고 한다. 이 타령이란 말은 곡조를 길게 빼는 것을 세속에서 일컫는 말이다. 민영주(閔泳柱)는 배우들을 거느리고 오직 아리랑타령만 전담하고 있으면서 그 우열을 논하여…… 금 · 은으로 상을 주었다. 이 놀이는 오토리 게이스케[大鳥圭介]가 대궐을

Here we have the chorus first and then the following :–

On Sai Jai's slope in Mun-gyung town
We hew the *pak tal namu* down
To make the smooth and polished clubs
With which the washerwoman drubs.
Her masters clothes.

And by a swift turn of thought we have an Amazonian stanza :–

I cannot from my good-man part.
To say good-bye will break my heart.
See here, I have him by the wrist.
However he may turn and twist
I won't let go.

And again a quick forsaking of the realm of the practical and a dash into Titania land :—

I asked the spotted butterfly
To take me on his wing and fly
To yonder mountain's breezy side.
The trixy tiger moth I'll ride
As home I come.

And finally a sentiment which is all too true to Korean life.

The good-man lingers long away.
My heart is sad. I fear—but nay,
His promise, sure, will hold him fast.
Though long I wait, he'll come at last.
Back ! fruitless tears.

This is all sad doggerel when put into English. The Korean flavor is gone, the aroma dissipated ; but you can see, from hear it everywhere and at all times. It stands in the same relation to the Korean of to-day that "Ta-ra-ra boom-di-ay" did to us some five years ago. But the *furore* not being so great, the run is longer. To my personal knowledge this piece has had a run of three thousand five hundred and twenty odd nights and is said to have captured the public fancy about the year 1883. Its "positively last appearance" is apparently as far off as ever. I would not have anyone suppose that the above figures accurately represent the number of verses for they are numberless. In fact, this tune is made to do duty for countless improvisations in which the Korean is an adept. The chorus however is invariable and runs as follows:—

아르랑아르랑아라리오
아르랑얼ᄉᆞ비ᄯᅴ어라

License is allowed in substituting, for the last word, 다나간다 or some othe equally pregnant phrase.

While in America I was asked to translate this chorus and answered that the meaning was the same as is contained in the opening words of that English classic which begins—

"Hei diddle diddle."

I have asked many Koreans to give me the exact significance of the words, but have always met with the same incredulous smile. If any response was elicited it was of so vague a character as to be unintelligible. One man came very close to me and whispered that the 아르, being the beginning of the Korean word for Russia, was prophetic of the influence of that empire on the destiny of the nation! Another said that the characters were the Korean transliteration of certain Chinese characters which apprently mean "I love my husband, I love my husband, yes, I love you, I love my husband," and the line finishes with "Good! Let us launch the festive boat." This refers to the Korean custom of feasting in boats on the river, a favorite form of entertainment with them, but dangerous, I should judge, for people of highly convivial tastes.

The verses which are sung in connection with this chorus range through the whole field of legend, folk lore, lullabys, drinking songs, domestic life, travel and love. To the Korean they are lyric, didactic and epic all rolled into one. They are at once Mother Goose and Byron, Uncle Remus and Wordsworth. Here is a very weak attempt to score it. I have left out the trills and quavers, but if you give one or two to each note you will not go wrong.

침범한 후에 중지되었다.[239]

이와 같이, 《매천야록》에서는 이 노래의 명칭을 〈아리랑타령(阿里娘打令)〉이라고 밝혔다.

1907년 발행된 《태극학보》 13집에서는 '아르랑타령', 1908년 발행된 《대한학회월보(大韓學會月報)》 5호에서는 我農歌(俗 所謂 아르렁탈영)처럼 '아르렁탈영', 1925년 《개벽》 64호에 수록된 나도향의 소설 〈뽕〉에서는 '아르렁타령'이라고 표기했다.

1913년 사공수(司空檖)가 지은 영사가사(詠史歌辭) 〈한양오백년가〉에는 '아리랑타령'이라고 국문으로 적혀 있다.

그러나 최영년(崔永年: 1856~1935)의 《속악유희(俗樂遊戲)》(1921)에서는 다음과 같이 아리랑을 '아라리(哦囉哩)'로 표기하고 있다.

> 아라리 ~ 지금으로부터 30여 년 전에, 이 곡조가 어디에서 왔는지 알지도 못하는데 전국에 퍼져서 부르지 않는 사람이 없었다. 그 소리는 슬프고 원망하는 듯하고 뜻이 음란하며 가락은 여운이 없고 단촉하니[240] 대개 말세의 소리이다. 지금도 전하는데 '아라리타령'이라고 이름한다.[241]

이 기록은 '아라리'가 당시(1921년)로부터 30여 년 전에 어디에서

---

239 每夜燃電燈; 召優伶奏新聲艶曲, 謂之阿里娘打令, 打令演曲之俗稱也, 閔泳柱以原任閣臣, 領衆優, 專管阿里娘, 評其巧拙, 頒尙方金銀賞之, 至大鳥圭介犯闕而止.

240 시일이나 음성 따위가 짧고 급함.

241 哦囉哩 ~ 距今三十餘年前所謂此曲未知從何而來遍于全土無人 不唱其音哀怨其意淫哇其操噍殺短促蓋季世之音至今有之名之曰아라리타령.

왔는지 알지도 못하는데, 전국에 퍼져서 부르지 않는 사람이 없었으며, 노래 명칭이 〈아라리타령〉이었음을 전해 준다.

김연갑은 법사(독경무)들이 독경(讀經)에서 낭송하는 〈불설명당경(佛說明堂經)〉의 이본 중 '아라리' 구음이 삽입된 자료를 소개하고, 〈불설명당경아리랑〉이라고 명명했다. 이 〈불설명당경(佛說明堂經)〉(1823)은 "불설명당신주경 안토지신명당경 아라리 사라리 아리사리 아리랑. 여시아문일시불 천황대제수명장 사라리 아라리 사리아리 사리랑. 지황대제정복수 인황대제액소멸 아라리 사라리 아리사리 아리랑."처럼 "아라리 사라리 아리사리 아리랑"이라는 구음을 삽입한다. 이 자료를 본 비나리의 명인 김복섭 스님은 '아리랑'이 아니고 범어를 쓴 것이라고 말했다고 한다. 그리고 《이대주(二大呪)》라는 경집(經集)의 첫 번 〈불성금강뎡유가최승비밀셩불수구 ……〉라는 경중에 "아아리 리 이리 이리 아마리 아마리 아하 악하 알아리 알아리 아아리 아아리 암바리 암바리 아디아디 아마니" 같은 구음들이 있는 점을 볼 때, 이런 추정은 정확한 것으로 보인다.[242]

그런데 〈불설명당경〉(1823)의 진언 "아라리 사라리 아리사리 아리랑"은 앞서 소개한 '을축삼월경복궁창건시가(乙丑三月景福宮刱建時歌)' 중 〈아리랑가라〉의 가사에 그대로 나와 주목된다. 즉 〈아리랑가라〉에서는 "아르랑 아르랑 아라리요 아르랑 둥덩실 노다가게", "사르랑 사르랑 알알이요 사르랑 둥덩실 노다가소", "사르랑 사르랑 사라리요 사르랑 둥덩실 놀다가게"처럼 〈불설명당경〉의 "아라리 사라리 아리사리 아리랑"을 변이시켜 반복하고 있다. 〈아리랑가라〉는 경복궁

---

242 김연갑, 《팔도 아리랑 기행 1》(집문당, 1994), 151~152면, 158면.

중건(1865~1868) 당시 불리던 것으로 노래 제목은 '아리랑'이지만 여음으로는 '아르랑', '아라리', '사르랑', '사라리'가 사용되고 있는 것이다.

그리고 그동안 우리가 별로 주목하지 않았던 각 지방 〈아리랑〉의 구음 중 "쓰리 쓰리", "쓰리랑"도 그 유래가 오래되었음을 알 수 있다. 즉 "아리 아리랑 쓰리쓰리랑 아라리가 났네" (밀양아리랑), "아리 아리랑 쓰리 쓰리랑 아라리가 났네"(진도아리랑), "아리아리 쓰리쓰리 아라리요"(강원도아리랑)에 나오는 "쓰리 쓰리", "쓰리랑"은 이미 〈불설명당경〉과 '을축삼월경복궁창건시가(乙丑三月景福宮刱建時歌)' 중 〈아리랑가라〉에 나오는 "사라리"와 "사리랑", "사르랑"으로 존재했던 것이다.

결국 '아라리', '아리랑', '사라리', '사리랑', '사르랑', '쓰리', '쓰리랑'은 불교 구음 '라라리'의 지배적인 영향 아래 〈불설명당경〉 등 불교적 진언의 영향도 있었던 것이다.

한편 조선 초기의 《시용향악보(時用鄕樂譜)》에 전하는 〈구천(九天)〉, 〈군마대왕(軍馬大王)〉, 〈별대왕(別大王)〉은 조선 전기에 연주된 무가(巫歌)로 간주되는데, 여기에 '아리', '아라리' 관련 구음이 보인다. 〈구천〉은 "리로 리런나 로리라 리로런나 로라리 리리 로리런 나오 리런나 나리런나 로런나 로라리 로리런나"라는 구음으로 된 노래이다. 〈군마대왕〉은 "리러루 러리러루 런러리루, 러루 러리러루, 리러루리 러리로, 로리 로라리, 러리러 리러루 런러리루, 러루 러리러루, 리러루리 러리로"라는 구음으로 된 노래이다. 〈별대왕〉은 "노런나 오리나 리라리로런나 니리리런나 나리나 리런나 로로런나 리런나 로로런나

리런나"라는 구음으로 된 노래이다.[243] 특히 이 구음들은 다음 장에서 살펴볼 중국의 '라리련(囉哩嗹)' 관련 구음들과 너무나 유사하다.

이 외에 특히 함경도 민요에서 '아리', '아라리'와 관련된 것으로 보이는 구음들이 다양하게 발견된다. 북한에서 간행한 《조선민요곡집》 제3집(1966)에 수록된 함경도 민요 가운데 〈리루리〉 등에 아라리 관련 구음이 보인다. 〈리루리〉는 회령군 보을면 유선리 지방의 민요인데, 후렴에 "리루리 리루리 리루 리루 리루리"라는 구음이 나온다.

이러한 구음들은 함남 북청 지방의 통속민요에서 자주 나오는 "라리라 라따 라리라 돈돌 리띠리" 등과 함께 함경도 민요의 특징이라고 볼 수 있다. 〈라리라 라따〉는 "고향 떠나온 지 십여 년이 다 지나가도, 편지 한장 없는 오빠 무정하구나. 리띠리띠 릴라. (후렴) 라리라 라딸라 라리라라딸 라리요, 리띠리띠 릴라 라리라돈돌 리띨리 리띠리띠 릴라"라는 가사로 이루어진 노래인데, '라리라', '라따', '라리'와 같은 구음이 나온다.[244]

한편 남사당패의 인형극인 꼭두각시놀이에 나오는 구음은 대체로

---

243 《한국민족문화대백과사전》 구천 조, 군마대왕 조, 별대왕 조. 안동준은 고려 노래 여음구의 이러한 구음들을 도교 계열 선어(仙語)의 잔영이라고 보았다. 안동준, 〈고려노래 '선어'와 민간전승 도교음악〉, 《배달말》 29, 배달말학회, 2001.12. 중국에서는 이런 구음들이 도교의 도사들뿐만 아니라 불교 승려들에 의해서도 전승되었는데, 중국 학자들은 이 구음들이 불교로부터 생겨난 것으로 본다. 이에 대해서는 이 책 〈1장. 중국의 '라라리(囉囉哩)'·'라리련(囉哩嗹)' 구음의 존재 양상〉 참조. 그리고 《시용향악보》에 수록된 〈나례가〉, 〈성황반〉, 〈내당〉, 〈대왕반〉, 〈잡처용〉, 〈대국〉에도 '아라리' 관련 구음들이 보이는데, 《시용향악보》 소재 고려가요(고려속악가사)들의 구음에 대해서는 이 책 〈4장. 고려속요의 구음과 '라라리'·'라리련'의 관련 양상〉 참조.

244 전경욱, 〈북청 지방 민요의 향토성과 시대성〉, 《국어국문학》 제115호(국어국문학회, 1995.12).

①"허이(헤이)~허이 허이 허허험 아~헤이~", ②"떼이루 떼이루 띠어라 따 떼이루 떼이루 떼이루 야하", ③"나아 네이 나이나 리리 라라 얼수 좋다. 리리 라라(리리) 라라(리리) 라라(리리) 라라(레) 라리(이)라 라라 라리(이)라 ……", ④"니나노 난~실 니나노 난실 나니네~에 헤헤헤~ 헤헤 난~실 나~질 나질~ 니나노 난실"의 네 종류로 집약할 수 있다. 이 가운데 ③에서 '라리', '라리라' 구음이 발견된다.

《진언집(眞言集)》은 조선시대 불교의 여러 가지 다라니(陀羅尼)를 한글 · 한문 · 범자(梵字)의 순으로 병기한 책인데, 가장 오래된 것은 1569년 무등산(無等山) 안심사(安心寺)에서 개판한 중간본(重刊本)이다. 이 책 가운데 "毘沙門天王呪曰 아리나리(阿梨那梨) 노나리(㝹那梨) 아나로((阿那盧) 나리(那履) 구나리(拘那履)"라는 주문에서도 '아리', '노나리', '구나리'처럼 '아리', '아라리'와 유사한 구음들이 발견된다. 그러므로 한국의 승려와 법사들이 독경에서 사용하는 이 구음들은 민요 〈아리랑〉이나 민요 〈아라리〉와 관련된 것이 아니고, 원래부터 불교와 도교에서 사용하던 주문임을 알 수 있다. 중국의 경우에도 도교의 도사나 불교 승려들이 노래하는 구음에 '아라리'와 관련된 것들이 있는데, 이에 대해서는 이미 이 책 1장 중국의 '라라리(囉囉哩)', '라리련(囉哩嗹)' 구음의 존재 양상에서 살펴본 바 있다.

이상과 같이, 현전 민요 〈아리랑〉과 〈아라리〉에서는 아라리와 관련된 구음이 '아리', '아라리', '아라성', '아리랑'으로 나타나고, 다른 민요들에서는 '리루리', '라리라', '라리'로 나타난다. 경복궁 중건(1865~1868) 시의 〈아리랑가라〉, 헐버트의 채록, 《매천야록》(1900), 《태극학보》 13집(1907), 《대한학회월보》 5호(1908), 〈뽕〉(1925), 《속악유희》(1921) 등에서 '아르렁', '아르랑', '아리랑', '알알이', '아라리' 등으로 다양하게 표현하던 여음들이 점차 '아라리'와 '아리랑'으로 주류가 형성되다가, 특히 영화 〈아리랑〉 이후 '아리랑'으로 고착화된 것으로 보인다.

《시용향악보》의 〈구천〉, 〈군마대왕〉, 〈별대왕〉에서는 '로리', '로라리', '리라리', '나리나', '로리런', '리런나' 등의 구음이 보인다.[245] 그리고 꼭두각시놀이의 여러 구음들 가운데 '아리', '아라리'와 관련된 구음은 '라리', '라리라', '리리', '라라' 등이다. 〈불설명당경〉에서는 '아라리', '사라리', '아리랑', 《진언집》에서는 '아리', '노나리', '구나리', 〈불성금강뎡유가최승비밀셩불수구 ……〉라는 경에서는 '알아리', '아아리'라는 구음이 사용되었다.

이 외에 한국에서는 《금강경오가해(金剛經五家解)》, 《선문염송(禪門拈頌)》 등 고려·조선시대의 불교 서적, 고려·조선시대 불교 승려들의 시와 어록, 고려·조선시대 문인들의 시와 저서, 고려속요, 조선시대의 언해본과 소설, 민요, 꼭두각시놀음 등 다양한 갈래에서 매우 광범위하게 '라라리'와 '라리런' 관련 구음들을 찾아볼 수 있다.

그러므로 '아라리'와 관련된 구음들이 한국의 곳곳에 퍼져 있었던 것을 확인할 수 있다. 그리고 상술한 바와 같이, 고려시대의 〈청산별곡〉에 삽입된 구음 '얄리', '얄라리', '얄라셩'도 '아라리' 계통이라고 볼 수 있으므로 '아리', '아라리' 구음의 유래는 고려시대까지 거슬러 올라간다.

245 이 외에도 〈구천〉의 '로리런'은 바로 중국의 '라리련(囉哩嗹)'과 같은 것이고, 〈구천〉과 〈별대왕〉에 나오는 '리런나'는 '라리련(囉哩嗹)'의 변이형인 '리련라(哩嗹囉)'와 흡사하다.

그런데 이 구음은 원래 불교에서 생겨난 것으로 나타난다. 당나라 때에는《열반경》,〈실담장〉에 나오는 '로류로루(魯流盧樓)' 네 글자를 화음으로 삼았는데, 후세에 점차 아주 복잡한 변화가 일어났다. 이후 로류로루는 중국 당송대의 불교 승려이 지은 선시와 어록에서 '라라리(囉哩哩)', '리라라(哩囉囉)'로 계승되었다. 그리고 이 구음은 한국과 일본 승려들의 선시와 어록에서도 자주 사용되었다.

한국 불교 승려의 선시에서는 이미 고려 중기의 고승인 진각국사(眞覺國師) 혜심(慧諶: 1178~1234)의 〈시지강상좌(示至剛上座)〉에 이 구음이 보인다.

> 여덟 글자를 읊조리다 모르는 새 벙어리가 되었네. 한 마디 말로 도를 다 드러내니 목소리조차 나오지 않네. 목석 같은 남자도 박수 치며 라라리(囉囉哩)를 부르고, 돌계집도 머리를 흔들며 리리라(哩哩囉)를 부르네.[246] (《조계진각국사어록(曹溪眞覺國師語錄)》의 〈시지강상좌(示至剛上座)〉)

이 선시에 나타나는 '라라리'와 '리리라' 같은 구음은 이후 태고화상 보우(普愚: 1301~1382)의 〈산중자락가(山中自樂歌)〉, 나옹화상 혜근(惠勤: 1320~1376)의 〈무여(無餘)〉, 법장화상(法藏和尙: 1350~1428)의 〈보제존자삼종가(普濟尊者三種歌)〉 등에서도 꾸준히 사용되었다.

또한 조선시대 승려 휴정(休靜: 1520~1604)의 〈환향곡(還鄕曲)〉, 현변(懸辯: 1616~1684)의 〈태평곡(太平曲)〉, 자수(子秀: 1664~1737)의 〈무경실(無竟室)〉, 법종(法宗: 1670~1733)의 〈임종게(臨終偈)〉, 성우(惺牛: 1846~1912)의

---

246 八字打開不覺啞 一言道盡失聲唧 木人拍手囉囉哩 石女搖頭哩哩囉.

〈토굴가(土窟歌)〉, 보정(寶鼎: 1861~1930)의 〈팔월전가악(八月田家樂)〉 등에서도 '라라리' 구음이 사용되고 있다.

《금강경》의 주석서인 《금강경오가해》에는 송나라 야보의 송(頌)이 실려 있다. 이 책 상권 여법수지분(如法受持分) 제13에 "…… 라라리(囉囉哩) 리라라(哩囉囉) 산꽃은 웃고 들새는 노래한다."처럼 '라라리 리라라'가 나온다. 그리고 이 책 하권 구경무아분(究竟無我分) 제17에 "목동이 목동을 만나니 대중이 다 함께 라라리(囉囉哩) 노래하네."처럼 '라라리'가 나온다.

《금강경》은 대승불교의 근본을 이루는 경전이기 때문에, 고려시대의 불교 승려들과 신자들은 당연히 이 불경을 많이 읽었을 것이다. 그리고 주석서인 《금강경오가해》를 통해서 야보(冶父)의 송도 읽었을 것이다. 혜심이 편찬한 《선문염송》에는 이 구음이 9번 나온다. 더구나 고려는 불교 국가였기 때문에 고려시대 사람들은 대부분 이 구음을 알고 있었을 것으로 보인다.

또한 고려 중기의 문신인 백분화(白賁華: 1180~1224)의 한시 〈오선생견화 부차운 이수(吳先生見和 復次韻 二首)〉, 조선 후기의 학자인 김창흡(金昌翕: 1653~1722)의 한시 〈원일석(元日夕)〉, 이덕무의 《청장관전서》, 이규경의 《오주연문장전산고》 등 고려와 조선시대 문인들의 시와 저술에서도 '라라리'와 '라리련' 관련 구음들이 발견된다. 이 중 특히 김창흡의 한시 〈원일석〉이 주목된다.

> …… 도소주 초백주 남은 것 다 걸러서 그것을 가지고 담화헌에 올라가서 술병을 기울이네. 천천히 또 세 사람이 오니, 주인이 고상한 풍모로 시를 읊조리네. 마을마다 항아리를 두드리며 라리리(囉哩哩) 노래하네.

그대가 이에 맞추어 새 가사를 지어 보게나[247] (《삼연집(三淵集)》권10 시(詩) 〈원일석(元日夕)〉)

이 시의 "마을마다 항아리를 두드리며 라리리 노래하네. 그대가 이에 맞추어 새 가사를 지어 보게나"라는 구절을 통해서, 후대에는 '라리리' 구음이 불교와 관계 없이 조흥구로서 보편적으로 사용되었음을 알 수 있다. 짧은 한시이기 때문에 '라리리'로 표현했지만, 실제로는 지금의 아리랑처럼 '라라리' 관련 구음을 여러 번 반복하며 불렀을 가능성이 크다. 주목되는 점은 마을마다 항아리를 두드리며 후렴으로 '라리리'를 노래했는데, 새 가사를 지어 부르는 것이 보편적 현상인 듯 표현하고 있다는 사실이다. 이는 바로 가장 오래된 아리랑으로 간주되는 〈정선아라리〉의 전승 양상과 매우 흡사하다. 정선에서는 마을마다 남녀노소 할 것 없이 누구든지 아라리를 부르는데, 이전부터 전승되어 오던 가사도 부르지만 새로운 가사를 지어내어 부르는 경우가 많기 때문이다.

민간에서는 고려시대부터 이미 불교 승려들의 탁발과 유랑예인집단들의 활동이 활발하게 이루어졌으므로, 이를 통해 '라라리'와 '라리련' 관련 구음들이 불교 외에 여러 장르로 퍼지고, 유랑예인집단의 전국적인 순회로 말미암아 전국 각지로 확산되었을 것이다. 더욱이 불교는 고려의 국교였고, 조선시대에도 대표적인 종교였으므로, 이 불교적 구음은 광범위하게 사용되었던 것으로 나타난다.[248]

---

247 …… 屠蘇椒栢有殘瀝 持向湛華軒上傾 不速而來亦三客 主人風雅以詩鳴 村村拊缶囉哩哩 爾可相和作新聲. …… (《三淵集》卷之十 詩 〈元日夕〉樸被湛華軒 會者凡五人 辛卯)

248 이상의 내용에 대해서는 이미 〈1장. 중국의 '라라리(囉囉哩)'·'라리련(囉哩嗹)' 구음

3. 외국의 '아라리' 관련 구음 사례

(1) 중국의 사례

중국에서는 불교 승려들의 선시와 어록, 전통 연극, 가면극, 인형극, 민요 등에서 한국의 아라리와 관련된 구음으로 '랄리(剌哩)', '라리(囉哩)', '라라리(囉囉哩)', '나라리(那羅離)', '라리련(囉哩嗹)', '라리리(囉哩哩)', '리라리(哩囉哩)', '라리라(囉哩囉)', '라리라(羅犁羅)', '리라릉(哩囉嘮)', '야리리', '야리라', '야리라리', '아리리' 등이 나타난다.

《열반경》, 〈실담장〉 중의 로류로루(魯流盧樓)는 후대에 불교 분야에서 '라라리 리라라'와 여기에서 파생된 '리리라', '라리라' 등의 구음을 중심으로 전승된 것으로 나타난다. 그러나 남송대 남희 등의 희곡 작품에서는 처음에는 '라라리', '리라라'와 여기에서 파생된 '리리라', '라리라' 등의 구음을 중심으로 전승되다가, 점차 '라리련'과 여기에서 파생된 '리라련', '라련리', '련리련' 등이 섞여 사용된 것으로 보인다.

중국에서는 주로 연극학자들이 이 구음들을 연구했기 때문에 '라라리'보다는 '라리련'이 이 구음들의 대명사처럼 사용되었다. 처음에 불교 구음으로 생겨난 '라라리'는 주로 불교 승려들의 시와 어록에서 많이 사용되었지만, 송원대 이후 연극 분야에서는 '라라리'와 함께 '라리련'이 많이 나오기 때문이다.

중국에서는 불교 승려들이 아라리와 관련된 구음을 부른 사례로

의 존재 양상〉과 〈3장. 한국의 '라라리(囉囉哩)'·'라리련(囉哩嗹)' 구음의 존재 양상〉에서 자세하게 논의했으므로, 여기서는 대표적 사례를 중심으로 간략하게 살펴보았다.

송나라 재량(才良) 등이 편한《법연선사어록(法演禪師語錄)》상권에 "라라리(囉囉哩) 라라리(囉囉哩)", 송나라 색장주(賾藏主)가 편집한《고존숙어록(古尊宿語錄)》제29권〈서주용문불안화상어록(舒州龍門佛眼和尙語錄)〉에 "리리라(哩哩囉) 라라리(囉囉哩)", 송나라 보제(普濟)의《오등회원(五燈會元)》제13권에 문수선사가 노래한 "라라리리(囉囉哩哩)", 같은 책 제6권의 백운단 화상이 읊었던 "라리라(囉哩囉)"가 있다. 그리고 전진교(全眞教) 도사들이 부른 "리라릉(哩囉嘚) 리라릉(哩囉嘚)", "리라라릉(哩囉囉嘚) 리라리(哩囉哩)", "라리릉(囉哩嘚) 리릉라(哩嘚囉)"가 있으며, 송대 무격들이 부른 "리라리(哩囉哩)" 및 전통 연극과 민요 등에서 유사한 구음들이 발견된다.[249]

요가(傜歌)〈교지가(交阯歌)〉중 구절 끝에 '나라리(那羅離)'가 많은데, 일곱 번 이상 나온다. 일례를 들자면, "교지에 도착하니 집안에 곡식이 많아, 부질없이 그리워만 하네. 교지 땅이 정말 좋아 농사 걱정 없네 나라리(那羅離). 좋구나 벼농사 일 년 농사 지어 이 년 저장하네. 많은 사람들이 교지국에 몰려오니 쌀 걱정 없구나 나라리(那羅離)."[250] 와 같다.

'나라리(那羅離)'는 '라리(囉哩)'의 음이 변해서 된 것이다. 베트남에서 부르는 '라리리(囉哩哩)'와 요가를 비교하면, 베트남의 '라라리'는 틀림없이 중국 광서(廣西) 지방의 사람이 전래한 것임을 알 수 있다.[251]

---

249 이에 대해서는 안상복, 앞의 글, 135~140면 참조.

250 到交阯 家中米糧漫相思 交阯地頭眞是好 不憂耕種那羅離. 好禾行 一歲種禾二歲藏 齊齊來到交阯國 不悲白米那羅離.

251 이상 중국의 '라리련' 관련 여러 사례는 康保成,〈囉哩嗹與中國戲曲的傳播〉,《儺戲藝術源流》(廣州: 廣東高等教育出版社, 2005), 77~102면 참조.

현재 중국 복건성의 이원희(梨園戲), 괴뢰희(傀儡戲)의 개장곡(開場曲, 연희를 시작하는 노래)에서는 놀이무대를 정화하거나 희신(戲神) 전원수(田元帥)가 무대에 등장할 때 구음 '라리련(囉哩嗹)'을 사용한다. 복건성 수녕현(壽寧縣) 대양촌(岱陽村)의 〈원소복(元宵福)〉과 이원교(梨園教)의 괴뢰희 〈화광전(華光傳)〉에서는 '라리련(囉哩嗹)'이 "라리련(囉哩嗹), 리련라(哩嗹囉), 라리리(囉哩哩), 라라련(囉囉嗹), 라련라(囉嗹囉), 련라련(嗹囉嗹), 라라련(囉囉嗹), 리라련(哩囉嗹)"처럼 변이되기도 한다.[252]

이전에 북경(北京)의 소곡(小曲)에서도 "라리련(囉哩連) 련리라(連哩囉)"를 불렀는데, 이를 노래와 노래 사이의 간주로 삼았다.

그리고 이진원이 소개한 중전(中甸) 지역의 '하리리'에 삽입된 "야리리 야리리 아나야따아 그어라 리리야 아나야따아 그어라 리리야", "야리라 야리라리 야하야하빠라 야리라리", "아리리 아리리 아웨이리"라는 후렴구도 라리련과 관련이 있을 듯하다.[253] 이에 대해서는 이미 1장 중국의 '라라리(囉囉哩)', '라리련(囉哩嗹)' 구음의 존재 양상에서 자세하게 논의했다.

(2) 일본의 사례

일본에서는 불교 승려들의 시와 어록, 가면극, 인형극 등에서 '라라리(囉囉哩)'와 '라리련(囉哩嗹)' 관련 구음들이 발견된다.

가미무라 간코[上村觀光] 편,《五山文學全集》전 5권(思文閣出版, 1973)에 수록되어 있는 일본 선승들의 문집에서 불교 구음 '라라리(囉囉哩)'

252 葉明生, 〈壽寧縣岱陽村的元宵福與梨園教之傀儡戲 〈華光傳〉〉,《民俗曲藝》第122, 123期(台北: 財團法人 施合鄭民俗文化基金會, 2000), 156면.

253 이진원, 앞의 글, 383면.

와 '리라라(哩囉囉)'가 많이 발견된다. 이 외에 도요 에이초[東陽英朝: 1428~1504]가 찬(撰)한《宗門正燈錄》은 중국과 일본의 선종 승려 24인의 전기인데, 이들의 어록과 게찬(偈贊)에서도 이 구음들이 발견된다. 그리고 이 구음은 원래《열반경》,〈실담장〉중의 로류로루(魯流盧樓)가 후세에 변화를 일으켜, 당송대의 불교 승려들에 의해 선시와 어록에서 '라라리(囉哩哩)', '리라라(哩囉囉)'로 계승되었던 불교 구음에서 유래한 것이다.

현재 일본에 전하는 인형극 가운데 사도(佐渡) 섬의〈노로마인형〉이라는 인형극은 여러 면에서 한국 남사당패의 꼭두각시놀이와 매우 유사하다. 그런데〈노로마인형〉의 첫 장면에서 "누라리 누라리 누우토 토오자이[東西] 토오자이"라는 구음을 노래한다.[254]

일본 노[能] 가면극의 레퍼토리 가운데〈오키나[翁]〉는 단순한 춤을 주술적으로 반복하는데, 오키나가 등장할 때 오키나와 지우타이[地謠]는 "토우토우 타라리 타라리라. 타라리 아가리 라라리 도우"라는 구음을 네 번이나 반복하며 노래한다. 그 장면을 살펴보자.

> 오키나: 토우토우 타라리 타라리라. 타라리 아가리 라라리 도우.
>
> 지우타이: 치리야 타라리 타라리라. 타라리 아가리 라라리 도우.

---

254 그러므로 한중일의 전통 인형극에서는 모두 연희의 첫 장면에서 구음을 노래하는데, 이는 인형극들의 계통 및 연희집단과 관련하여 매우 중요한 시사점을 제공한다. 또한 터키의 그림자인형극인 카라괴즈(Karagöz)에서도 첫 장면을 비롯하여 여러 장면에서 "야레리 야레리(yaleli yaleli)" 등 의미 없는 단어의 반복이 발견되는데, 이도 함께 다루면 동아시아 인형극의 구음 문제를 설득력 있게 논증할 수 있을 것으로 보인다. 이에 대해서는 이 책〈5장. 동아시아 전통 인형극 구음의 보편성과 한국적 독자성〉참조.

오키나: 토코로치요[所千代, 천년]까지 사십시오.

지우타이: 우리도 센슈[千秋, 천년만년 영원히] 사무라하우('사부라우'의 음 변화, 섬기겠습니다).

오키나: 학과 거북의 나이로.

지우타이: 다행히 마음이 가는 대로.

오키나: 토우도우 타라리 타라리라.

지우타이: 치리야 타라리 타라리라. 타라리 아가리 라라리 도우

여기서도 '라라리'와 관련된 '라라리', '타라리', '아가리'를 찾아볼 수 있다. 오키나는 노에서 가장 신성시되는 인물이자 공연 종목의 명칭으로서, 특히 그 사장이 난해하여 오늘에 이르기까지 완전히 해독하지 못하고 있다. 학자들이 다양한 암호 해석을 시도하고 있는 '수수께끼 언어'로 남아 있다.

이상과 같이, 일본의 가면극, 인형극 등에서는 한국의 아라리와 관련된 구음이 '누라리', '타라리', '아가리', '라라리' 등으로 나타난다. 이 구음과 관련된 일본의 사례에 대해서는 이미 2장 일본의 '라라리(囉囉哩)', '라리련(囉哩嗹)' 구음의 존재 양상에서 자세하게 논의했다.

(3) 조지아(그루지야)와 아르메니아의 사례

조지아의 민요 〈오로벨라(Orovela)〉는 농부가로서 "아리 아라리 아랄로~ 아라리 아리 아랄로~ 아리 아라리 아랄로~ 아라리 아리 아랄로~다" 또는 "아리 아라리 우~러라 아라리 아리 아라로 아리 아라리 아라로 에헤헤 아라리 아리 아랄로~다"처럼 주로 '아리'와 '아라리'라는 구음을 반복해서 부르는 민요로서, 한국의 '아리', '아라리'와

그대로 일치한다. 그 음악을 들어보면 마치 한국 〈아라리〉의 현대적 변주곡이라고 할 수 있을 정도이다.[255]

또한 아르메니아의 농부가 〈호로베르(Horover)〉도 조지아의 농부가 〈오로벨라〉처럼 '아라리'와 유사한 구음을 사용한다. 즉 〈호로베르〉에서는 "아라벨 아리아리 아라리 아라벨 아리아리 아라리 쟌"이라는 구음이 반복된다. 그리고 아르메니아의 자장가 〈오로르(Oror)〉는 여러 종류인데, 그 가운데 "아라리 아리아리 아아리 아랄로 ……"를 반복하는 노래도 있다. 이 밖에도 아르메니아 노래 중에는 〈아라리〉, 〈야라리〉, 〈아리 아리〉, 〈야르잔아리〉, 〈아리 아리 아리〉, 〈아리 씨룬〉, 〈아리 아랄로〉 같은 곡명이 있다.[256]

(4) 터키의 사례

터키의 그림자인형극인 〈카라괴즈(Karagöz)〉에서는 "야레리(yaleli) 야레리 아만(aman) 아만"이라는 구음을 사용한다. 그리고 터키 크륵을라레리(Kirklareli) 지방의 민요에서는 다음과 같이 "야레리(yaleli) 야레리 야레리 아만(aman) 야레리 야레리 야레리"라는 구음을 노래 중

---

255 조지아 농부가 〈오로벨라(Orovela)〉는 youtube에서 'Georgian folk song Orovela'를 검색하면 들을 수 있다. 그리고 CD음반 국악음반박물관(관장 노재명) 기획 세계민속음악(1) 〈조지아(그루지야) 포도마을 음악 여행 Georgian Music〉(지구레코드, 2012.12)에서도 〈오로벨라(Orovela)〉(5번, 16번, 18번 트랙)를 비롯한 조지아 민요들을 수록하고 있다.

256 노재명, 《코카서스 산맥 민속음악 여행》(채륜, 2015), 113면. 아르메니아 자장가 〈오로르(Oror)〉는 YouTube에서 Gohar Gasparyan의 〈Oror〉를 검색하면 들을 수 있다. 그리고 노재명, 《코카서스 산맥 민속음악 여행》의 부록 CD에서도 〈오로르(Oror)〉(2번 트랙)와 아르메니아의 농부가 〈호로베르(Horover)〉(16번 트랙)를 수록하고 있다.

간에 계속 여음으로 삽입한다.

자기야, 자기야 야레렐림 자기야!

밭에 옥수수가 있네 (아만)

벽에 매트가 걸려 있다.

너는 왜 그래? (아만)

나는 무슨 흠이 있나?

야레리 야레렐리 야레렐리 아만

야레리 야레렐리 야레렐리

여기에서 "야레리(yaleli) 야레리 야레리 야레리 아만(aman) 아만"은 조화로움을 이루기 위해 쓰는 말이라고 한다. 별 의미는 없고, 노래를 신나게 부르기 위해 쓰는 구음이다.[257]

또 자라(Z. Zara)라는 가수의 〈Yalelli Sözleri〉라는 제목의 노래에서도 "야레리(yaleli) 야레리 야레리 야레리 아만(aman) 아만"이라는 구음을 네 번이나 삽입하고 있다. 그러므로 "야레리 야레리"가 터키에서 매우 보편적 구음임을 알 수 있다.

한편 그림자인형극인 〈카라괴즈〉는 아시아로부터 서쪽으로 전파되었다는 것이 정설이다. 그림자인형극의 역사 연구로 저명한 학자인 게오르그 야콥(Georg Jacob)은 리하르트 피셸(Richard Pischel)의 인형극 이론을 더욱 확장하여, 대략 수천 년 전에 인도 북서부에서 생겨난

257 이상 터키 민요의 번역과 구음에 대한 설명은 이스탄불문화원을 통해 번역자를 소개받아 작성한 것이다.

집시들이 아시아와 유럽을 가로지르는 통로를 개척했다는 사실의 개연성이 매우 높다고 주장했다. 이 집시들이 인도의 그림자인형극을 가지고 이주한 것으로 보이는데, 그들이 소아시아에 머무를 무렵 그림자인형극을 터키에 대중화시켰다는 것이다. 이 집시 이론은 개연성이 매우 높다. 그 이유는 그림자인형극에는 집시적 요소가 주조를 이루고 있는 사실을 보여 주는 문헌이 많이 있으며, 가끔 대장장이로 등장하는 주인공 카라괴즈 자신도 집시이기 때문이다. 극중에서 그는 석쇠와 집게(부젓가락)를 팔기도 하는데, 석쇠와 집게를 파는 것은 집시들의 주요 직종 가운데 하나였다.[258] 그러므로 카라괴즈에 나오는 "야레리 야레리"도 집시들이 퍼뜨린 구음일 가능성이 크다.

이 구음은 고려가요 〈청산별곡〉의 "얄리얄리 얄라셩 얄라리 얄라"의 '얄라리'와 매우 유사하고, '아라리'와도 친연성을 보인다.

4. '아라리' 관련 구음의 유래

이상에서 살펴본 바와 같이 '아리', '아라리'와 친연성이 있는 불교 구음은 '라라리', '리라라', '라리련'이다. 그리고 이로부터 '나라리', '랄리', '라리리', '리라리', '라리라', '리라룽', '야리리', '야리라', '야리라리', '아리리' 등의 구음이 파생되었다.

그동안 중국에서는 '라라리'와 '라리련'의 유래와 관련하여 범문

258 Metin And, *Karagöz – Turkish Shadow Theatre*, Istanbul: Dost Yayin lari, 2005, pp.21~22.

(梵文) 로류로루(魯流盧樓) 유래설과 원대(元代) 라리회회(囉哩回回) 유래설이 제시되었다. 이 두 학설에 대해서는 이미 4장 고려속요의 구음과 '라라리(囉囉哩)'·'라리련(囉哩嗹)'의 관련 양상에서 자세하게 살펴보았으므로 여기서는 생략한다.

양지구(楊志玖)는 원대(元代)에 페르시아에서 중국으로 이주한 집시—라리인(囉哩人)으로부터 '라리련'이 유래했다고 보았다.[259] 강보성(康保成)은 양지구의 견해를 수용하면서 여러 문헌자료를 고찰한 후, 일곱 가지 증거를 들면서 라리가 바로 송원(宋元: 960~1368)시대의 유랑예인인 노기(路歧)라고 보았다. 그리고 '라리련'의 '범문(梵文) 로류로루(魯流盧樓) 유래설'과 '원대(元代)의 라리회회(囉哩回回) 유래설'을 절충하여 다음과 같이 주장했다. 범곡 '重羅黎'는 진(晉)나라 때 이미 민간에서 유행했고, 양지구의 고증에 따르면 라리회회, 즉 집시는 원대에 바야흐로 중원에 들어왔는데, 이 시간상의 차이를 어떻게 해석할까? 그 다음 라리회회가 "우리 라리인"이라고 노래 부르고, 로기인이 "로기기로양유유(路歧歧路兩悠悠)"라고 노래 부르면서 세상을 유랑할 때, 라리, 로기는 모두 실질적인 의미를 갖고 있었다. 그러나 범곡 중의 라리련은 단지 가곡의 화음일 뿐이다. 양자가 만약 관련이 있다면 이런 현상을 어떻게 해석해야 할까?

'라리라(羅犁羅)' 이 범곡은 늦어도 진나라 때 이미 중원에 들어와서, 수나라 때 문인들이 이미 주령(酒令)[260]으로 삼았다. 그렇다면 불교의 승려들이 집집마다 돌아다니며 탁발하는 것과 라리인 즉 로기인

259 楊志玖, 〈元代的吉普賽人—囉哩回回〉, 《歷史研究》(1991年 第3期), 40~46면.

260 여럿이 술을 마실 때 술 마시는 방식을 정하는 약속. 술자리의 흥을 돋우기 위한 벌주 놀이.

이 연문축역(沿門逐疫), 연문걸토(沿門乞討), 연문매예(沿門賣藝)의 활동을 함에 따라서, 라리련의 노래소리는 완전히 중원으로부터 사면팔방으로 전파되었다고 할 수 있다. 시간상으로 볼 때, 라리련이 로기인의 공연과 연화락(蓮花落)[261]의 형성에 영향을 준 것은 송대이다. 그러므로 희곡이 성숙하게 되자 라리련은 바로 그 일부분이 되었다. 라리련은 로기인의 끊임없는 이동과 함께 부채형 모양같이 여러 방향으로 확산되었다.[262]

이상에서 중국에서 진행된 '라라리'와 '라리련' 유래설을 살펴보았다.[263] 이는 한국도 마찬가지일 것으로 생각된다. 중국 학자들은 서역 출신의 유랑예인들이 전승하던 연희에 '라라리'와 '라리련'이라는 구음이 있었고, 이것이 중국 전역으로 퍼졌으며, 오에노 마사후사의 《괴뢰자기(傀儡子記)》(12세기 초)에 기록된 일본의 유랑예인집단 구구쓰

---

261 연화락은 불교에서 모화(募化)를 하기 위해 연창(演唱)하던 것이었는데, 일반 서민들의 환영을 받아 속곡(俗曲)으로 발전하는 한편, 가난한 거지들이 구걸을 할 때도 배워 부르게 된 것이라 여겨진다. 그것은 특히 탁발을 하는 중들이 간혹 창하면서, 불쌍한 거지들에게도 창하는 방법을 가르쳐준 때문인지도 모른다. 김학주, 《중국의 희곡과 민간연예》(명문당, 2002), 258면.

262 康保成, 앞의 글, 77~102면.

263 중국에서는 현재 이 구음을 흔히 '라리련'이라고 부르는데, 이는 '라라리'와 '라리련'으로 바로 잡아야 할 듯하다. 그 이유는 다음과 같다. 당나라 때 《열반경》, 〈실담장〉 중의 로류로루(魯流盧樓) 네 글자를 화음으로 삼았는데, 후세에 점차 아주 복잡한 변화가 일어났다. 이후 로류로루는 중국 당송대의 불교 승려들에 의해 선시와 어록에서 '라라리 리라라'와 여기에서 파생된 '리리라', '라리라' 등의 구음을 중심으로 전승되었다. 그리고 이 구음은 한국과 일본 승려들의 선시와 어록에서도 자주 사용되었다. 그리고 남송대 남희 등의 희곡 작품에서는 처음에 '라라리', '리라라'와 여기에서 파생된 '리리라', '라리라' 등의 구음을 중심으로 전승되다가, 점차 '라리련'과 여기에서 파생된 '리라련', '라련리', '련리련' 등이 섞여 사용되었기 때문이다.

시(傀儡子)도 이들과 관련이 있다고 본다. 이는 한국의 유랑예인집단인 남사당패가 전승해 온 꼭두각시놀이의 유래와 꼭두각시놀이의 첫 장면에서 부르는 네 종류의 구음이 갖는 기능과 성격을 생각할 때 매우 주목되는 견해이다.

한편 중국에서는 '라라리'가 불교 승려들이 부른 것, 전진교(全眞敎)의 도사들이 부른 것, 민간의 무격(巫覡)들이 부른 것 등 종교적 구음으로도 나타난다. 특히 이미 당송대에 불교 선종의 승려들이 '라라리'와 관련된 구음을 노래했던 것으로 나타난다. 그리고 한국의 고려·조선시대 불교 승려들의 시와 어록에서 노래한 '라라리', 불교 승려들의 다라니에 나오는 '아리', '노나리', '구나리', 법사들의 독경에서 읊는 '알아리', '아아리', '아리사리', '아리랑' 등 '라라리'와 관련된 구음들이 있는 것은 중국과 일치한다. 그러므로 한국의 승려나 법사들이 다라니와 독경에서 사용하는 이 구음들은 민요 〈아리랑〉이나 민요 〈아라리〉와 관련된 것이 아니고, 원래 불교에서 사용하던 구음인 것이다.

피셸(Pischel)의 주장에 근거한 이론들은 인도 드라마의 기원을 인도 인형극에서 찾고 있으며, 인형극의 발생지 역시 인도라고 본다. 따라서 인형극은 인도로부터 유럽으로 전파되었다고 주장한다.[264]

이는 동아시아의 경우도 마찬가지이다. 한국 인형극 연구의 초창기에 김재철이 꼭두각시놀이는 인도에서 서역과 중국을 거쳐 한국에 전래되었고, 한국을 통해 그것이 일본으로 전해졌다는 견해를 제시한 후 여러 학자들의 지지를 받았다. 우선 꼭두각시놀음의 꼭두는

264 Metin And, *Karagöz – Turkish Shadow Theatre*(Istanbul: Dost Yayinlari, 2005), p.21.

인형의 뜻으로서 중국의 곽독(郭禿)에서 온 말이라고 보고, 일본에서는 인형극의 인형을 傀儡라고 적으며 그 발음을 '구구쓰(くぐつ)'라고 하는 점에 주목했다. 그래서 한국의 꼭두는 중국의 郭禿(kok-touk)에서 온 말이고, 일본의 '구구쓰(くぐつ)'는 우리의 꼭두가 건너가서 된 말이라고 지적했다.[265]

또한 무대의 구조, 연출방식, 명칭의 유사성으로 볼 때, 인형극은 중앙아시아에서 유랑예인들의 이동으로 인해 그 일부분이 한(漢)나라 때 중국으로 들어온 뒤, 다시 한국을 거쳐 일본으로 들어갔다고 보았다. 그러면서 유랑예인의 예로서 중국의 서역예인(집시 포함), 한국의 양수척, 일본의 구구쓰시[傀儡子, 괴뢰자]를 들었다.[266]

일본 학자 다카노 다쓰유키[高野辰之]도 "괴뢰의 선조는 지고이네르, 즉 집시일지도 모른다. 이 유목민이 인도의 북쪽 서부에서 서역을 거쳐, 중국의 북서부를 지나서, 조선을 거쳐 일본에까지 오게 되었다고 생각할 수 있다"고 지적했다.[267] 그러므로 인형극은 집시 또는 이들과 유사한 유랑예인집단들에 의해 인도로부터 동쪽으로 동아시아까지, 서쪽으로 유럽 및 터키까지 전파되었던 것을 알 수 있다.

일본 헤이안시대 말기의 기록인 오에노 마사후사의 《괴뢰자기(傀儡子記)》(12세기 初)에서는 괴뢰자(구구쓰시)라는 유랑예인집단을 소개하고 있는데, 우리의 양수척과 매우 흡사하다. 그래서 일본에서는 이미

---

265 김재철은 일본에서 'くぐつ'의 名義에 대하여 안도 마사쓰구[安藤正次]의 한국어 '광대'에서 왔다는 설과 다카기[高木]의 한국어 '꼭두'에서 왔다는 설이 있지만, 꼭두설이 더 설득력이 있다고 보았다. 김재철, 《조선연극사》(학예사, 1939), 159면.

266 김재철, 앞의 책, 111~118면, 155~163면.

267 高野辰之, 《歌舞伎》 第4號(1925.8). 高野辰之, 《日本演劇史》 第三卷(東京堂, 1949), 54~62면에 재수록.

기다 사다키치[喜田貞吉], 스기야마 지로[杉山二郎] 등 여러 학자들이 일본의 구구쓰시와 한국의 양수척이 동일 계통의 사람들임을 지적한 바 있다.

주목되는 점은 오에노 마사후사의 《괴뢰자기》에 기록된 일본의 유랑예인집단 구구쓰시들도 구구쓰[傀儡]라는 인형극을 연희할 때 '라라리', '라리련'과 관련된 구음을 불렀을 것이라는 사실이다. 왜냐하면 일본의 사도(佐渡)섬에서 전승되는 〈노로마 인형〉은 구구쓰시와 관련된 인형극이 전파된 것인데,[268] 〈노로마 인형〉의 첫 부분에서 "누라리 누라리 누우토 토오자이[東西] 토오자이"라는 구음을 부르기 때문이다. 여기서 "누라리 누라리 누우토 토오자이 토오자이"는 한국 꼭두각시놀이의 "나아 네이 나이나 리리 라라 얼수 좋다. 리리 라라 (리리) 라라(리리) 라라(리리) 라라(레) 라리(이)라 라라 라리(이)라 ……"와 유사하다. 그리고 이 후자의 구음들은 바로 불교 구음 '라라리', '리라라'의 변화가 아닌가 생각된다.

또한 이미 1장 중국의 사례에서 살펴본 바와 같이, '라라리', '리라라'는 '랄리(剌哩)', '라리(囉哩)', '나라리(那羅離)', '라리련(囉哩嗹)', '라리리(囉哩哩)', '리라리(哩囉哩)', '라리라(羅犁羅)', '라리라(囉哩囉)', '리라릉(哩囉嘚)', '야리리', '야리라', '야리라리', '아리리'처럼 변이된다. 이러한 구음들이 불교와 유랑예인집단들에 의해 한국과 일본으로도 전파되어, 한국과 일본에서도 역시 변이를 거친 것으로 생각된다. 그래서 중국의 '라리(囉哩)', '라라리(囉囉哩)', '나라리(那羅離)', '아리리',

268 구구쓰시의 인형희는 일본 전통 인형극의 원류로서, 일본 여러 지역의 민속인형극들과 전문적 인형극인 〈닌교조루리〉의 성립에 큰 영향을 끼친 것으로 나타난다.

그리고 일본의 '누라리', '타라리', '아가리', '라라리'가 한국의 '라라리', '리라라', '아라리', '아리'와 친연성을 보이는 것이다.

5. '아라리' 관련 구음의 세계성과 한국적 독자성

'아라리'와 관련되는 '라라리', '라리련' 구음은 집시와 같은 유랑 예인집단 또는 불교 승려들이 세계 여러 나라에 퍼뜨렸던 것으로 보인다. 그래서 이 구음은 한국, 중국, 일본, 조지아, 아르메니아, 터키 등에서 자주 사용되었지만, 이 구음을 사용하여 자국의 대표적인 민요를 성립시킨 것은 한국과 조지아, 아르메니아, 터키이다.

중국에서는 이 구음이 주로 불교 선시, 민요, 전통 연극, 가면극, 인형극 등에서 사용되지만, 민요는 소수민족의 민요에 국한되어 있다. 일본에서는 사도 섬의 인형극인 '노로마 인형'과 가면극 노[能]에서 이 구음을 사용하고 있다.

중국 복건성의 인형극인 괴뢰희, 한국 남사당패의 인형극인 꼭두각시놀음, 일본 사도 섬의 인형극인 〈노로마인형〉 모두 첫 부분에서 구음으로 노래하는데, 그 기능과 성격이 일치하며, '라라리'와의 관련성을 살펴볼 수 있다. 이 세 인형극은 모두 원래 유랑예인집단의 인형극이었고, 종교와 관련이 있다는 공통점도 있다.

이 책 3장 한국의 '라라리(囉囉哩)'·'라리련(囉哩嗹)' 구음의 존재 양상에서 제시한 여러 예를 통해 볼 때, 한국에서는 '아라리'와 관련된 구음들이 고려 후기 이후 곳곳에 퍼져 있었을 것으로 추정된다. 조선 초기의 《시용향악보》에 전하는 〈구천(九天)〉, 〈군마대왕(軍

馬大王)〉, 〈별대왕(別大王)〉은 고려속요로서 조선 전기에 연주된 무가(巫歌)로 간주되는데, 여기에 바로 '라라리', '라리련'과 관련된 구음이 보인다. 이 노래들은 가사가 전부 구음으로만 되어 있다. 〈구천〉은 "리로 리런나 로리 라리 로런나 로라리 리리 로리런 나오 리런나 나리런나 로런나 로라리 로리런나"라는 구음으로 이루어진 노래이다.[269] 여기에서 '로리런'은 바로 '라리련(囉哩嗹)'이다.[270] 왜냐하면 〈구천〉에서 '로'와 '라(나)'는 서로 통하고 있기 때문이다.[271] '리런나'는 '라리련'의 변화형인 '리련라(哩嗹囉)', '로런라'는 '라리련'의 변화형인 '라련라(囉嗹囉)'와 그대로 일치한다. 그리고 '나리런나'에서 '나리런'은 '라리련', '리런나'는 '리련라'와 일치한다. 이미 이 책 1장 중국의 '라라리(囉囉哩)' · '라리련(囉哩嗹)' 구음의 존재 양상에서 소개한 바와 같이, 복건성 수녕현(壽寧縣) 대양촌(岱陽村)의 〈원소복(元宵福)〉과 이원교(梨園敎)의 괴뢰희 〈화광전(華光傳)〉에서는 '라리련(囉哩嗹)'이 "라리련(囉哩嗹), 리련라(哩嗹囉), 라리리(囉哩哩), 라라련(囉囉嗹), 라련라(囉嗹囉), 련라련(嗹囉嗹), 라라련(囉囉嗹), 리라련(哩囉嗹)"처럼 변이된다. 이런 현상은 남송대 이후의 중국 희곡 남희에서도 마찬가지로 나타난다.

〈구천〉의 '로라리', '리리', '리로'는 '라라리'의 변이형이다. 이미 2장에서 살펴본 바와 같이, 송대《법연선사어록》상권의 "라라리(囉囉哩) 라라리(囉囉哩)", 송대《고존숙어록》제29권 〈서주용문불안화상어록〉의 "리리라(哩哩囉) 라라리(囉囉哩)", 송대《오등회원》제13권의 문수선사가

269 이 책의 각주 152 참조.

270 이 책의 각주 110 참조.

271 이 책의 각주 111 참조.

노래한 "라라리리(囉囉哩哩)", 같은 책 제6권의 백운단 화상이 읊었던 "라리라(囉哩囉)"를 통해서, 이 구음들도 '라라리'에서 파생되었음을 알 수 있다.

〈군마대왕〉은 "리러루 러리러루 런러리루, 러루 러리러루, 리러루리 러리로, 로리 로라리, 러리러 리러루 런러리루, 러루 러리러루, 리러루리 러리로"라는 구음으로 이루어진 노래이다.[272] 여기에서 '로리', '로라리'는 '라라리'에서 파생된 것으로 중국과 고려 승려들의 구음에도 보인다. 다른 구절들도 '러리러'→'라리라', '러리로'→'라리라' 등 '라라리'의 변이형으로 볼 수 있다.

〈별대왕〉은 "노런나 오리나 리라리 로런나 니리 리런나 나리나 리런나 로로런나 리런나 로로런나 리런나"라는 구음으로 이루어진 노래이다. 여기에서 '노런나'는 '라련라', '로런나'도 '라련라', '리런나'는 '리련라'로서 '라리련'의 변화형이다. 그리고 '리라리', '니리(리리)', '나리나(라리라)'도 모두 위에서 제시한 불교 구음인 '라라리'에서 파생된 것이다.

〈나례가〉는 "羅令公宅 儺禮日이 廣大도 金線이샤ᄉ이다 궁에ᄉ 山ㅅ 굿붓겻더신둔 鬼衣도 金線이리라 리라리러 나리라 리라리"처럼 의미 있는 가사와 함께 "리라리러 나리라 리라리"라는 구음이 있다. '리라리러'의 '리라리', '나리라', '리라리'도 역시 위에서 제시한 역대 불교 구음인 '라라리'에서 파생된 것이다.

이상의 예를 통해, 〈구천(九天)〉, 〈군마대왕(軍馬大王)〉, 〈별대왕(別大王)〉, 〈나례가〉의 구음은 불교의 '라라리' 및 '라리련'으로부터 유래했

---

272 이 책의 각주 155 참조.

음을 알 수 있다.

그리고 〈청산별곡〉이 원래 민간에서 불리던 민요라는 점을 생각하면, "얄리얄리 얄라셩 얄라리 얄라"라는 구음을 단지 이 민요에서만 한 번 부르지는 않았을 것이다. 실제로 《시용향악보》에 수록된 고려가요 〈대국1(大國一)〉, 〈대국2(大國二)〉, 〈대국3(大國三)〉에도 "얄리얄리 얄라 얄라셩 얄라"라는 구음이 보인다.

특히 '아라리' 관련 구음들이 여러 지역으로 유포된 배경에는 불교 승려와 유랑예인집단의 역할이 컸을 것이다. 조선 후기에는 남사당패처럼 인형극을 공연하는 유랑예인집단들이 전국을 돌아다니며 인형극 연행에서 이런 구음들을 노래했기 때문에, 이 구음들이 쉽게 유포될 수 있었을 것이다.

남사당패와 같이 불교와 관련된 유랑예인집단은 이미 고려시대에도 존재했다.

> 지금은 나라의 역사를 기피하는 무리들[避役之徒]이 불교에 이름을 걸어 놓고 재부를 축적하여 사생활에 마음을 팔고 있다. 그래서 농업과 축산으로 직업을 삼고 상업이 예사로 되어 있다. 밖에 나가서는 계율(戒律)의 조문을 위반하고, 집에 들어와서는 청정의 결심이 없으며, 몸에 입는 장삼은 술독 덮개로 굴러떨어지고, 불경을 강독하는 장소는 채소밭으로 변했다. 장사치들과 결탁하여 물건을 매매하고, 잡인들과 어울려서 술주정을 하며, 기생들과 시끄럽게 섞여서 우란분을 모독하고 있다. 속인의 관을 쓰고 속인의 옷을 입으며, 사원을 짓는다는 명목으로 돈을 거두어서 북장구와 깃발을 갖추어 노래하고 악기를 불며 촌락과 시정으로

다니면서 사람들과 난투하여 피투성이가 된다.[273]

(《고려사》 권7 세가 7, 문종 10년(1056) 9월 병신(丙申)일 조)

인용문의 밑줄 친 부분에 의하면, 고려시대에도 절을 짓는다는 명목으로 돈을 거두면서, 노래하고 악기를 연주하면서 공연하고 다니던 유랑예인집단이 있었다. 그런데 이들은 불교와 관련된 척하면서도 속인의 복장을 하고, 장사치들과 결탁하여 물건을 매매하고, 잡인들과 어울려서 술주정을 하며, 기생들과 시끄럽게 섞여서 우란분을 모독하고 있다. 이들이 바로 고려시대의 승광대, 즉 재승(才僧)일 것이다.[274]

이들은 불교와 관련이 있는 것처럼 보이기 위해 불교의 다라니도 낭송하면서 돌아다녔을 것인데, 본장의 2절 한국의 '아라리' 관련 구음 사례에서 살펴본 바와 같이 불교의 다라니에는 아라리와 유사한 구음들이 있었다. 또 탁발승들이 민간에서 탁발하고 다닐 때 등 불교 승려들도 다라니를 통해 이런 구음들을 낭송했기 때문에, 이런 구음들이 자연스럽게 민간에서 회자되었을 것이다.

한편 〈청산별곡〉의 주인공은 세속의 세계에서 계속 삶을 누리고 싶어하나, 어떤 사정에 의해서 현실세계로부터 쫓겨나 청산과 바다를 헤매고 있다. 대부분의 연구자들은 떠돌이의 노래로 간주되는 이

---

273 釋迦闡教淸淨爲先 遠離垢陋 斷除貪欲. 今有避役之徒 托號沙門 殖貨營生耕畜爲業 估販爲風. 進違戒律之文 退無淸淨之約 袒肩之袍任爲酒甖之覆 講唄之場割爲葱蒜之疇. 通商買賣 結客醉娛喧雜花院 穢臭蘭盆. 冠俗之冠 服俗之服 憑托修營寺院 以備旗鼓歌吹 出入閭閻 搪突市井與人相鬪以致血傷.

274 이에 대한 자세한 논의는 졸저, 《한국의 전통연희》(학고재, 2004), 329~338면 참조.

〈청산별곡〉의 제작 시기를 고려 후기로 설정하고 있다.[275] 김학성은 〈청산별곡〉을 민란에 가담한 농민, 어민, 이서(吏胥), 노예, 광대 중 어느 하나나 또는 혼합 집단이 지은 노래일 것으로 추정했다.[276]

"사슴이 짐대에 올라서 해금을 켜는 것을 듣는다"는 구절에 대해, 김완진은 〈청산별곡〉의 '사슴'은 실제 동물로서의 '사슴'이 아니고, 사슴으로 분장한 사람이라는 견해를 제시했다.[277] 서재극,[278] 박노준,[279] 이복규도 사슴분장설에 동조하고 있다. 그래서 현재 이 사슴분장설이 가장 유력한 학설로 통하고 있는 실정이다. 특히 이복규는 〈청산별곡〉의 화자가 당대의 유랑연예인집단에 의해서 공연된 솟대놀이 대목을 보고 이를 노래했던 것으로 보았다.[280]

고려시대에 이런 전문적인 연희를 담당했던 연희자로는 북방민족 계통 연희자, 재승 계통 연희자, 서역 계통 연희자 등이 있었다. 여기서 주목되는 것이 서역인 연희자이다. 서역인들은 연희에 뛰어났기 때문에 당나라 이전부터 중국에 들어와 활동하고 있었다. 한국에서는 이미 고구려 고분의 벽화에서부터 서역 계통 연희자가 발견된다. 《고려사》 권 제72 지(志) 제26 가운데 고려 의종(毅宗: 1147~1170) 때 규

275 박노준, 《고려가요의 연구》(새문사, 1995), 92면.

276 김학성, 《한국고전시가의 연구》(원광대출판국, 1980), 133~139면.

277 김완진, 《향가와 고려가요》(서울대출판부, 1982), 31면.

278 서재극, 《한국시가연구》(형설출판사, 1981).

279 박노준, 앞의 책, 113면.

280 이복규, 〈고려가요 난해어구 해독을 위한 민속적 관견—〈청산별곡〉과 〈쌍화점〉의 일부 어구를 중심으로〉, 《국제어문》 30집(국제어문학연구회, 2004.4). 그리고 일본의 전통 연희인 시시마이 중에 사자춤[獅子舞]과 사슴춤[鹿踊]이 있는 것으로 미루어, 일본에서는 사슴으로 분장한 연희가 전통적으로 존재하였음을 알 수 있다.

정된 법가위장(法駕衛仗)과 연등위장(燃燈衛仗)에 서역악인 안국기(사마르칸트) · 고창기(투루판) · 천축기(인도)가 나온다. 이 지역들은 바로 서역 및 중앙아시아이다. 유랑예인집단들은 서로 교류하면서, 새로운 연희를 수용하여 자신들의 연희를 다채롭게 구성했을 것이다. 이때 '얄리', '얄라리' 같은 '라라리' 관련 구음도 받아들여 활용했을 것이다. 그 결과 현재도 남사당패의 꼭두각시놀이에서 '라라리' 관련 구음들이 불리고 있는 것이다.

법가위장은 왕이 문묘(文廟)나 전시(殿試)에 거둥할 때 앞장서는 의장대열을 말하고, 연등위장은 연등회 때 왕이 봉은사(奉恩寺) 진전(眞殿, 선대 임금들이 초상화를 모신 곳)으로 거둥할 때 앞장서는 의장대열을 말한다. 법가위장의 경우, 이 의장대열 중에 서역악인 안국기(40명) · 고창기(16명) · 천축기(18명)가 잡기(40명)와 함께 열거되어 있고, 그 인원도 상당히 많았다는 사실에 주목하면, 서역악에 속하는 음악과 연희가 매우 다채로웠을 것으로 짐작된다. 이런 서역악을 연행하려면 서역 출신 음악인과 연희자가 필요했을 것이다. 우리는 고려가요 〈쌍화점(雙花店)〉에 나오는 회회(回回)아비를 통해서도 그 사실을 확인할 수 있다. 이 회회아비는 어른 광대, 즉 연희자로 간주된다.[281]

또한《고려사》권 제29 세가 제29 중 충렬왕 9년(1283)조에 "원나라의 연희자[倡優] 남녀들이 왔는데, 왕이 그들에게 쌀 3석을 주었다. …… 대전(大殿)에서 연희가 있었는데 원나라의 연희자들이 백희를 연행했다"라는 내용도 보인다.

---

281 이병기, 〈시용향악보의 한 고찰〉,《고려가요연구》, 국문학연구총서 2(백문사, 1979), 20면.

고려 말 이색(李穡: 1328~1396)의 〈구나행(驅儺行)〉에 "금천지정유고월 혹흑혹황목청형(金天之精有古月 或黑或黃目靑熒)"이라는 구절이 있는데, '고월(古月)'은 '호(胡)'의 파자(破字)로 서호(西胡), 즉 서역이다. 그러므로 "서방의 정령인 호인(胡人)들이 있으니, 검기도 하고 누렇기도 한 얼굴에 눈은 파란색이네"라고 번역할 수 있는 이 구절에서, 눈이 파란 서역인이 직접 가면희를 했거나 아니면 연희자가 서역인의 형상을 한 가면을 쓰고 놀이했음을 추정할 수 있다. 그래서 이 구절의 내용을 흔히 '서역의 호인희'라고 말해 왔다.

이수광의 《지봉유설(芝峰類說)》에 "우리나라 연희자는 본래 중국의 배우 환술자류인데, 고려 말 노국대장공주가 올 때 따라온 것이라고 전한다"[282]라는 내용이 보인다. 중국에서는 한대 이후 계속 서역 출신 연희자들이 많이 활동하고 있었으므로, 여기서 말하는 중국(원나라)의 배우 환술자 중에는 서역 계통 사람도 있었을 것이다.[283]

이상과 같이, 고려시대에 서역 출신의 연희자들이 다수 존재했던 것으로 생각된다. 그리고 이 중에는 중국에서 '라리회회'라고 불리던 집시들 또는 서역 출신 유랑예인집단도 있었을 것이다. 이들은 한국을 거쳐 일본에까지 건너갔던 것으로 보인다. 이미 지적한 바와 같이, 다카노 다쓰유키[高野辰之]는 오에노 마사후사의 《괴뢰자기》(12세기 초)에 기록된 일본의 유랑예인집단 구구쓰시[傀儡子]를 집시로 보았다. 즉 집시가 인도 북부에서 서역, 중국, 한국을 거쳐 일본까지 왔을 것으로 추정했다.

282 我國呈才人 本中國之俳優幻術者流 世傳麗末魯國大長公主來時隨來.

283 이상 서역 출신 연희자들에 대한 자세한 논의는 졸저, 앞의 책, 226~228면 참조.

그동안 한국에서는 고려의 유랑예인집단들을 논의할 때 주로 양수척(楊水尺)·거란족(契丹族)·달단(韃靼, 동몽골족, 타타르인) 등 북방민족을 예로 들었다. 이들은 도살·수렵·유기장·잡희 등으로 생계를 유지했으며, 기생도 이들 가운데서 나왔다.

조선조《예종실록》1년 6월 29일조 양성지(梁誠之: 1415~1482)의 상소문에 양수척의 후예인 재인과 백정들이 당시까지도 고려시대의 양수척이 하던 "악기를 연주하며 노래하는 풍습과 짐승을 도살하는 일"을 계속하고 있다는 기록이 보인다. 그래서 고려시대 연희집단의 하나인 북방민족이 조선시대에도 연희자로 활동하고 있었음을 알 수 있다.

반면에 조선시대의 기록에서는 서역 계통 연희자들에 대한 언급을 찾아볼 수 없다. 조선의 건국과 함께 서역 계통 연희자들이 갑자기 사라지지는 않았을 것이다. 그렇다면 서역 계통 연희자들이 북방민족에 포함되어 언급되었을 가능성이 있고, 이들 가운데 집시들도 포함되어 있었을 가능성이 있지만, 그동안 이에 대한 지적은 없었다.

필자는 다음 기록들을 주목한다.《세조실록》권3, 2년 3월 정유(丁酉) 조에 "백정을 혹은 화척, 혹은 재인, 혹은 달단이라 부르는데, 그 종류가 하나가 아니다. …… 본래 우리 민족이 아니다[白丁 或稱禾尺 或稱才人 或稱韃靼 其種類非一 …… 本非我類]"라고 하여, 이들이 본래 우리 민족이 아니었고, 그 종류가 하나가 아님을 분명히 밝히고 있다. 그 종류가 하나가 아니라는 말은 이들이 동일한 민족이 아니라는 의미도 내포하고 있다. 또《성종실록》권 252, 22년 4월 무진(戊辰) 조에 "우리나라의 재인과 백정은 그 선조가 호종이다[我國才人白丁 其先胡種也]"라고 하여, 재인과 백정이 호종의 후예임을 밝히고 있다. 우리말에서 호인(胡人)은 만주인이나 야만인을 가리키고, 호종은 야만족 또는 오랑캐를 가리키는 말이다. 우리 기록에서 말하는 호인과 호종의 범주에는 만주족, 몽골족, 거란족, 서역인(회회) 등이 모두 포함된다. 그러므로 이 호인과 호종 속에 서역인(회회) 가운데 집시(라리회회)도 있었을 가능성을 배제할 수 없다.

그런데 집시 또는 그들과 유사한 유랑예인집단에 의한 '라라리' 또는 '라리련' 관련 구음의 전파는 11~13세기에 걸쳐 일어났을 것으로 추정된다. 집시는 원래 인도에 거주했는데, 5세기에 만 명의 가수들이 페르시아(이란)에 도착했고, 10세기에는 모두 강제로 페르시아에 들어온 후 서쪽이나 북쪽으로 이주하여 유럽 각지로 퍼졌다. 그러나 마케도니아의 알렉산더대왕(재위 B.C. 336~B.C. 323)이 그리스 · 페르시아 · 인도에 이르는 대제국을 건설했을 때, 알렉산더대왕에 의해 집시들이 유럽으로 유입되었다는 설도 있다. 또 루마니아에서는 9세기부터 12세기까지 계속 왈라키아공국이나 몰다비아의 기록에 집시들에 대한 언급이 있다. 헝가리에도 기록상 11세기 이전부터 집시들이 거주했다.[284] 그러므로 서유럽의 기록에서는 15세기 초부터 집시들이 보이지만, 집시들은 그보다 훨씬 전에 유럽에 들어와 있었던 것이다.

유럽과 마찬가지로 중국의 경우도 집시들이 유입된 시기는 실제 기록에 나타나는 것보다 더 올라갈 것이다. 중국 학자 양지구는 집시들이 원나라 대덕(大德: 1297~1307) 연간에 중국에 도착했고, 주로 감숙성, 섬서성 일대에 거주했는데, 이슬람교를 믿었기 때문에 라리회회

---

284 같은 책, 51~55, 74, 115면.

(囉哩回回)라고 불렸다고 한다.[285] 강보성은 이들이 바로 송원(宋元: 960~1368)대의 유랑예인집단인 로기(路岐)라고 한다. 서역의 유랑예인들은 이미 남북조시대 이후 수당대에 걸쳐 계속 유입되고 있었으므로, 송원시대에 앞서 이때 이미 라리회회들도 함께 중국으로 들어왔을 것이다.[286]

일본의 경우는 오에노 마사후사의 《괴뢰자기(傀儡子記)》(12세기 초)에서 괴뢰자라는 유랑예인집단을 소개하고 있는데, 우리의 양수척이나 집시와 매우 흡사하다. 그러므로 일본에서는 이미 12세기 초 이전부터 이런 유랑예인집단들이 있었을 것이다.

한국의 경우는 '아라리' 관련 구음이 나타나는 고려속요 〈청산별곡〉의 제작시기를 고려 후기로 보고 있다. 그리고 고려 후기에는 북방민족으로 간주되는 양수척과 같은 유랑예인집단들을 비롯하여, 12세기에 규정된 법가위장, 연등위장 및 쌍화점 등에서 서역 연희자들에 대한 내용을 찾아볼 수 있다.

이제 이상의 여러 사실들을 종합해 보자. 우선 혜심(慧諶: 1178~1234)의 〈시지강상좌(示至剛上座)〉와 고려·조선 승려들의 여러 선시를 통해 볼 때, 불교 구음으로서의 '라라리'는 고려 중기부터 조선을 거쳐 근대까지 계속 전승되어 왔다. 그리고 다른 한편으로는 이 구음이 12세기 전후, 즉 11~13세기에 유랑예인집단들에 의해 동아시아를 비롯하여 세계의 여러 지역으로 유포되었을 것이다. 그런데 한국에서는 이런 구음들이 고려 〈청산별곡〉의 "얄리얄리 얄라셩 얄라리 얄라" 이

285 楊志玖, 앞의 글, 43면.

286 康保成, 앞의 글, 91~97면.

후 조선 초기《시용향악보》의〈구천〉,〈군마대왕〉,〈별대왕〉에서 '로리', '로라리', '리라리' ,'나리나' 및 여러 지방의 민요에서 계속 전승되었다. 조선 중기의《진언집》에서는 주문에서 '아리', '노나리', '구나리'라는 구음을 사용했다.〈불설명당경〉에서는 '아라리', '사라리', '아리랑',〈불성금강뎡유가최승비밀셩불수구 ……〉라는 경에서는 '알아리', '아아리'라는 구음을 사용했다. 조선 후기에는 남사당패의 꼭두각시놀음에서도 유사한 구음들을 노래했다.

특히 조선 후기 김창흡(金昌翕: 1653~1722)의 한시〈원일석(元日夕)〉중 "마을마다 항아리를 두드리며 라리리 노래하네. 그대가 이에 맞추어 새 가사를 지어 보게나"라는 구절을 통해서, '라리리' 구음이 불교와 관계없이 조흥구로 사용되었다는 것을 확인할 수 있다. 짧은 한시이기 때문에 '라리리'로 표현했지만, 실제로는 지금의 아리랑처럼 '라라리' 관련 구음을 여러 번 반복하며 불렀을 가능성이 크다. 주목되는 점은 마을마다 항아리를 두드리며 후렴으로 '라리리'를 노래했는데, 새 가사를 지어 부르는 것이 보편적 현상인 듯 표현하고 있다는 사실이다. 이는 바로 가장 오래된 아리랑으로 간주되는〈정선아라리〉의 전승 양상과 매우 흡사하다. 정선에서는 마을마다 남녀노소할 것 없이 누구든지 아라리를 부르는데, 이전부터 전승되어 오던 가사도 부르지만 새로운 가사를 지어내어 부르는 경우가 많기 때문이다.

그러면 이제 아리랑 관련 구음의 한국적 독자성을 살펴보자. 앞서 살펴본〈불설명당경〉(1823)의 진언 "아라리 사라리 아리사리 아리랑"은 '을축삼월경복궁창건시가(乙丑三月景福宮刱建時歌)' 중〈아리랑가라〉의 "아르랑 아르랑 아라리요 아르랑 둥덩실 노다가게", "사르랑 사르랑 알알이요 사르랑 둥덩실 노다가소", "사르랑 사르랑 사라리요 사르랑 둥덩실 놀다가게"와 매우 유사하다. 〈아리랑가라〉는 경복궁 중건(1865~1868) 당시 불리던 것으로 노래 제목은 '아리랑'이지만 여음으로 '아르랑', '아라리', '사르랑', '사라리'가 사용되었다.

이를 통해 그동안 우리가 별로 주목하지 않았던 각 지방 〈아리랑〉의 구음 중 "쓰리 쓰리", "쓰리랑"도 그 유래가 오래되었음을 알 수 있다. 즉 "아리 아리랑 쓰리쓰리랑 아라리가 났네" (밀양아리랑), "아리 아리랑 쓰리 쓰리랑 아라리가 났네"(진도아리랑), "아리아리 쓰리쓰리 아라리요"(강원도아리랑)에 나오는 "쓰리 쓰리", "쓰리랑"은 이미 〈불설명당경〉과 '을축삼월경복궁창건시가(乙丑三月景福宮刱建時歌)' 중 〈아리랑가라〉에 나오는 "사라리"와 "사리랑", "사르랑"으로 존재했던 것이다.

결국 '아라리', '아리랑', '사라리', '사리랑', '사르랑', '쓰리', '쓰리랑'은 불교 구음 '라라리'의 지배적인 영향 아래 〈불설명당경〉 등 불교적 진언의 영향도 있었던 것이다.

그러므로 〈정선아라리〉 및 근대 민요 〈본조아리랑〉이 성립될 때, 기존의 '아리', '아라리'를 차용했을 뿐만 아니라, '아리랑'이라는 새로운 독자적 구음을 사용했음을 주목해야 한다. '아리', '아라리'와 달리 아리랑은 한국적 독자성을 띤 구음인 것이다. 또한 각 지방 〈아리랑〉의 구음 중 "쓰리 쓰리", "쓰리랑"도 한국적 독자성을 띤 구음으로서 이미 〈불설명당경〉과 〈아리랑가라〉에서 사용되었던 것이다.

결론

'라라리(囉囉哩)'와 '라리련(囉哩嗹)' 구음의 의의

'라라리(囉囉哩)'와 '라리련(囉哩嗹)'이라는 불교 계통 구음은 동아시아 문화의 보편성과 한국적 독자성을 잘 보여 주는 대표적 사례이다. 여러 자료들을 통해 볼 때, 한반도에서 고려시대와 조선시대의 사람들은 대부분 이 구음을 알고 있었는데, 개화기를 지나면서 이 구음들이 잊혀진 것 같다.

중국에서는 주로 연극학자들이 이 구음들을 연구했기 때문에 '라라리'보다는 '라리련'이 이 구음들의 대명사처럼 사용되었다. 처음에 불교 구음으로 생겨난 '라라리'는 주로 불교 승려들의 시와 어록에서 많이 사용되었지만, 송원대 이후 연극 분야에서는 '라라리'와 함께 '라리련'이 많이 나오기 때문이다.

그동안 '라리련(囉哩嗹)'의 유래와 관련하여 (1) 범문(梵文) 로류로루(魯流盧樓) 유래설, (2) 범곡(梵曲) 〈라리라(羅犁羅)〉 유래설이 제시되었다.

'라리련'의 범문 로류로루 유래설은 홍콩 중문대학 교수를 역임한 요종이(饒宗頤)가 제시한 것인데, 후자보다 더 설득력이 있다. 정혜(定惠)는 〈실담장(悉曇章)〉 서문에서 "구마라집(鳩摩羅什: 344~413)의 〈통운(通韻)〉은 로류로루(魯流盧樓)로 시작한다."라고 말했다. 구마라집의 〈통운〉과 그 후 현장의 저작 및 육조 이래 중국 불교 법전 중에서 '로류로루(魯流盧樓)'의 다양한 음역의 사례를 살펴볼 수 있다.

《열반경》에 의하면, '로류로루(魯流盧樓)'는 네 가지 뜻이 있다. 즉 불(佛), 법(法), 승(僧)과 대법(對法)이다. 바로 이런 이유로 당나라 사람들이 불교 찬가를 지을 때, 이 네 글자를 사용하여 화음으로 삼았을 것이다. 당나라 때《열반경》, 〈실담장〉 중의 '로류로루' 네 글자를 화음으로 삼았지만, 후세에 점차 아주 복잡한 변화가 일어났다. 로류로루는 처음에는 화성(和聲)이었지만, 후대에는 주문(呪文)으로 바뀌었다.

중국에서는 '로류로루', '라라리', '리라라', '라리련' 등의 구음이 구마라집부터 현대까지 불교, 도교, 무속 등 종교를 통해서, 그리고 연극 등 예술작품을 통해서 꾸준히 전승되어 왔다. '라라리'는 원래 불교에서 유래했지만, 송원대 이후 신속하게 연극에 수용되었다. 특히 명대의 연극에서는 '라라리(囉囉哩)', '리라라(哩囉囉)'와 '라리련(囉哩嗹)'을 매우 많이 노래하고 있다. 그래서 현재도 복건성의 이원희(梨園戲)·보선희(莆仙戲)·괴뢰희(傀儡戲), 광동성 조주(潮州)의 백자희(白字戲), 운남성의 이극(彝劇), 광서성의 사공희(師公戲), 안휘성의 가면극인 나희(儺戲)에는 여전히 이 구음을 완정한 단락으로 연창하거나 곡의 시작, 중간 또는 끝부분에 화성으로 연창하는 관습이 남아 있다.

일본에서는 불교 승려들의 시와 어록, 가면극, 인형극 등에서 '라라리(囉囉哩)'와 '라리련(囉哩嗹)' 관련 구음들이 발견된다. 가미무라 간코[上村觀光] 편, 《五山文學全集》 전 5권(思文閣出版, 1973)에는 일본 선승들의 문집이 다수 수록되어 있는데, 이 문집들 속에 불교 구음 '라라리(囉囉哩)'와 '리라라(哩囉囉)'가 많이 보인다. 그리고 도요 에이초[東陽英朝: 1428~1504]가 찬(撰)한 《宗門正燈錄》은 중국과 일본의 선종 승려 24인의 전기인데, 이들의 어록과 게찬(偈贊)에서도 이 구음들이 많이 나온다.

일본 노[能] 가면극의 레퍼토리 가운데 〈오키나[翁]〉는 단순한 춤을 주술적으로 반복하는데, 오키나가 등장할 때 오키나와 지우타이[地謠]는 "토우토우 타라리 타라리라. 타라리 아가리 라라리 도우"라는 구음을 네 번이나 반복하며 노래한다. 여기서 '라라리'와 관련된 '라라리', '타라리', '아가리'를 찾아볼 수 있다.

일본 사도 섬 〈노로마인형〉의 구음 "누라리 누라리 누우토 토오자이[東西] 토오자이"에서 '누라리'는 한중일의 불교 승려들이 즐겨 노래한 '라라리', '나라리'와 유사하다. 그리고 중국 복건성 괴뢰희의 '라리련' 구음 및 한국 꼭두각시놀이의 "나아 네이 나이나 리리 라라 얼수 좋다. 리리 라라(리리) 라라(리리) 라라(리리) 라라(레) 라리(이)라 라라 라리(이)라 ……"와도 유사하다. 그리고 이시카와현[石川縣] 히가시후타쿠치[東二口]의 〈가가분야[加賀文彌]〉 인형극, 이와테현[岩手縣] 모리오카시[盛岡市] 다마야마구[玉山区]의 〈다마야마가구라[玉山神樂]〉, 다마야마구의 〈히노토가구라[日戸神樂]〉와 〈야부카와가구라[藪川神樂]〉에서 연희하는 〈덴뇨[天女]〉 등에서 '라라리(囉囉哩)'와 '라리련(囉哩嗹)' 관련 구음들을 찾아볼 수 있다.

한국에서는 고려시대에 이미 한반도에 들어와 있었던 《금강경오가해(金剛經五家解)》와 《선문염송(禪門拈頌)》 등에서 '라라리(囉囉哩)' 관련 구음들이 발견된다.《금강경오가해》 가운데 남송 때 승려 도천(道川)선사 야보(冶父)의 송(頌)에 '라라리 리라라(囉囉哩 哩囉囉)'와 '라라리(囉囉哩)'가 나온다. 그리고 고려 중기의 고승 진각국사((眞覺國師) 혜심(慧諶: 1178~1234)이 편찬한 30권의 목판본인《선문염송》에 '리라(哩囉)', '라리(囉哩)', '리리라(哩哩囉)', '라리리(囉哩哩)', '라라리리(囉囉哩哩)' 등 '라라리' 관련 구음이 아홉 번이나 나온다.

그리고 고려 말기의 승려인 각운(覺雲: 생몰년 미상)의《선문염송설화(禪門拈頌說話)》에도 네 군데서 '라라리' 관련 구음들이 발견된다.

고려시대 승려 진각국사 혜심의 〈시지강상좌(示至剛上座)〉, 태고화상(太古和尙) 보우(普愚: 1301~1382)의 〈산중자락가(山中自樂歌)〉, 나옹화상(奈翁和尙) 혜근(惠勤: 1320~1376)의 〈무여(無餘)〉, 법장화상(法藏和尙: 1350~1428)의 〈보제존자삼종가(普濟尊者三種歌)〉 등에서도 "짚신 다 닳도록 조사님네 찾아다녀 내 못난 이름 헛소문이 여지없이 드러났네. 라라리(囉囉哩) 리라라(哩囉囉) 혼자 노래 부르다가 노래를 멈추네. [踏盡草鞋參祖師. 惡聲虛說如機發. 囉囉哩哩囉囉. 獨唱此曲來休歌.]《태고화상어록(太古和尙語錄)》의 〈산중자락가(山中自樂歌)〉"처럼 '라라리'와 관련된 구음들이 사용되고 있다.

또한 조선시대 승려 청허(淸虛) 휴정(休靜: 1520~1604)의 〈환향곡(還鄕曲)〉, 현변(懸辯: 1616~1684)의 〈태평곡(太平曲)〉, 무경(無竟) 자수(子秀: 1664~1737)의 〈무경실(無竟室)〉, 자수(子秀)의《불조진심선격초(佛祖眞心禪格抄)》, 법종(法宗: 1670~1733)의 〈임종게(臨終偈)〉, 경허(鏡虛) 성우(惺牛: 1846~1912)의《경허집(鏡虛集)》(1942), 보정(寶鼎: 1861~1930)의 〈팔월전가악(八月田家樂)〉 등에서도 "외치며 막대기를 휘두르니 천마(天魔)가 달아나고, 오래된 길 분명하여 잘못 가지 않네. 생사와 왕래가 한 이치로 꿰뚫리니 라라리리(囉囉哩哩) 리라라(哩囉囉) [嚗然放杖天魔走 古路分明脚不差 生死去來爲一貫 囉囉哩哩哩囉囉.]《청허집(淸虛集)》의 〈환향곡(還鄕曲)〉"처럼 '라라리'와 관련된 구음들이 사용되고 있다.

이상과 같이 '라라리(囉囉哩)', '리라라(哩囉囉)', '라라리리(囉囉哩哩)', '라리(囉哩)' 등 '라라리' 관련 구음들은 불교 구음으로서 한국과 중국, 일본의 불교 승려들 사이에서 매우 보편적으로 사용되었다.

한편 고려 중기의 문신인 백분화(白賁華: 1180~1224)의 한시 〈오선생견화(吳先生見和) 부차운(復次韻) 이수(二首)〉, 조선 후기의 학자인 김창흡(金昌翕: 1653~1722)의 한시 〈원일석(元日夕)〉, 이덕무(李德懋: 1741~1793)의 《청장관전서》, 이규경(李圭景: 1788~미상)의 《오주연문장전산고》 등 고려와 조선시대 문인들의 시와 저술에서도 '라라리'와 '라리련' 관련 구음들이 발견된다. 고려 · 조선시대 문인들은 불교 승려들의 시와 어록, 그리고 《금강경》과 《선문염송》 등 불교 서적들을 통해서도 '라라리'와 '라리련' 관련 구음들을 알았겠지만, 사곡 〈영선객(迎仙客)〉이나 〈오륜전비기〉 및 《오륜전비언해》 등과 같은 작품들을 통해서 '라라리'와 '라리련' 관련 구음에 익숙했을 것이다.

조선 초기의 《시용향악보》에 전하는 〈구천(九天)〉, 〈군마대왕(軍馬大王)〉, 〈별대왕(別大王)〉은 조선 전기에 연주된 무가(巫歌)인데, 노래 전체가 구음으로만 되어 있다. 그동안 이 노래들의 구음을 의미 없는 가사로 간주하거나, 악기의 구음으로 보았다. 그러나 무가라면 신을 청하는 내용 또는 신에게 소원을 비는 내용 등 주술적이어야 한다. 그런데 〈구천〉, 〈군마대왕〉, 〈별대왕〉에는 바로 '라라리(囉囉哩)' 및 '라리련(囉哩嗹)'과 관련된 구음이 나타나기 때문에, 이 구음들을 진언이나 주술적인 구음으로 보는 것이 자연스럽다.

〈구천〉은 "리로 리런나 로리 라리 로런나 로라리 리리 로리런 나오 리런나 나리런나 로런나 로라리 로리런나"라는 구음으로 이루어진 노래이다. 여기에서 '로리런'은 바로 '라리련(囉哩嗹)'이다. 왜냐하면 〈구천〉에서 '로'와 '라(나)'는 서로 통하고 있기 때문이다. 〈구천〉의 '리런나'는 바로 중국 '라리련'의 변이형인 '리련라'인데, '리런나'에서는 '나(라)'를 사용하고 있다. 그런데 '라리련'은 '로리런'으로, '라리련'의 변이형인 '라련라'는 '로런나'로 표기하고 있다. 즉 〈구천〉에서는 '로'와 '라(나)'를 동일시하고 있다. 그리고 《오륜전비언해(伍倫全備諺解)》(1720)는 조선시대에 출간된 책이지만, 이 책에서도 "囉嗹哩[로(러)련리]"처럼 "囉"를 "로"나 "러"로 표기하고 있다. 리런나는 라리련의 변화형인 리련라(哩嗹囉), 로런라는 라리련의 변화형인 라련라(囉嗹囉)와 그대로 일치한다.

중국 복건성 수녕현(壽寧縣) 대양촌(岱陽村)의 〈원소복(元宵福)〉과 이원교(梨園教)의 괴뢰희 〈화광전(華光傳)〉에서는 '라리련(囉哩嗹)'이 "라리련(囉哩嗹), 리련라(哩嗹囉), 라리리(囉哩哩), 라라련(囉囉嗹), 라련라(囉嗹囉), 련라련(嗹囉嗹), 라라련(囉囉嗹), 리라련(哩囉嗹)"처럼 변이된다.

〈구천〉과 중국 복건성의 괴뢰희 〈화광전〉처럼 '라리련'을 변이시키면서 계속 이어서 노래하는 방식은 사곡(詞曲) 〈영선객(迎仙客)〉에서도 발견된다. 〈영선객〉에서는 이 구음이 "라련리(囉嗹哩) 련라련(嗹囉嗹) 리라련리(哩囉嗹哩) 라리련(囉哩嗹) 리라련(哩囉嗹) 라련리련(囉嗹哩嗹) 라리련(囉哩嗹) 리라리(哩囉哩) 련리라련(嗹哩囉嗹)"처럼 변이된다. 〈구천〉 및 〈화광전〉의 구음과 거의 일치하고 있다.

그리고 〈구천〉에 나오는 '리로(리라)', '로리(라리)', '라리', '로라리(라라리)'는 바로 '라라리'와 관련된 구음이다. 〈구천〉도 〈화광전〉,

〈영선객〉과 마찬가지로 '라리련' 관련 구음과 '라라리' 관련 구음들이 함께 구연되고 있음을 확인할 수 있다.

〈군마대왕〉은 "리러루 러리러루 런러리루, 러루 러리러루, 리러루리 러리로, 로리 로라리, 러리러 리러루 런러리루, 러루 러리러루, 리러루리 러리로"라는 구음으로 이루어진 노래이다. 여기에서 '로리', '로라리'는 '라라리'에서 파생된 것이다. 다른 구절들도 '러리러'→'라리라', '러리로'→'라리라' 등 '라라리'의 변이형으로 볼 수 있다.

〈별대왕〉은 "노런나 오리나 리라리 로런나 니리 리런나 나리나 리런나 로로런나 리런나 로로런나 리런나"라는 구음으로 이루어진 노래이다. 여기에서 '노런나'는 '라련라', '로런나'도 '라련라', '리런나'는 '리련라'로서 '라리련(囉哩嗹)'의 변화형이다. 그리고 '리라리', '니리(리리)', '나리나(라리라)'도 모두 '라라리(囉囉哩)'에서 파생된 것이다.

〈나례가〉는 "羅令公宅 儺禮日이 廣大도 金線이샤ᄉ이다 궁에ᅀ山ㅅ 굿붓겻더신든 鬼衣도 金線이리라 리라리러 나리라 리라리"처럼 의미 있는 가사와 함께 "리라리러 나리라 리라리"라는 구음이 있다. '리라리러'의 '리라리', '나리라(라리라)', '리라리'는 모두 '라라리(囉囉哩)'에서 파생된 것이다.

이상의 예를 통해, 〈구천〉, 〈군마대왕〉, 〈별대왕〉, 〈나례가〉의 구음은 '라라리' 및 '라리련'으로부터 유래했음을 알 수 있다. 무가로 간주되는 이 노래들에 불교의 진언이 수용된 배경은 역시 무가 계통 고려속요인 〈내당〉과 〈성황반〉을 통해 이해할 수 있다.

〈내당〉에서는 신격(神格)이 '성인무상(聖人無上)' · '양산대륵(兩山大

勒)'과 같은 부처나 보살 또는 큰미륵보살로 설정되어 있는 점으로 볼 때, 이 노래는 순수한 무가라기보다는 무속과 불교가 절충된 형태의 무가로 보는 것이 자연스럽다.

〈성황반〉은 불교의 오방신(五方神)을 부르는 돈호법(頓呼法)이 중심을 이루고 있다. 즉 〈성황반〉은 신격을 맞이하여 좌정시키고 예배를 올리는 영신(迎神)과 청배(請拜)의 기능을 갖고 있는 노래이다. 이 노래에서 청신하는 신격은 지국천왕 · 광목천자천왕 · 증장천왕 · 비사문천왕 등 사천왕(四天王)과 황사목천왕(黃四目天王)으로서, 불교의 오방신(五方神)이다. 그러므로 이 노래는 순수한 무가라기보다는 무속과 불교가 절충된 형태의 무가로 볼 수 있다.

이처럼 〈내당〉, 〈성황반〉이 무속과 불교가 절충된 형태의 무가라는 사실에서 알 수 있듯이, 역시 무가 계통의 고려속요인 〈구천〉, 〈군마대왕〉, 〈별대왕〉, 〈나례가〉에 불교적 진언이 삽입된 것은 자연스런 현상이다.

그리고 널리 알려진 고려속요 〈청산별곡〉의 "얄리얄리 얄라셩 얄라리 얄라"는 무가로 간주되는 고려속요 〈대국1〉, 〈대국2〉, 〈대국3〉에도 보인다. 그러므로 이 구음들은 종교적인 구음에서 생겨나 널리 사용되었을 가능성이 크다.

그래서 고려속요 구음의 원천은 크게 두 가지로 볼 수 있다. 첫째, 기존의 견해와 같이, 악기의 구음으로 볼 수 있는 여음구이다. 둘째, 이 책을 통해 밝힌 바와 같이, 불교 구음 '라라리' 및 '라리련'과 관련된 여음구이다.

고려는 불교 국가였기 때문에 대부분의 사람들이 불교 진언을 외웠고, 불교 진언에 익숙했을 것이기 때문에, 이상의 여러 노래에 불교계 구음, 진언이 수용된 것으로 보인다. 고려시대 불교 승려들의 어록·시, 그리고 《금강경오가해》, 《선문염송》 등의 불교 서적, 고려 문인들의 시, 그리고 중국 남희 작품에서 희신 주문으로 '라라리', '라리련' 관련 구음들이 많이 발견되는 점으로 볼 때, 고려속요에 '라라리', '라리련' 관련 구음들이 수용된 것은 매우 자연스런 현상이다.

조선시대의 언해본 가운데 《금강경삼가해(金剛經三家解)》와 《오륜전비언해(伍倫全備諺解)》 등에서도 '라라리'와 '라리련'이 발견된다. 고려 말~조선 초의 고승인 득통(得通: 1376~1433)이 《금강경오가해설의(金剛經五家解說誼)》를 지은 것을 볼 때, 《금강경오가해》는 고려시대의 불교 승려들에게 널리 알려져 있었고, '라라리 리라라' 구음도 널리 알려져 있었을 것이다. 그런데 언해본인 《금강경삼가해》가 발간됨으로써 이 구음의 파급 효과는 훨씬 컸을 것이다.

그리고 '라리련(囉哩嗹)'은 중국 남희의 희신 주문으로도 사용되었기 때문에, 남희의 희곡인 〈오륜전비기〉에도 이 구음이 사곡 〈영선객〉에 삽입되어 있다. 중국 구준(邱濬: 1420~1495)이 지은 〈오륜전비기〉는 오륜전(伍倫全)과 오륜비(伍倫備)라는 형제가 주인공으로서, 오륜을 주제로 내세운 희곡 작품이다. 조선시대에는 이 책을 들여와 1541년 이전에 간행했고, 이를 번안하여 한문소설 〈오륜전전〉(1531)·〈오륜전형제전〉·〈오륜전비비전〉이 나왔다. 또한 한문소설 〈오륜전전〉을 국문으로 번역한 국문소설 〈오륜전전〉도 나왔고, 〈오륜전비기〉를 번역·주석한 〈오륜전비언해(伍倫全備諺解)〉(1721)도 간행되었다. 그리고 이덕무의 《청장관전서》와 이규경의 《오주연문장전산고》 등에서도 〈오륜전비기〉에 대해 언급하고 있다. 또한 이항의 〈오륜전전〉(1531) 서문에 "이 책은 지금 한창 앞다투어 전수하고 익히며 집마다 간직하고 사람마다 읽어 댄다."라고 하여, 당시 〈오륜전비기〉 관련 책이 매우 유행하고 있었음을 전해 준다. 그러니 자연스럽게 조선시대의 일반인들도 '라라리'와 '라리련' 구음을 알 수 있었을 것이다.

한국의 전통 인형극 꼭두각시놀이에서는 네 종류의 구음을 노래하는데, 그 성격과 기능이 중국과 일본의 전통 인형극과 동일해서 동아시아적 보편성을 확인할 수 있다.

남사당패의 꼭두각시놀이에는 주로 첫 장면에 네 종류의 구음이 있는데, 이에 대한 연구는 이루어진 바 없다. 오랫동안 남사당놀이 연구를 진행해 온 심우성도 "(박첨지놀이의) 가창으로는 서곡에 해당하는 뜻을 알 수 없는 '떼이루 떼이루 띠어라 따 ……'로 시작하여, 박첨지의 구음(口吟) 무곡(舞曲)인 역시 뜻을 알 수 없는 '나이니 나이니 나이니나 ……'가 있고 …… 피조리 상좌춤의 구음 무곡 〈나니네 나이네 ……〉"라고 하며, 이 구음들의 뜻을 알 수 없다고 밝혔다.

꼭두각시놀이에는 (1) "허이(헤이)~허이 허이 허허험 아~헤이~", (2) "떼이루 떼이루 띠어라 따 떼이루 떼이루 떼이루 야하", (3) "나아 네이 나이나 리리라라 얼수 좋다. 리리리 랏다 리리라라 라리 라리라 라리 라리라", (4) "니나노 난~실 니나노 난실 나니네~에 헤헤~ 헤헤 난~실 나~질 나질~ 니나노 난실" 등 네 종류의 구음이 나온다. 이 가운데 (3)이 '라라리'와 관련이 있는 것으로 나타난다.

꼭두각시놀이 구음의 성격과 기능은 중국과 일본의 전통 인형극에서도 마찬가지이다. 동아시아 전통 인형극의 첫 장면에서 부르는 구음은 인형극을 시작하면서 악귀를 쫓아내어 놀이판을 정화하고, 신을 청하던 방식에서 유래했던 것으로 나타난다. 그리고 반주음악을 유도하면서 등장 인형들의 동작을 맞춰 주고 흥겹게 춤을 추게 하는 성격과 기능을 갖고 있는 구음도 발견된다.

중국 복건성의 괴뢰희는 이원교(도교의 일종), 한국 남사당패의 꼭두각시놀이는 불교와 밀접한 관련을 갖고 있다. 그리고 일본 사도 섬 〈노로마인형〉의 선조격인 구구쓰는 밤이면 온갖 신들에게 제사 지내며 북을 치고 춤추고 떠들면서 복을 빌었으므로, 역시 종교활동과 관련이 있다. 그리고 구구쓰시들이 정착생활을 하면서부터는 불교 사원이나 신사와 관련을 맺고 있었으므로, 일본의 전통 인형극은 계속 종교와의 밀접한 관련 아래 전승되었다. 즉 동아시아 전통 인형극의 첫 장면에 무대를 정화하고 신을 청하는 방식의 구음이 있는 것은 그 연희자들이 종교와 관련된 연희패였기 때문이다. 그리고 이 인형극들의 연희자는 유랑예인집단이었다는 공통점도 있다.

이상과 같이 한중일의 전통 인형극들은 공통되는 내용을 갖고 있어서 동아시아적 보편성을 띠기도 하지만, 꼭두각시놀이는 한국적 독자성도 갖고 있다. 복건성의 괴뢰희에서는 주로 '라리련' 구음을 사용하면서, '라리련' 이 세 글자의 순서를 바꾸어 가며 변이시켜 노래하는데, 곡조가 다양하다. 그러나 꼭두각시놀이의 구음은 네 종류나 된다. 그리고 "허이(헤이)~허이 ……", "떼이루 ……", "니나노 난~실 ……"은 하청과 상청이 있어서 노래에 변화를 주고 있다. 더욱이 대잡이와 산받이가 서로 한 번씩 이 구음들을 반복하며 노래하는 것도 특징이다. 구음의 종류가 다양하며 기능도 다양한 것이다.

그동안 한국 사람이라면 누구나 민요 〈아리랑〉을 불러 왔고, 우리의 대표적 민요로 〈아리랑〉을 꼽고 있다. 가장 오래된 아리랑으로 간주되는 정선의 아리랑은 그 지역에서 〈아라리〉라고 불러 왔다. 그래서 정선의 경우는 이 노래를 〈정선아라리〉라고 칭한다. 그러나 정작

'아리랑', '아라리', 그리고 "아리 아리랑"의 '아리', 여주와 충주아리랑의 '아라성', 이 외에 여러 기록에 보이는 '아르랑'과 '아르렁'이라는 구음이 무슨 뜻인지, 어디에서 온 말인지에 대해서는 구체적인 논의가 매우 미진했다.

이는 그동안 주로 '아리랑'이라는 구음을 중심으로 논의를 펼쳤기 때문이다. 필자는 '아리랑'보다는 '아리'와 '아라리'라는 구음에 더 주목했다. 가장 오래된 아리랑으로 간주되는 〈정선아라리〉도 그렇지만, 최영년(崔永年: 1856~1935)의 《속악유희(俗樂遊戲)》(1921)에서도 아리랑을 〈아라리(哦囉哩)〉로 칭했고, 민요 아리랑의 구음에도 "아리랑 아리랑 아라리요"처럼 아라리가 사용되고 있다. 그리고 '아리', '아라리'와 함께 '아라성'을 고려하여, 새로운 논의의 실마리를 찾았다. 왜냐하면 이 구음들은 이미 고려가요 〈청산별곡〉의 "얄리얄리 얄라셩 얄라리 얄라"에서 '얄리', '얄라리', '얄라셩'으로 나타난 바 있기 때문이다. 중세 국어에서는 줄질(줄타기) → 주질처럼 ㄹ탈락이 흔한 현상이었다. ㄹ은 유음(流音)이기 때문에 현대 국어에서도 사월초팔일 → 사월초파일, 살다 → 사니처럼 흔히 생략된다. 그러므로 '얄리', '얄라리', '얄라셩'이 '아리', '아라리', '아라성'으로 변했을 가능성은 충분히 인정된다.

또한 세계 여러 나라에서 '아리', '아라리'와 유사한 구음들이 발견된다. 조지아와 아르메니아에는 "아리 아라리"를 계속 반복하는 민요가 있다. 터키의 민요와 그림자인형극에는 "야레리 야레리"를 반복하는 구음이 있다. 일본의 전통 인형극에는 "누라리 누라리"를 반복하는 구음, 일본의 전통가면극 노[能]에는 '타라리', '아가리', '라라리'를 반복하는 구음이 있다. 중국의 민요, 전통 연극, 가면극, 인형극 등에는 '라리', '라리리', '리라리', '라라리', '나라리' 등을 반복하는 구음이 있다.

중국에서는 이 구음이 주로 민요, 전통 연극, 가면극, 인형극 등에서 사용되지만, 민요는 소수민족의 민요에 국한되어 있다. 중국의 민요, 전통 연극, 가면극, 인형극 등에서는 한국의 아라리와 관련된 구음으로 '랄리(剌哩)', '라리(囉哩)', '라라리(囉囉哩)', '나라리(那羅離)', '라리련(囉哩嗹)', '라리리(囉哩哩)', '리라리(哩囉哩)', '라리라(囉哩囉)', '라리라(羅犁羅)', '리라릉(哩囉嘮)', '야리리', '야리라', '야리라리', '아리리' 등이 나타난다.

일본에서는 사도 섬의 인형극인 〈노로마인형〉과 가면극 노에서 이 구음을 사용하고 있다. 현재 일본에 전하는 인형극 가운데 사도 섬의 〈노로마인형〉이라는 인형극은 여러 면에서 한국 남사당패의 꼭두각시놀이와 매우 유사하다. 그런데 〈노로마인형〉의 첫 장면에서 "누라리 누라리 누우토 토오자이[東西] 토오자이"라는 구음을 노래한다. 그리고 노 가면극의 레퍼토리 가운데 〈오키나[翁]〉는 단순한 춤을 주술적으로 반복하는데, 오키나는 등장할 때 "타라리 아가리 라라리"라는 구음을 노래한다.

한편 조지아의 민요 〈오로벨라(Orovela)〉는 농부가로서 "아리 아라리 아랄로~ 아라리 아리 아랄로~ 아리 아라리 아랄로~ 아라리 아리 아랄로~다"라는 구음을 반복해서 이루어진 민요로서, 한국의 '아리', '아라리'와 그대로 일치한다. 또한 아르메니아의 농부가 〈호로베르(Horover)〉에서도 "아라벨 아리아리 아라리 아라벨 아리아리 아라리 쟌"처럼 '아리', '아라리'와 유사한 구음을 반복한다.

그리고 아르메니아의 자장가 〈오로르(Oror)〉는 여러 종류인데, 그

가운데 “아라리 아리아리 아아리 아랄로 ……”를 반복하는 노래도 있다. 이 밖에도 아르메니아 노래 중에는 〈아라리〉, 〈야라리〉, 〈아리아리〉, 〈야르잔아리〉, 〈아리 아리 아리〉, 〈아리 씨룬〉, 〈아리 아랄로〉 같은 곡명이 있다.[287]

그런데 한국에서는 이런 구음들이 고려 〈청산별곡〉의 “얄리얄리 얄라셩 얄라리 얄라” 이후 조선 초기 《시용향악보》의 〈구천〉, 〈군마대왕〉, 〈별대왕〉에서 ‘로리’, ‘로라리’, ‘리라리’, ‘나리나’ 및 여러 지방의 민요에서 계속 전승되었다. 특히 조선 후기 김창흡(金昌翕: 1653~1722)의 한시 〈원일석(元日夕)〉 중 “…… 도소주 초백주 남은 것 다 걸러서 그것을 가지고 담화헌에 올라가서 술병을 기울이네. 천천히 또 세 사람이 오니, 주인이 고상한 풍모로 시를 읊조리네. 마을마다 항아리를 두드리며 라리리(囉哩哩) 노래하네. 그대가 이에 맞추어 새 가사를 지어 보게나 […… 屠蘇椒栢有殘瀝 持向湛華軒上傾 不速而來亦三客 主人風雅以詩鳴 村村拊缶囉哩哩 爾可相和作新聲]”라는 구절을 통해서, ‘라리리(囉哩哩)’ 구음이 당시 민요의 조흥구로 사용되었다는 사실을 알 수 있다. 짧은 한시이기 때문에 ‘라리리’로 표현했지만, 실제로는 지금의 아리랑처럼 ‘라라리’ 관련 구음을 여러 번 반복하며 불렀을 가능성이 크다. 주목되는 점은 마을마다 항아리를 두드리며 후렴으로 ‘라리리’를 노래했는데, “그대가 이에 맞추어 새 가사를 지어 보게나”라고 하여 새 가사를 지어 부르는 것이 보편적 현상인 듯 표현하고 있다는 점이다. 이는 바로 가장 오래된 아리랑으로 간주되는 〈정선아라리〉의 전승 양상과 매우 흡사하다. 정선에서는 마을마다 남녀

287 노재명, 《코카서스 산맥 민속음악 여행》(채륜, 2015), 113면.

노소 할 것 없이 누구든지 아라리를 부르는데, 이전부터 전승되어 오던 가사도 부르지만 새로운 가사를 지어내어 부르는 경우가 많기 때문이다.

한편 〈불설명당경(佛說明堂經)〉(1823)에 "불설명당신주경 안토지신 명당경 아라리 사라리 아리사리 아리랑. 여시아문일시불 천황대제수명장 사라리 아라리 사리아리 사리랑. 지황대제정복수 인황대제액소멸 아라리 사라리 아리사리 아리랑."처럼 "아라리 사라리 아리사리 아리랑"이라는 구음을 삽입한다.

그런데 〈불설명당경〉의 진언 "아라리 사라리 아리사리 아리랑"은 '을축삼월경복궁창건시가(乙丑三月景福宮刱建時歌)' 중 〈아리랑가라〉의 가사에 그대로 나온다. 즉 "아르랑 아르랑 아라리요 아르랑 둥덩실 노다가게", "사르랑 사르랑 알알이요 사르랑 둥덩실 노다가소", "사르랑 사르랑 사라리요 사르랑 둥덩실 놀다가게"처럼 〈불설명당경〉의 "아라리 사라리 아리사리 아리랑"을 변이시켜 반복하고 있다. 〈아리랑가라〉는 경복궁 중건(1865~1868) 당시 불리던 것으로 노래 제목은 '아리랑'이지만 여음은 '아르랑', '아라리', '사르랑', '사라리'가 사용되고 있다.

그러므로 각 지방 〈아리랑〉의 구음 중 "쓰리 쓰리", "쓰리랑"도 그 유래가 오래되었음을 알 수 있다. 즉 "아리 아리랑 쓰리쓰리랑 아라리가 났네" (밀양아리랑), "아리 아리랑 쓰리 쓰리랑 아라리가 났네"(진도아리랑), "아리아리 쓰리쓰리 아라리요"(강원도아리랑)에 나오는 "쓰리 쓰리", "쓰리랑"은 이미 〈불설명당경〉과 '을축삼월경복궁창건시가(乙丑三月景福宮刱建時歌)' 중 〈아리랑가라〉에 나오는 "사라리"와 "사리랑", "사르랑"으로 존재했던 것이다.

결국 아라리, 아리랑, 사라리, 사리랑, 사르랑, 쓰리, 쓰리랑은 불교 구음 '라라리'의 지배적인 영향 아래 〈불설명당경〉 등 불교적 진언의 영향도 있었던 것이다.

여러 사실들을 종합해 볼 때, 아라리 관련 구음들은 12세기 전후, 즉 11~13세기에 유랑예인집단들에 의해 동아시아를 비롯하여 세계의 여러 지역으로 유포되었을 것이다. '아라리' 관련 구음들이 여러 지역으로 유포된 배경에는 유랑예인집단의 역할이 컸을 것이다. 조선 후기에는 남사당패처럼 인형극을 공연하는 유랑예인집단들이 전국을 돌아다니며 인형극 연행에서 이런 구음들을 노래했기 때문에, 이 구음들이 쉽게 유포될 수 있었을 것이다.

그리고 〈정선아라리〉 및 근대민요 〈본조아리랑〉이 성립될 때, 기존의 '아리', '아라리'를 차용했을 뿐만 아니라, 이를 활용하여 '아리랑'이라는 새로운 독자적 구음을 만들어 냈음을 주목해야 한다. '아리', '아라리'와 달리 아리랑은 한국적 독자성을 띤 구음인 것이다. 또한 각 지방 〈아리랑〉의 구음 중 "쓰리 쓰리", "쓰리랑"도 한국적 독자성을 띤 구음으로서 이미 〈불설명당경〉과 〈아리랑가라〉에서 사용되었던 것이다.

[한국 논저]

김양기, 〈동일 계통의 민속 인형극〉, 《전통문화》 통권155호, 1985.8.

金兩基, 《韓國 假面劇の世界》, 新人物往來社, 1987.

김연갑, 《팔도 아리랑 기행 1》, 집문당, 1994.

김연갑, 《아리랑시원설연구》, 명상, 2006.

김완진, 《향가와 고려가요》, 서울대출판부, 1982.

김재철, 《조선연극사》, 학예사, 1939.

김청자, 〈한국전통극 꼭두각시놀음 텍스트연구 1〉, 《한국연극학》 제8호, 한국연극학회, 1996.

김학성, 《한국고전시가의 연구》, 원광대출판국, 1980.

김학주, 《중국의 희곡과 민간연예》, 명문당, 2002.

박경신, 〈대국과 별상굿 무가〉, 성균관대 인문과학연구소 편, 《고려가요연구의 현황과 전망》, 집문당, 1996.

박노준, 《고려가요의 연구》, 새문사, 2008.

박준규, 〈한국 고시가의 여음 고찰〉, 《전남대논문집》 8, 전남대, 1963.

서연호, 《꼭두각시놀음의 역사와 원리》, 연극과 인간, 2001.

서재극, 《한국시가연구》, 형설출판사, 1981.

송석하, 〈전승음악과 광대〉, 《한국민속고》, 일신사, 1960.

심경호, 〈《五倫全備記》 해제〉, 《伍倫全備記(新編勸化風俗南北雅曲伍倫全備記)》, 서울대학교 규장각 한국학연구원, 2011.

심우성, 《남사당패연구》, 동문선, 1989.

안동준, 《한국도교문화의 탐구》, 지식산업사, 2008.

안상복, 〈라리련(囉哩嗹)과 아리랑—그 현상과 의미〉, 《중국학보》 제59집, 한국중국학회, 2009.6.

양주동, 《여요전주》(보정판), 을유문화사, 1987.

여증동, 〈쌍화점 노래 연구〉, 《고려시대의 가요문학》, 새문사, 1982.

오수경, 〈《五倫全備記》 연구(1)〉, 《중국문학》 제29집, 한국중국어문학회, 1998.
유민영, 〈한국인형극의 유래〉, 《예술논문집》 14, 예술원, 1975.
윤주필, 《윤리의 서사화—〈오륜전비〉 수용 연구》, 국학자료원, 2004.
이능화, 《조선해어화사》, 동양서원, 1927.
이등룡, 《여요석주》, 한국학술정보(주), 2010.
이병기, 〈시용향악보의 한 고찰〉, 《고려가요연구》, 국문학연구총서 2, 백문사, 1979.
이보형, 〈아리랑소리의 근원과 그 변천에 대한 음악적 연구〉, 《한국민요학》 제5집, 한국민요학회, 1997.
이복규, 〈고려가요 난해어구 해독을 위한 민속적 관견—〈청산별곡〉과 〈쌍화점〉의 일부 어구를 중심으로〉, 《국제어문》 30집, 국제어문학연구회, 2004.4.
이상규, 《국악기 구음법의 사적 고찰》, 서울대학교 대학원 박사학위논문, 2003.
이응수 외, 《이야기 일본연극사》, 세종대출판부, 2011.
이진원, 〈중국 소수민족 민가와 아리랑〉, 《한국 고대음악사의 재조명》, 민속원, 2007.
이혜구, 《한국음악연구》, 국민음악연구회, 1957.
인권환, 〈고려 禪詩와 일본 五山詩의 비교 연구〉, 《한국한문학연구》 제31집, 한국한문학회, 2003.
전경욱, 〈북청 지방 민요의 향토성과 시대성〉, 《국어국문학》 제115호, 국어국문학회, 1995.12.
전경욱, 〈동아시아의 구음 '라라리'와 '라리련'의 한국적 존재 양상〉, 《민족문화연구》 제64호, 고려대학교 민족문화연구원, 2014.8.
정병욱, 〈악기의 구음으로 본 별곡의 여음구〉, 《고려시대의 가요문학》, 새문사, 1982.
정익섭, 〈진도지방의 민요고〉, 《한국시가문학논고》, 전남대학교 출판부, 1989.
진동혁, 〈시가 여음고〉, 고려대학교 대학원 석사학위논문, 1961.
진동혁, 〈고려가요의 여음고〉, 《수도사대논문집》 4집, 수도사대, 1969.
혜심 편저, 김월운 역, 《선문염송 염송설화》 1~10, 동국역경원, 2005.

〔중국 논저〕

이에밍성[葉明生], 〈중국 복건 지역 민간 괴뢰희의 제의 문화적 특징〉, 《동아세아의 인형극(1)》, 고려대 민족문화연구원 민속학연구소 , 2003.

胡忌, 〈宋劇遺響〉, 《宋金雜劇考》, 上海: 上海古籍出版社, 1957.

龍彼得, 〈中國戲劇源于宗教儀式考〉, 王秋桂 · 蘇友貞 譯, 《中國文學論著譯叢》, 臺灣學生書局, 1985.

沈繼生, 〈泉州傀儡戲中的"嘮哩嗹"〉, 《泉州地方戲曲》, 1987年 第2期.

白之(C. Birch), 〈一个戲劇題材的演化—〈白兎記〉諸異本比較〉, 《文藝硏究》, 1987年 第4期.

楊志玖, 〈元代的吉普賽人~囉哩回回〉, 《歷史研究》 1991年 第3期.

饒宗頤, 許章眞 譯, 〈梵文四流母音 RRLL與其對中國文學之影響〉, 《梵學集》, 上海: 上海古籍出版社, 1993.

饒宗頤, 〈南戲戲神咒 '囉哩嗹'之謎〉, 《梵學集》, 上海: 上海古籍出版社, 1993.

薺鐵民 · 陣俊才, 《中國民間文化~地方神信仰》(學林出版社, 1995.

葉明生, 〈壽寧縣岱陽村的元宵福與梨園教之傀儡戲 《華光傳》〉, 《民俗曲藝》弟122, 123期, 台北: 財團法人 施合鄭民俗文化基金會, 2000.

胡忌, 〈論囉哩嗹〉, 南戲國際學術研討會暨新編南戲系列劇目展演論文, 2003.

康保成, 〈囉哩嗹與中國戲曲的傳播〉, 《儺戲藝術源流》, 廣州: 廣東高等教育出版社, 2005.

孫子裕, 〈最早的一篇戲曲學導言—湯顯祖 '宜黃縣戲神淸源師廟記' 解讀〉, 《中華戲曲》 第三十集, 2007.

〔일본 논저〕

《大正新修大藏經》.

노무라 신이치, 〈제사의례와 인형희〉, 《민속학연구》 제14호, 국립민속박물관, 2004. 6.

東陽英朝 撰, 《宗門正燈錄》.

喜田貞吉, 〈朝鮮の白丁と我が傀儡子〉, 《史林》 9卷 9号, 大正 7年(1918년) 7月.

高野辰之, 《日本演劇史》 第三卷, 東京堂, 1949.

永田衡吉,《日本の人形芝居》下巻, 錦正社, 1969.
本田安次,〈山伏神楽〉,《日本の傳統藝能》第五巻, 錦正社, 1966.
《日本古典文学全集》神楽歌 催馬楽 梁塵秘抄 閑吟集, 小学館.
上村觀光 編,《五山文學全集》全 5巻, 思文閣出版, 1973.
杉山二郎,《遊民の系譜》, 東京: 青土社, 1988.
小林保治 編,《能樂》, 東京: 三省堂, 1994.
飯坂真紀,〈'とりら'ってなに〉,《とりら》第2號, ふるさと岩手の芸能とくらし研究会, 2008. 1.

〔서양 논저〕

콘라드 베르코비치 지음, 조윤정 옮김,《집시—바람의 노래를 들어라》, 파스칼북스, 2003.
앵거스 프레이저, 윤은실 옮김,《집시, 어디서 왔다가 어디로 가는가》, 에디터, 2005.
Jean-Paul Clbert, trans. by Charles Duff, *The Gypsies*, Penguin Books, 1970.
Metin And, *Karagöz – Turkish Shadow Theatre*, Istanbul: Dost Yayinlari, 2005.

Abstracts

Tracing the origin of 'Alali'

Korean existent aspects of Buddhist oral sound of lalali and lalilyun

The oral sounds of '*lalali*(囉囉哩)', '*lilala*(哩囉囉)' and '*lalilyun*(囉哩嗹)' appear universally in the three countries of Korea, China and Japan. '*Roryulolu*(魯流盧樓)' of《The Sutra of Nirvana(涅槃經)》, 〈Sildamjang(悉曇章)〉 was later passed on in the field of Buddhism primarily with the sounds of *lalali lilala* and *lilila*(哩哩囉) *lalila*(囉哩囉). *Lilila lalila* are the derivative form of *lalali lilala*. '*Roryulolu*' contains the meanings of Buddha, Buddhist doctrines, Buddhist monks and Mahayana Buddhism doctrines. However in the drama works of South Song era such as Southern Play(南戲), oral sounds were passed on with *lalali lilala* and the derivative form *lilila lalila* at first. Then gradually the sounds were used with the mixture of *lalilyun*(囉哩嗹) and the derived sounds such as *lilalyun*(哩囉嗹) *lyunlilyun*(嗹哩嗹).

The poems of Buddhist monks from late Tang era and Song era along with Buddhist books of《The Five Monks' Annotation of Diamond Sutra(金剛經五家解)》,《Sunmunyeomsong(禪門拈頌)》 uniformly show only the sounds of *lalali lilala* and the alternant of *lilila lalila* but not the oral sounds of *lalilyun* and the derived form *lilyunla lyunlilyun*.

However, the drama works from Southern Play of the South Song era to Ming and Qing era introduced in the papers of Chinese scholars are all of later period compared to *lalali* sung in poems and quotations of Song era Buddhist monks. Thus we can see that *lalali lilila lilali lalilyun* that appear in the drama works from Southern Play of the South Song era to Ming and Qing era all come from Buddhist oral sounds of *lalali* and *lilala*. *Lalilyun* was mainly used as an incantation to invite and praise the God of Drama in Southern Play and puppet show. This can be seen in Southern Play of from 〈Uihwanghyun heeshin cheongwonsa myoki(宜黃縣 戲神 淸源師 廟記)〉 written by Xianzu Tang and 〈Oryunjeonbichoonghyoki(伍倫全備忠孝記)〉 by Jun Qiu along with plays and puppet show that are currently passed down in Fujiansheng.

In this manuscript, focusing on the fact that these oral sounds are also found in various fields (Buddhist publications such as 《The Five Monks' Annotation of Diamond Sutra》, 《Sunmunyeomsong》 from Coryeo and Joseon, poems and quotations of buddhist monks from Coryeo and Joseon, poems and publications of literary men from Coryeo and Joseon, Coryeo Folk Songs, Korean annotation, novels, folk songs and puppet show of Joseon), I have looked into the existent aspect of the oral sounds in Korea.

Coryeo folk songs which originate from shaman songs are considered to be the compromise of shamanism and Buddhism rather than a pure form of shaman song. For this reason, there is a possibility that some sounds in this specific Coryeo folk song may be a Buddhist mantra. The sounds that are particularly brought to attention are Buddhist sound *'lalali*(囉囉哩)', *'lilala*(哩囉囉)' and *'lalilyun*(囉哩嗹)'.

Lolilun in 〈The nine celestial bodies〉 is in fact *lalilyun*. *Lilunna* corresponds with the alteration of *lalilyun*, *lilyunla* and similarly, *lolunla* corresponds with *lalyunla*, another alteration of *lalilyun*.

Loli(lali), *lolali(lalali)* of 〈Gunmadaewang〉 derive from *lalali*. Other lines such as *leolileo* → *lalila*, *leolilo* → *lalila* can also be seen as the alteration of *lalali*. *Nolunna* and *lolunna* of 〈Byuldaewang〉 is the changed form of *lalyunla* and *lilunna* as *lilyunla* is the altered form of *lalilyun*. *lilali*, *nili(lili)*, *nalina(lalila)* also derive from *lalali*. *Lilalileo*, *nalila(lalila)*, *lilali* in 〈Naryega〉 also are derived forms of *lalali*.

In China, *lalilyun* which originally started as the Buddhist sound was also used in Taoism and Shamanism. As such, Buddhist monks and Taoist ascetics in Coryeo also sang *lalilyun* and *lalali*. This may have been embraced by Shamans into Shaman songs. This is why sounds related to *lalilyun* and *lalali* are found in shaman song originated Coryeo folk song such as 〈The nine celestial bodies〉, 〈Gunmadaewang〉, 〈Byuldaewang〉, 〈Naryega〉.

Sounds such as *'yalli', 'yallali', 'yallasung'* inserted in Coryeo folk songs 〈Cheongsan Byeolgok〉 and 〈Daeguk1〉~〈Daeguk3〉 appear in present folk songs 〈Alilang〉 and 〈Alali〉 as *'ali', 'alali'* and *'alasung'*. *Ali, alali, yalli* and *yallali* have connections with buddhist sounds *lalali, lilala*. They are also connected to sounds of *lali, lalili, lilali, lalali, lalila, nalali*. In the end, *ali, alali, yalli, yallali* are in line with sounds in 〈The nine celestial bodies〉, 〈Gunmadaewang〉, 〈Byuldaewang〉, 〈Naryega〉 which are *loli(lali), lolali(lalali), lilali, nalina(lalila), nalila(lalila), lolilun(lalilyun), lilunna(lilyunna)*.

Lalilyun and *lalali* related sounds are not only passed down to Coryeo folk songs but also to later folk songs, 〈Kkoktugakshi〉 puppet and a Buddhist mantra. Thus, we can see that since the Coryeo Dynasty, the sounds *'lalilyun', 'lalali'* and those derived from the two, *ali, alali, yallali, lali, loli(lali), lolali(lalali), lilali, nalina(lalila), nalila(lalila), lolilun(lalilyun), lilunna(lilyunla)* have been passed down to us until today and that the sounds were spread out all over the country.

Meanwhile, *lalali*(囉囉哩) and *lalilyun*(囉哩嗹) realated sounds are also found in puppet shows of Korea, China and Japan. *Lalali* and *lalilyun*, the derived form of *lalali* were called *"lalilyun, lilyunla, lalili, lalalyun, lalyunla, lyunlalyun, lalalyun, lilalyun"* in puppet shows of Fujiansheng, China.

Four types of oral sounds are found in Korean 〈Kkoktugakshi Nori〉 (puppet shows). Among those sounds, *"naah ney naina lili lala …… lili lala lala lala lala lalila lala lalila …… "* is the applied form of '*lalali*' and '*lilala*'.

"Nulali nulali nuoto toojai(東西) *toojai*(東西)", the oral sound of 〈Noroma Pup-

pet〉 in Japanese island of Sado shows close similarity with the oral sound of Chinese Fujiansheng puppet show, Koeroehui's '*lalali*' and Korean puppet show's '*lali*', '*lalila*'.

Turkish puppet show, Karagöz also utilizes the oral sound of *"Yaleli yaleli Aman aman"*.

These oral sounds must have been recited to invite gods or to entertain the gods. In the recent years, the oral sounds are firstly used in the beginning of a play to purify the stage and cast out demons. It also functions to make puppets dance merrily around by reciting it in accordance with the puppets' movements and by leading musical instruments.

It seems that the oral sounds related to '*lalali*' were spread out across the world by wandering groups of performers like Persian gypsies or Buddhist monks. Thus, 〈Koeroehui〉 of Chinese Fujiansheng, 〈Kkoktugakshi Nori〉 of Korean Namsadangpae, 〈Noroma Puppet〉 of Japanses Sado island and Turkish shadow puppet show were all originally a puppet show of wandering performers and they also show similarity in the fact that they were passed down by religious performers.

In the folk songs 〈Alilang〉 and 〈Alali〉, the sounds related to *alali* are often represented as *ali, alali, alasung, alilang, areulung.* In other folk songs, simliar sounds appear as *liruli, lillili, lalila, lali, latta,* or *littili.*

In the folk song 〈Cheongsan Byeolgok〉 from the Coryeo Dynasty era, the sounds *yalli, yallali, yallasung,* are assumed to have originated from *alali.* Therefore, the sounds *ali* and *alali* trace their origins back to the Coryeo Dynasty. In a similar vein, the sounds *loli, lolali, lilali,* and *nalina* appear in the shaman songs 〈The nine celestial bodies〉, 〈Gunmadaewang〉, and 〈Byuldaewang〉 of the score book 《Siyong Hyangakbo》. Moreover, in 〈Ggodugaksi Nori〉 puppet show, the sounds *naina, lili, lala, ninano,* and *naninae* are related to the sound *ali, alali.* The Buddhist script 《Bulseolmyeongdanggyeong》 contains the sounds *alali*, *salali*, and *aliling*, whereas the 《Jineonjip》 makes use of the sounds *ali*, *nonali*, and *gunali*. Therefore, it is evident that sounds related to *alali* were first transmitted during the Coryeo Dynasty, and spread throughout the entire country.

The use of *'lalili*(囉哩哩)' as a phrase adding to the fun in the contemporary folk songs can be seen in 〈*WonIlSeok*(元日夕)〉, a classical Chinese poetry, written by Kim, Chang Heub(金昌翕: 1653~1722) during the late Joseon dynasty. The phrase "People sing *'lalili*(囉哩哩)' while beating on pots from one village to another. Why don't you make new lyrics for the song?" is the evidence of *'lalili*(囉哩哩)' in use. The oral sound was simply written once as *'lalili*(囉哩哩)' because it was expressed in a short classical Chinese poetry. However, in reality, there is a high possibility that *'lalali*(囉哩哩)' oral sounds were repeated several times just like Arirang of today. We need to pay attention to the phrase where it says "make new lyrics for the song" as if it is a very universal phenomenon. This has a very similar transmission aspect to 〈*Jeongsun Arari*〉, the oldest Arirang in Korea. Men and women of all ages sing Arari in Jeongsun and it was very common for them to always make new lyrics.

Additionally, oral sounds that resemble *'alali'* are also discovered in plays, mask plays, puppet shows and folk songs of China, Japan, Georgia, and Turkey.

Evidence suggests that *'lalali'* and *'lalilyun'* related to *alali* were spread to the world by wandering troupes such as Gypsies from Persia or Buddhist monks. Various documents point to the likelihood that sounds related to *alali* or *lalilyun* by Gypsy or other wandering troupes were disseminated during a period stretching from the 11th to 13th centuries. When the 〈Jeongseon Alali〉 and the modern folk song 〈Bonjo Alilang〉 were established, the sounds *ali* and *alali* were adapted and used to create a new sound: *alilang*.

찾아보기

ㅁ

ㅂ

ㅅ

ㅇ

아라리의 기원을 찾아서

불교 구음 '라라리'와 '라리련'의 한국적 전승 양상

초판 발행 2019년 7월 15일
초판 2쇄 2020년 8월 14일

지은이 전경욱
펴낸곳 고려대학교출판문화원
www.kupress.com
kupress@korea.ac.kr
(02841) 서울특별시 성북구 안암로 145
Tel 02-3290-4230, 4232
Fax 923-6311
찍은곳 네오프린텍(주)

ISBN 978-89-7641-959-0 93710

값 19,000원